KB203488

한 영어학자의 성서이야기

흠정역성서와 영미문학

박영배

박영배朴榮培

◇ 약력: 1945년생. 서울대학교 사범대학(영어과)을 졸업, 동대학원에서 박사학위를 받았다. 오스트레일리아정부 장학생, 영국 런던대학 SOAS의 방문학자, 캐나다 토론토대학 중세연구소 연구기금교수 시절을 거치면서 30년 넘게 고대 및 중세영어 통사 변화, 영어 어휘의 역사적 변천, 룬문자의 기원과 고대영어 비문 해석에 관한 논문들을 국내외에 발표해왔다. 충북대와 전남대 교류교수를 지냈고, 한국영어사학회, 한국중세영문학회 및 한국영어영문학회의 회장을 역임했으며, 일본영어학회 편집자문위원을 지냈다. 조선일보 기획프로그램(2000) '영어가 경쟁력이다' 시리즈에서 '영어이야기'를 기고했고 대전 MBC 문화방송 아침 모닝쇼(2001)에서 '영어 어휘에 얽힌 이야기(5분 방송)', EBS-TV의 영어특강 프로그램(2011)에서 '영어의 기원' 특강을 진행하였다. 현재 국민대학교 명예교수.

◇ 저서: 《영어의 통사변화 – 고대 및 중세영어연구 –》, 《영어사》, 《앵글로색슨족의 역사와 언어》, 《고대 영어문법》, 《영어사 연구》, 《영어 이야기》, 《영어사연구의 방법과 응용》, 《영어어휘변천사연구》, 《영어의 세계속으로》, 《영어학의 이해》(공저), 《세계 영어의 다양성》(공저), 《켈트인, 그 종족과 문화》 등 다수의 번역서를 포함하여 20여 권이 있다.

한 영어학자의 성서이야기
흠정역성서와 영미문학

초판 1쇄 인쇄 2019. 4. 10.
초판 1쇄 발행 2019. 4. 17.

지은이 박 영 배
펴낸이 김 경 희
펴낸곳 (주)지식산업사
　　　　본사 · 10881, 경기도 파주시 광인사길 53(문발동)
　　　　전화 (031) 955-4226~7 팩스 (031) 955-4228
　　　　서울사무소 · 03044, 서울시 종로구 자하문로6길 18-7
　　　　전화 (02) 734-1978, 1958 팩스 (02) 720-7900
　　　　영문문패 www.jisik.co.kr
　　　　전자우편 jsp@jisik.co.kr
　　　　등록번호 1-363
　　　　등록날짜 1969. 5. 8.

책값은 뒤표지에 있습니다.

이 책에 대한 문의는
지식산업사로 연락 바랍니다.

the King
James Bible,
English &
American
Culture

한 영어학자의 성서이야기

흠정역성서와 영미문화

박 영 배 지음

성서는 영감靈感과 장엄한 아름다움, 하나님의 지혜와 열정이 넘쳐나는 문학이며 한 편의 주옥같은 산문이기도 하다. 책 중의 책인 성서는 수 천 년 동안 쌓여 온 하나의 거대한 도서관으로 그리도 신앙의 원천源泉이 되고 있다. 왜 흠정역성서인가? 이 성서 이전에 나온 여러 성서(틴들, 위클리프, 네바, 비숍 등)는 흠정역성서에 이르러 가장 아름답고 우아하며 손색이 없을 정도로 유려한 영어로 탈바꿈하였으며 뒤이어 나온 현대영어로 번역한 대부분 성서의 훌륭한 원천이 되었기 때문이다.

지식산업사

For all the flesh is as grass, and all the glory of man as the flower of grass. The grass withereth, and the flower thereof falleth away: But the word of the Lord endureth for ever(1 Peter 1:24-5).

모든 육체는 풀과 같고 사람의 모든 영광은 풀의 꽃과 같으니 풀은 마르고 꽃은 떨어지되 오직 주의 말씀은 세세토록 있도다.

그림 1 예수와 대화하는 엘리야(왼쪽)와
모세(오른쪽). 밑에는 베드로, 야고보, 요한이
무릎을 꿇고 있다. 작가 미상

책을 펴내면서

기독교인뿐만 아니라 기독교를 잘 알지 못하는 일반인들도 하나님의 말씀을 기록한 것으로 알려진 성서(聖書 Holy Bible)의 몇 구절은 익히 알고 있을 정도이다. 그만큼 우리에게 성서는 이미 친숙한 책으로 널리 알려져 있다.

성서는 태초에 하나님이 창조한 인간의 역사와 함께 하나님과 인간 사이에 일어난 일들을 상세하게 기록하고 있는 책이기도 하다. 성서 가운데 구약성서는 메시야가 육체를 입고 오셔서 우리의 죄를 위해 죽으시고 부활하실 것을 정확하게 예언한 책이다. 그리고 신약성서는 그 사실이 역사적으로 어떻게 일어났는지를 사도들을 통해 기록한 책이다.

그뿐만 아니라 성서는 영감靈感과 장엄한 아름다움, 하나님의 지혜와 열정이 넘쳐나는 문학이며 한 편의 주옥같은 산문이기도 하다. 특히 8세기부터 고대 영국에서 시작된 영역성서가 훗날 흠정역성서를 거쳐 오늘에 이르기까지 서구문명은 물론 영어권 문학과 문화에 상당한 영향을 끼쳤다.

책 중의 책인 성서는 수천 년 동안 쌓여 온 하나의 거대한 도서관으로 비유할 수 있으며, 인간 사회의 법과 도덕 그리고 윤리의 기초가 되는 것은 물론 세계 인구의 절반에 가까운 이들에게는 그리스도 신앙의 원천源泉이 되고 있다.

고대 이전의 영국 역사와 언어 탐구에서부터 중세영어 시기를 거쳐 현대에 이르는 장구한 세월 동안 영어의 변천사(영어사)를 연구해 온 필자에게 성서는 여러 시기에 걸친 영어 변화를 연구하기에 매우 훌륭한 보고寶庫이기도 하다. 거의 80만 개에 이르는 방대한 어휘로 이루어진 영역성서가 단순한 영어책이 아니라 그 구절 곳곳에 하나님의 계시와 영감 그리고 마음 깊은 곳에서 우러나오는 감동을 느끼게 해주는 '생명을 지닌 책'이라는 것은 비단 필자만의 생각은 아닐 것이다. '모든 성경은 하나님의 감동으로 된 것으로 교훈과 책망과 바르게 함과 의로 교육하기에 유익하니라'(디모데후서 4장 16절). 기독교인으로서 성서를 줄곧 가까이 두고 읽어 온 필자에게 성서는 인생의 지침서인 동시에 일상의 기쁨과 행복의 원천이기도 하다.

1990년대 후반 토론토대학 중세연구소에서 연구하던 시절 필자는 도서관에서 자료를 찾으며 방대한 영어의 역사를 집필하고 있었다. 고대 영국 북부 수도원에서 이미 시작된 영역성서의 역사에 대한 부분을 넣으려고 자료를 뒤적이다가 프라이스(Price 1934) 및 브루스(Bruce 1978)의 귀한 자료를 발견했다. 이 자료는 고대 히브리성서에서 외경에 이르는 구약성서 및 신약성서 그리고 영역성서의 변천을 서술하고 있어서 필자에게는 큰 수확이자 학문연구의 즐거움이었다.

그리고 얼마 지나지 않아 《흠정역성서》(1611)의 원본 복사본Facsimile을 도서관 희귀본 서고에서 우연히 발견하게 되는 행운을 갖게 되었다. 이 성서를 통해 오늘날에는 쓰이지 않는 초기영어 시기의 고풍스러운 철자와 어휘 및 구문을 접하게 된 것은 필자에게 매우 고무적이었다. 지금까지 줄곧 현대영어로 된 영역성서를 읽어 온 필자에게 흠정역성서의 원본 복사본은 사막에서 오아시스를 만난 것과 같은 큰 기쁨이었다. 이 책의 〈부록〉에 흠정역성서의 표지와 창세기의 맨 첫 장을 원본 복사본으로 첨부하였는데,《흠정역성서》(축소판, Hendrickson Press, 2010)에서 사용한 것이다.

필자는 고어체로 쓰여진 원본 복사본을 틈나는 대로 훑어가면서 구약성서와 신약성서 전반에 걸쳐 원본에 담긴 영어 어휘와 표현, 그리고 이런 것들과 관련된 성서의 내용과 배경을 함께 연결시켜 언젠가 책을 펴내면 좋겠다는 생각을 하게 되었다. 그 후 세월이 흐르면서 그동안 모아놓은 자료를 정리하여 이 책을 쓰게 된 것이다.

왜 흠정역성서인가? 이 성서 이전에 나온 여러 성서(틴들, 위클리프, 제네바, 비숍 등)의 표현은 흠정역성서에 이르러 가장 아름답고 우아하며 손색이 없을 정도로 유려한 영어로 탈바꿈하였으며 뒤이어 나온 현대 영역성서의 훌륭한 원천이 되었기 때문이다. 흠정역성서가 현대영어 형성에 끼친 영향은 뒤에서 상세하게 설명할 것이다. 예컨대 16-17세기 초까지만 해도 영어 정자법은 매우 유동적이어서 남성 단수 대명사는 "he," "hee," "hie" 등 여러 가지 철자가 쓰였는데 흠정역성서에는 이전 성서의 복잡하던 철자와 구두점이 상당히 줄어들면서 어느 정도 현대영어의 모습을 갖추게 되었다.

한편으로는, 흠정역성서에 나오는 어휘와 오늘날 쓰이는 어휘 사이에는 상당한 의미변화가 일어났음을 상기하지 않을 수 없다. 당시 흠정역성서를 번역한 성서학자들과 사제들은 그 당시 쓰인 영어로 하나님의 말씀을 충실하고 정확하게 번역하는 것을 성서 번역의 궁극적인 목표로 삼았다. 따라서 흠정역성서를 제대로 이해하기 위해서는 당시 쓰인 어휘의 의미를 정확하게 이해하는 것이 필요할 것이다. 이에 대한 좋은 예를 흠정역성서 원문 가운데 신약성서에서 소개하고자 한다.

For this we say unto you by the word of the Lord, that we which are alive and remain unto the coming of the Lord shall not prevent them which are asleep(KJV 데살로니가전서 4:15).
우리가 주의 말씀으로 너희에게 이것을 말하노니 주께서 강림하실 때까지 우리 살아남아 있는 자도 자는 자보다 결단코 앞서지 못하리라.

위에 인용한 내용 가운데 쓰인 prevent는 현대영어의 의미(막다, 방해하다)와는 달리 16세기 당시에는 '앞서(가)다'(precede, go before)라는 뜻으로 쓰였다. 이 책에서는 이처럼 흠정역성서에서 인용된 많은 표현과 어휘를 현대영어와 비교하여 비교적 상세하게 설명하려고 하였다.

흠정역성서가 나온 지 400여 년이 지나 쉽고 평범한 영어로 번역된 수많은 영역성서가 출판되어 나왔음에도, 흠정역성서에 쓰인 문어체나 고어체에서 찾아볼 수 있는 독특하고도 시적이며 다양한 색채를 지닌 어휘와 고유한 표현, 그리고 어순을 고려하지 않은 장엄하고 강한 느낌을 전달해 주는 웅장한 표현기법을 더 이상 찾아볼 수 없다. 이것은 필자가 본문에 인용한 성서 원문과 해설 곳곳에 잘 반영되어 있다.

이 책에서는 수많은 어휘와 표현 가운데 구약성서(39권)에서 55개, 신약성서(27권)에서 55개 등 모두 110개를 선별하여 흠정역성서의 원문을 싣고 이와 관련된 내용과 배경을 설명하는 한편, 오늘날

이 어휘와 표현이 영미문화(문학, 예술, 미디어, 음악, 영화 등)에서 어떤 의미와 속성을 지니고 쓰이고 있는지 참고자료로 제시하여 이 책을 읽는 다양한 독자의 이해를 돕고자 하였다.

필자는 고교 시절 미국 선교사에게서 영어와 성경을 배우고, 대학 시절 성서연구모임에서 활동하면서 한때 선교사가 되려는 마음을 품은 적이 있었다. 그 후 대학 강단에서 전공 분야의 한 영역인 성서의 역사 및 주옥같은 성서 영어를 강의하는 동안 성서에 담긴 하나님의 진리를 매일 새롭게 마음에 새기며 지내온 것은 하나님의 은혜가 아닐까 한다.

아무쪼록 이 책이 신학도뿐만 아니라 일반인, 교사 그리고 성서 영어를 폭넓게 연구하고자 하는 독자 여러분에게 흠정역성서의 고유한 영어 표현과 어휘 및 구문이 성서 영어와 더욱 친해질 수 있는 기회를 제공하면서, 성서와 영미문화에도 관심과 흥미를 느끼는 계기가 되기를 바라는 마음 간절하다. 이 책에 미처 수록하지 못한 내용은 차후 정리가 되는 대로 후속편을 펴낼 수 있는 기회가 오길 바라면서 이 부족한 책을 세상에 내놓는다.

2018년 초겨울에
社稷 연구실에서
박 영 배

차 례

일러두기

1. 이 책은 옥스퍼드 출판사(1997)에서 나온 흠정역성서(The Bible: Authorized King James Version 1611)를 기준으로 하여 원문을 제시하였다.
2. 구약성서 및 신약성서에서 인용한 어휘와 표현은 (비)영어권 국가의 일상생활에서 대화나 문서에 널리 인용되어 온 익숙한 것들이며 활용 가치가 높은 것들로 이루어져 있다. 예: '희생양'scapegoat, '바벨탑' Tower of Babel, '눈에는 눈'An eye for an eye.
3. 이 책에 인용한 원문에는 흠정역성서가 나온 17세기 초에 쓰인 현대영어 이전 시기의 어휘, 철자, 구문, 구두점 따위가 쓰이고 있다. 이것은 이 책의 〈흠정역성서가 영어에 끼친 영향〉에서 자세하게 그 특징을 설명하였다.
4. 흠정역성서에서 인용한 원문에서 발견된 철자상 오류는 Hendrickson 출판사(2010)에서 펴낸 원본 복사본(1611 Facsimile)을 참고하여 〈어휘와 표현〉 부분에서 성서의 원본 내용과 연관시켜 설명하였다.
5. 이 책에 인용한 성서의 우리말 번역은 《뉴-리빙 성경》(아가페 2001)을 사용하였고 이해하기 힘든 일부 성서의 우리말 번역은 《새번역성경》(대한성서공회 2015)을 인용하였다.
6. 이 책에 인용한 성서 원문에 관련된 세부 구조와 내용은 다음과 같다.
   - 〈어휘와 표현〉 원문에 나오는 어휘와 표현 및 구문을 풀이하고 고어체로 쓰인 부분은 현대영어로 고쳤음. 어순이 다른 부분은 현대영어의 어순과 비교하여 설명하였고 필요한 경우 여러 현대 영역성서에서 인용하고 설명하였다.
   - 〈원문과 성서 내용〉 성서 원문을 이해하기 위해 배경이 되는 성서를 간략히 소개하고 성서의 앞뒤 문맥과 연결시켜 관련 내용을 설명하였다. 한편 원문에 대한 보충 설명이 필요한 경우 〈참고〉 부분에서 보충하였다.
   - 〈참고자료〉에서는 성서에서 인용한 어휘나 표현 또는 구절이 21세기의 여러 다양한 분야(음악, 문학, 예술 등)에서 어떤 의미와 모습으로 쓰이고 있는지 소개하였다. 예: 존 스타인벡의 《에덴의 동쪽》(East of Eden 1952).

■ 영역성서의 역사

영국에서 성서 번역의 역사는 8-10세기에 이미 고대영어로 시작되었다. 비드의 《영국민교회사》에 등장하는 캐드먼Cædmon은 하나님을 찬양하는 짧은 시인 캐드먼의 찬미가(*Cædmon's Hymn*)를 남겼고, 올드햄Aldhelm은 셔본의 주교로서 고대영어로 시편Psalms을 번역한 최초의 인물이었으며, 에그버트Egbert 주교는 신약 복음서를 번역하였다. 구약과 신약을 각각 대표하는 이들 두 주교는 초기 영어 시기에 성서를 영어로 번역한 선구자들이었다.

고대영어 시기에 종교와 학문을 장려한 앨프레드 왕은 성서의 가치와 중요성을 깨닫고 십계명을 국법國法의 첫 머리에 두었으며, 시편을 직접 번역하기도 하였다. 현재 대영박물관에 보관되어 있는 코튼 필사본Cotton manuscript은 7세기 말 무렵 라틴어로 된 복음서들로서, 성직자였던 알드레드Aldred가 950년 무렵 이 라틴어 교본의 행간에 고대영어로 바꾸어 써 넣었으며, 이 사본

그림 2 린디스파안
복음서(Lindisfarne Gospels)

이 영어로 번역된 성서 가운데 가장 초기에 만들어진 것으로 알려지고 있다. 그러나 이 복음서는 노섬브리아 방언으로 번역되어 있으며, 'The Lindisfarne Gospels', 'The Gospels of St. Cuthbert' 등의 이름으로 알려져 있다.

1320년 무렵 요크셔에서 태어난 위클리프John Wycliffe는 옥스퍼드의 베일리올 대학Balliol College의 학료장을 지낸 신학자였다. 그 당시에는 로마 교황과 영국 의회의 갈등이 심한데다가 교황이 영국 의회에 지나친 압력을 가하고 있었다.

위클리프는 영국에서 종교와 사회를 개혁하려는 가장 뛰어난 개혁가로 이름이 나 있었다. 그는 자국어로 쓰여진 성서를 읽을 기회를 갖는 것이야말로 인간의 영혼이 진실로 해방되기 위한 길이라고 믿었고, 일반 대중이 일상생활에서 흔히 사용하는 영어로 쓰인 성서 번역에 여생을 바쳤다. 그가 언제 어디서 이 작업을 시작했는지 그리고 이른바 '위클리프 성서'Wycliffe Bible의 얼마나 많은 부분이 실제로 위클리프 자신에 의해 이루어졌는지는 확실치 않다.

1382년 무렵 신약성서의 완역본이 처음 나왔고, 2년 뒤인 1384년쯤에는 신구약성서가 완전히 번역되었다. 이것은 영어로 번역된 성서의 신기원을 이룩한 사건이었다. 위클리프의 사후, 그의 번역 성서의 개정판이 계속해서 나왔는데 가장 초기에 만들어진 것으로 현존하는 필사본은 1408년에 속한다. 당시는 인쇄술이 아직 영국에 도입되기 전이었으므로 손으로 일일이 써서 성서를 영어로 번역하였기 때문에 필사본의 값이 비싸서 부유한 사람들이 흔히 이 필사본을 구입하였다.

캠브리지에서 가르친 에라스무스Erasmus의 영향을 받은 인물 중에는 그리스어를 공부하기 위해 1510년에 옥스퍼드에서 캠브리지로 옮

그림 3 화형당하기 직전의 틴들

긴 틴들(William Tyndale, 1494-1536)이 있었다. 그는 고전 학문에 대한 새로운 관심을 불러일으킨 르네상스와 종교 개혁의 시대에 속한 인물로, 유럽의 인쇄술이 영국에 도입된 시대에 살았다. 그가 후에 영어로 신약성서를 번역함으로써 '쟁기질을 하는 어린 소년에게 교황보다도 성서의 내용을 더 잘 알게 해 줄 수 있는 인물'이 되었다. 그는 성서를 영어로 번역할 수 없다는 당시의 논쟁을 한마디로 '무모한rude' 일이라고 반박하였다.

헨리 8세 치하에 있던 영국에서 성서 번역은 위험한 활동이었으므로, 틴들은 외국으로 건너가서 활동하였다. 그는 1524년 함부르크에서 마태복음과 마가복음을 번역하였으며 그 후 웜즈Worms라는 도시로 옮겨 마침내 8절판으로 인쇄된 신약성서를 처음으로 발간하였다. 이 해는 영어로 인쇄된 신약성서가 처음 탄생한 해로 기록되며, 1526년에는 틴들의 성서가 영국으로 들어오게 되었다.

1529년, 토마스 모어경(Sir Thomas More, 1478-1535)이 대법관이 되면서 틴들의 번역 작업을 격렬하게 반대하여 틴들은 계속 해외에 머물렀다. 그는 1530년대 초 구약성서의 처음 다섯 권을 완성하였고, 1534년에는 요나의 서Book of Jonah를 추가하였다. 틴들은 결국 1535년

그림 4 토마스 모어경(1478-1535)

에 체포되어 1536년 10월에 이단자로 화형火刑당했다. 틴들의 성서는 마태 성서Matthew Bible라는 이름으로 왕의 허가를 얻어 로저스 John Rogers의 주석을 붙여 1537년에 출간되었다.

영국은 에드워드 6세(Edward VI: 1547-53) 치하에서 신교에 의한 종교개혁을 하게 되고 뒤이어 즉위한 메리 여왕(Queen Mary: 1553-1558)이 신교도들을 박해하면서 종교개혁 이전의 상태로 돌아 갔다가 엘리자베드 1세(Elizabeth I: 1558-1603)에 와서 다시금 영국 국교회를 인정하고 신교주의로 회귀回歸하는 변화가 계속되었다.

1568년에 이르러 그 당시 인쇄된 성서 가운데 가장 아름다운 성서로 일컬어진 비숍성서Bishop's Bible가 새로운 개정판으로 출판되었다. 이 성서는 영국 교회의 성직자들과 일반 회중에게 하나의 공인된 표준 성서를 제공하려는 목적으로 출간되었다.

1582년 통속 라틴어로 된 성서의 가톨릭 번역본인 라임즈성서the Rheims Bible가 출간되었다. 이 성서는 초기에 많은 문제를 일으켜

그림 5 비숍성서의 표지에는
엘리자베스여왕이 그려져 있다.

온 잘못된 성서 번역의 문제점을 벗어나서 성서에 대한 면밀한 연구와 학문적인 성취를 토대로 이루어진 업적이었다. 여기에 포함된 신성한 어휘와 말은 번역자가 성령 말씀의 진정한 의미를 그르칠 수 있다는 전제 아래 라틴어와 그리스어의 어형을 그대로 가져다가 사용하였다.

제임스 1세(James I: 1603-1625)는 엘리자베드 1세의 사후 스코틀랜드의 제임스 6세(James VI: 1567-1625)로서 영국의 왕위에 오른 인물이다. 우리는 제임스 1세 때 청교도들이 종교의 자유를 찾아서 메이플라워호를 타고 아메리카대륙으로 떠난 사실을 기억하고 있다.

제임스 1세는 성서의 권위를 스스로 인정한 왕으로 요한계시록을 의역하였으며 시편 몇 편을 번역하기도 하였다. 그런데, 이른바 흠정역성서의 번역은 실로 우연히 이루어진 사업이었다. 1604년 1월에 제임스 1세는 청교도들의 불만을 논의하기 위해 햄튼 왕실회의를 소집하였는데 이 회의에서는 청교도들의 종교 문제는 더 이상 논의되지 않고 당시 쓰이고 있던 여러 번역 성서의 번역이 형편없다는 옥스퍼드의 학감 레이놀즈John Reynolds의 발언이 주목을 끌었다. 특히 당시 교회 예식에서 중요하게 여겨지는 기도서Prayer-Book가 오역투성이라는 청교도들의 주장은 개역 성서를 발간하기 위한 첫걸음이 되었다. 왕의 주재主宰 아래 54명의 학자가 동원된 성서 개역의 작업은 1607년에 시작되어 1611년에 끝났다.

그리하여 1611년에 이르러 수정된 영국 국교회의 성서가 완성되어 출간되었으니, 이것이 곧 King James Bible이라고 하는 흠정역성서(欽定譯 Authorized Version: AV) 또는 킹제임스성서(King James Version: KJV)의 출현이다.

■ 흠정역성서가 영어에 끼친 영향

　고대 중엽에서 현대에 이르는 오랜 세월 동안 영국에서 쓰인 영어는 어휘는 물론 철자, 발음, 구문 등 여러 분야에 걸쳐 놀라울 정도로 발전과 변화를 거듭하여 왔다. 그런데 영어가 하나의 언어로 프랑스어를 제치고 그 존재를 확고하게 드러내게 된 영국의 르네상스 시기 말에 윌리엄 셰익스피어William Shakespeare 및 흠정역성서Authorized Version가 세상에 나왔다는 것은 결코 우연이 아닐 것이다.

　17세기 초에 영어의 역사에 등장하는 흠정역성서는 셰익스피어의 수많은 작품과 함께 현대영어 형성에 가장 근원적인 영향을 미친 성과로 높이 평가받고 있다. 《영어사전》(1755)을 편찬한 사무엘 존슨Samuel Johnson은 영어가 성숙한 언어로 탄생한 르네상스 시기를 "유럽에서 학문이 부흥한 시기"로 언급하기를 즐겨 했으며 이 시기를 "영어의 황금기"라고 극찬하였다.

　특히 흠정역성서의 탄생과 이 성서가 영어에 끼친 영향은 셀 수 없을 정도이다. 당시 영국 스튜어트 왕조의 첫 번째 왕으로 스코틀랜드의 왕이기도 한 제임스 1세(King James I: 1604-1625)의 명命에 의해 많은 학자들이 새로운 성서 작업에 참여한 끝에 출간된 흠정역성서는 당시 제임스 왕의 이름을 따서 킹제임스 성서(King James Version: KJV)라는 명칭으로도 불리고 있다.

흠정역성서는 영어의 역사에서 보면 하나의 획기적인 사건으로 시인, 극작가, 예술가 및 정치가들에게는 하나의 영감靈感을 제공해 주는 보고가 되기도 하였다. 만일 흠정역성서가 없었다면 밀턴의 《실락원》(*Paradise Lost*), 존 번연John Bunyan의 《천로역정》(*Pilgrim's Progress*), 헨델의 오라토리오인 〈메시아〉(*Messiah*)는 나오지 않았을 것이며 흑인 영가靈歌나 아브라함 링컨의 〈게티스버그 연설〉(*Gettysburg Address*)도 탄생할 수 없었을 것이다.

19세기 및 20세기 초에 접어들면서 흠정역성서가 영어 전반 특히 영어 산문English prose의 발달에 엄청난 공헌을 했다는 것은 사실상 의견이 일치하고 있다. 그런데 흠정역성서를 번역한 학자와 사제들이 문학과 언어 발달이란 문제에 큰 관심을 가지고 있었다는 증거는 전혀 찾을 수 없었다. 이들의 관심은 오로지 성서 번역의 '정확성' accuracy 그 자체에 있었고 성서를 우선 정확하게 번역하는 일이야말로 이들이 궁극적으로 원하는 목표였다. 제임스 왕의 성서 번역관들(성서학자와 사제들)은 의도적으로 추구하지는 않았으나 훗날 다음 세대들이 아름다움beauty과 우아함elegance을 지닌 것으로 인정하게 된 높은 수준의 흠정역성서를 세상에 내놓았다.

제임스왕의 성서 번역관들은 학문적으로 정확해야 한다는 목표에 중점을 두고 히브리 원어, 그리스어 및 아람어Aramaic를 번역할 적합한 영어 어휘와 표현을 찾으려고 애썼고 '우아함'보다는 '의미'에 우선순위를 두었다. 그럼에도 흠정역성서가 결국 산문체와 시적인 우아함을 달성한 것은 영어의 역사에서 매우 다행스러운 일이었다. 그러나 '정확성'을 성서 번역의 지상 목표로 삼았던 16-7세기만 해도 '문학으로서의 성서'는 대중에게 널리 알려지지 않았다.

흠정역성서에서 가장 흥미로운 부분 가운데 하나는 17세기 초반 표준영어에서 이미 고풍스럽게 되어가는 화법을 사용하고 있다는 점이다. 옛 어형을 사용함으로써 흠정역성서는 엄밀하게 말해 일상 영어 대화에서 사라져가고 있던 화법을 오래 지속시키는 의도하지 않은 효과를 가져왔다.

다음에 흠정역성서에 쓰인 고어체 어형을 세 부분으로 나누어 간단히 살펴보기로 한다.

(1) 'Thou' and 'You'

흠정역성서에 자주 나오는 가장 두드러진 특징 가운데 하나는 "Thee," "Thou," "Thy," 및 "Thine"이란 어형이 쓰이고 있는 것이다. 이들 어형은 현대영어에서 단순히 "you," "your," "yours"로 쓰고 있다. 초기 중세영어early Middle English에는 대명사의 사용이 매우 단순하여 주격형인 "thou"는 "ye"의 단수형으로 쓰였고 대격(목적격)형인 "thee"는 "you"의 단수형, 그리고 속격(관형격 genitive)인 "thy"는 "your"의 단수형으로 쓰였다.

그러나 중세영어 시기에 영국에서 프랑스어가 널리 쓰이면서 원래 단순하게 쓰인 대명사의 어형은 점점 복잡해졌다. 영어의 you는 프랑스어인 vous와 똑같은 것으로 연결시켜 쓰였다. 따라서 프랑스어의 용법에 따라 단수형(thou, thee, thy)은 가족 간에, 또는 어린이나 사회적으로 낮은 부류에 속하는 사람들에게 쓰였고 복수형(ye, you, your)은 사회적으로 월등한 위치에 있는 사람들에게 존경을 나타내는 표시로 쓰이게 되었다.

16세기에 이르면 개인에게 쓰인 단수형의 사용은 가족과 지체가 낮은 사람들에게 쓰는 특별한 경우를 제외하고 영어에서는 더 이상 쓰이지 않게 되었다. 한편 일반적으로 쓰이지 않게 된 주격형 "ye"와 목적격(대격)형 "you"를 이따금 구분하여 썼는데, 흠정역성서의 욥기(Job 12:2-3a)에 이러한 예가 다음과 같이 잘 나타나 있다.

No doubt but ye are the people, and wisdom shall die with you. But I have understanding as well as you; I am not inferior to you.
너희만 참으로 사람이로구나 너희가 죽으면 지혜도 죽겠구나.
나도 너희같이 총명이 있어 너희만 못하지 아니하니,

흠정역성서에는 하나님God, 인간a human being 또는 마귀the devil를 두루 지칭하기 위해 "thou"를 쓰고 있음은 잘 알려져 있다. 그런데 흠정역성서에는 "Thee," "Thou," 및 "Thy"가 특별히 존경의 표시로 하나님God을 지칭하기 위해 쓰이고 있다. 그렇다면 17세기 이후 이미 사라져 가고 있던 이 낡은 인칭 화법mode of speaking을 흠정역성서에서 그대로 사용하고 있는 이유는 무엇이었을까? 그것은 고대와 중세영어 시기를 거치는 동안 영어가 상당한 변화와 발전을 거듭해 왔으나, 14세기 이후 영어 형성에 상당히 기여해 온 세 가지 성서(Bishop's Bible, Great Bible, Tyndale's Bible)에 쓰인 영어의 문체와 어형은 흠정역성서와 같은 종교 문헌에서는 변함없이 그대로 유지해야 하며, 종교 언어의 특성상 '반드시' 고어체archaic로 기록해야 한다는 것, 그리고 이렇게 하기 위해서는 그동안 선행한 몇 개의 성서에서 사용해 온 옛 영어의 화법(older English ways of speaking)을 그대로 유지해야 한다는 것이 당시 흠정역성서를 번역한 학자와 사제들의 가장 중요한 임무였기 때문이다.

(2) "Sayeth" or "Says"

중세영어를 대표하는 제프리 초서(Geoffrey Chaucer, 1340–1400)의 작품을 대충 읽어보더라도 동사 어미verb ending가 상당히 변화하여 왔음을 알 수 있다. 16세기까지 문헌에 쓰인 영어의 동사 어미는 여전히 변화하는 과정에 있기는 하였으나, 이전 시기에 쓴 동사의 어미를 여전히 그대로 쓰고 있었다. 그러나 가장 중요한 것은 2인칭 및 3인칭 현재 단수형으로 각각 쓰인 Thou(sayest, givest, hast), He/She(sayeth, giveth, hath)에서 엿볼 수 있다. 그런데 16세기를 지나는 동안 2인칭 단수형으로 "you"가 널리 쓰이면서 광범위하게 사용되지 않았지만 대체로 복수형으로 쓰는 경향이 규칙적으로 나타났다(You say, You give, You have).

3인칭 대명사에도 변화가 일어났다. 대체로 어미 "-eth"가 "-s"로 대체되었다는 점이다. 이러한 변화가 어떻게 해서 생겨났는지는 분명치 않다. 그러나 셰익스피어의 작품을 면밀하게 읽어보면 이 시기의 서체영어written English에서 예전의 동사형과 새로 나타난 동사형이 모두 쓰이고 있음을 알 수 있다. 그 예로 1596–98년에 쓰인 셰익스피어의 희극 《베니스의 상인》(*The Merchant of Venice* 4막 1장)에서 포샤portia가 법률 박사의 복장으로 손에 책 한 권을 들고 법정에서 샤일록Shylock에게 하는 말이 아래와 같이 나온다.

The quality of mercy is not strained.
It droppeth as the gentle rain from heaven
Upon the place beneath. it is twice blest;
It blesseth him that gives and him that takes:
자비라는 것은 강요될 성질이 아니며 하늘에서

이 지상에 내리는 자비로운 비와도 같은 것이오.
자비는 이중의 혜택을 가지고 있소. 자비를 베푸는 사람에게
혜택이 가고 자비를 받는 사람에게도 혜택이 있소.

위 문장에 쓰인 옛 어형인 "eth"는 셰익스피어 시기를 전후하여
서체영어에서 계속 쓰였는데, 특히 흥미로운 것은 "eth"가 마치 "-s"
인 것처럼 발음되었다는 점이다. 따라서 "leadeth it, noteth it, raketh
it, per-fumeth it, etc."는 "leads it, notes it, rakes it, perfumes it,"으
로 발음되었다. 영어는 표음문자 언어가 아니므로 철자에 관계없이
발음이 다양하게 변할 수 있다. 흠정역성서는 당시 교회에서 '크게
소리내어 읽는' 성서로서의 역할을 하고 있었으므로 "-eth"가 "-s"로
발음될 수 있었다.

흠정역성서를 교회에서 노래하듯 소리내어 읽었다는 좋은 증거로
다음에 예시하는 헨델의 오라토리오인 〈메시아〉(Messiah)의 원천이
된 이사야서(40:1-3)의 구절에서 찾아볼 수 있다.

Comfort ye, my people, saith your God; speak ye comfortably to
Jerusalem, and cry unto her, that her warfare is accomplished, that
her iniquity is pardoned. The voice of him that crieth in the
wilderness: Prepare ye the way of the Lord, make straight in the
desert a highway for our God.

너희 하나님이 말씀하시되 너희는 위로하라 내 백성을 위로하라.
너희는 정다이 예루살렘에 말하며 그들에게 외쳐 고하라. 그 복역
의 때가 끝났고 그 죄악의 사함을 입었느니라. 광야에서 외치는
자의 소리여 가로되 너희는 여호와의 길을 예비하라 사막에서 우
리 하나님의 대로를 평탄케 하라.

(3) "His" and "Its"

중세영어에는 중성 대명사(it)의 소유격인 its는 쓰이지 않았다. 그 대신 his라는 어휘를 써서 문맥에 따라 he의 소유격 또는 it의 소유격으로 사용하였다. 그러나 1600년에 이르러 his는 점차 남성 소유대명사possessive pronoun의 기능으로만 쓰였다. 그럼에도 his는 드물긴 하나 중성 소유격 대명사(its)의 용법으로도 쓰였는데, 흠정역성서에는 이러한 예를 오직 한 곳에서 찾아볼 수 있다(레위기 25:5).

That which groweth of *its* own accord of thy harvest thou shalt not reap, neither gather the grapes of thy vine undressed: for it is a year of rest unto the land.

너의 곡물의 스스로 난 것을 거두지 말고 다스리지 아니한 포도나무의 맺은 열매를 거두지 말라. 이는 땅의 안식년임이니라.

그런데 흠정역성서에는 '산상설교'로 널리 알려진 마태복음서 5장 13절에 its의 대용어로 his가 기록되어 있다.

Ye are the salt of the earth: but of the salt lost *his* savour, wherewith shall it be salted?

너희는 세상의 소금이니 소금이 만일 그 맛을 잃으면 무엇으로 짜게 하리요

현대영어 독자들에게 salt는 남성명사이며 중성명사이기도 하다. 흠정역성서의 번역관들은 아마도 당시 드물게 쓰인 중성 소유격 대명사 his를 its의 대용어로 그대로 보존하려고 했던 것 같다. 그러나 its의 사용은 중세 시기 이후의 성서를 읽는 독자들에게 혼란을 초래하였으

며 결국 성서에는 its의 의미를 대신하는 thereof로 대체하여 쓰이게 되었다. 그 예로, 현대영어에서 *its* width was five feet라는 표현은 흠정역성서에서는 the width *thereof* was five feet으로 바뀌었다. 중세영어에서 쓰인 his는 그 후 its의 대용으로는 점차 쓰이지 않게 되었다.

흥미롭게도 구약성서의 출애굽기(Exodus 30:2)에는 하나의 절에 무려 4개나 되는 thereof가 기록되어 있다.

A cubit shall be the length *thereof*, and a cubit the breadth *thereof*; foursquare shall it be: and two cubits shall be the height *thereof*: the horns *thereof* shall be of the same.

장長이 일一 큐빗 광廣이 일 큐빗으로 네모 반듯하게 하고
고高는 이二 큐빗으로 하며 그 뿔을 그것과 연하게 하고

참고로 위의 구절을 다음에 예시한 개정표준성서Revised Standard Version와 비교하기 바란다.

A cubit shall be its length, and a cubit its breadth; it shall be square, and two cubits shall be its height; its horns shall be of one piece with it.

Ⅰ. 구약성서

구약을 이루는 고대 히브리어로 쓰여진 사해사본Dead Sea Scrolls 의 성서 모음집은 세월이 흐르면서 변하였다. 오늘날 우리가 알고 있는 킹제임스성서(King James Bible, 1611)라고 부르는 흠정역성서 (Authorized Version)는 개신교의 정전正典을 이룬다. 그런데 개신교와 달리, 가톨릭 정전에는 마카베서Maccabees를 포함하여 일부 외경 (外經 Apocrypha)에 해당하는 여러 책이 구약성서에 포함되어 있다.

기독교의 정경(正經: 신구약성서를 포함하는 말)을 나타내는 '성서'Bible라는 말은 원래 그리스어로 '작은 책'little book을 뜻하는 비블리온biblíon의 복수형인 비블리아biblía에서 유래하여 후기 라틴어 (biblia)를 경유하여 고대영어 bibliothece에서 어형변화로 말미암아 생겨났다. 비블로스biblos는 당시 나일강에 번성한 파피루스의 줄기로, 성서가 필사된 파피루스 두루마리를 비블리온이라고 하였다.

성서는 오랜 기간에 걸쳐 기록되고 축적된 책들의 집합이라고 할 수 있다. 특히 구약성서는 주전 13세기에서 1세기에 편집되었는데, 고대 이스라엘의 위대한 문학 작품들로 이루어졌으며, 하늘과 땅이 생겨난 맨 처음 이야기를 시작으로 알렉산더 대왕(356–323 BC)의 그리스Greece가 멸망하기까지의 긴 과정이 기록되어 있다.

구약성서는 39권으로 된 책으로, 앞부분에 포함된 첫 다섯 권(창세기, 출애굽기, 레위기, 민수기, 신명기)은 이른바 모세오경Pentateuch 또는 히브리어인 '토라'Torah라는 명칭으로 불리고 있다. 인간을 향한 하나님의 율법이 담겨 있다고 해서 '율법서'라고도 불린다. 흠정역성서에서 모세의 명칭을 넣어 '모세오경'books of Moses이라고 불리기는 해도 이들 다섯 권의 책은 그 내용과 문체(스타일)가 책에 따라 서로 다양하게 기록되어 있는 것이 특징이다.

그림 6 토라(모세오경)

예언서는 구약성서에서 가장 많은 부분을 차지한다. 모세오경 다음에 나오는 12권(여호수아서, 사사기, 룻기, 사무엘 상하, 열왕기 상하, 역대기 상하, 에스라, 느헤미야, 에스더서)의 책은 전기 예언서에 해당한다. 시편과 아가서를 포함하여 욥기, 잠언 및 전도서 등 다섯 권은 시와 노래 및 지혜의 메시지를 담고 있어서 시가詩歌 문학에 속하며 이 가운데 욥기와 잠언 및 전도서는 '지혜서'Wisdom Books라고도 불린다.

성서의 나머지 부분은 '대선지자'Major Prophets에 속하는 이사야, 예레미야, 에스겔, 다니엘이 쓴 전기 예언서 5권 및 호세아, 요엘, 아모스와 같은 소선지자들Minor Prophets이 쓴 후기 예언서 12권(호세아, 요엘, 아모스, 오바댜, 요나, 미가, 나훔, 하박국, 스바냐, 학개, 스가랴, 말라기)으로 구성되어 있다.

1. In the beginning / Genesis

In the beginning God created the heaven and the earth.

- KJV Genesis 1:1

태초에 하나님이 천지를 창조하시니라.

In the beginning was the Word, and the Word was with God, and the Word was God.

- KJV St John 1:1

태초에 말씀이 계시니라. 이 말씀이 하나님과 함께
계셨으니 이 말씀은 곧 하나님이시니라.

〔어휘와 표현〕 in the beginning: 맨 처음, 태초에. the heaven: 하늘, 창공, 천국. 개역성서에는 복수형(the heavens)으로 번역하고 있는데 이것은 시적 복수poetic plural라는 것으로 문학에서 흔히 쓰는 표현임. genesis: '기원 발생, 유래, 최초'(beginning, source, generation, origin)를 뜻하는 그리스어에서 유래함. 또한 라틴어로 번역한 모세오경의 하나인 구약성서의 첫 번째 책 제목인 '창세기'를 의미하는 말로도 쓰임. Word: 말, 언어, 로고스logos. the Word of God으로 쓰면 성서, 하나님의 말씀을 의미함.

(ex) The short story Mary wrote became the genesis for a later novel.
메리가 쓴 단편은 후에 나오는 소설의 기원이 되었다.

그림 7 미켈란젤로(1475-1564)가 그린 시스티나 성당의 인간창조.

[원문과 성서내용] '태초에'를 의미하는 in the beginning이란 표현은 구약성서 창세기 첫장 첫 줄과 신약성서 요한복음서 첫장 첫 줄에 등장하는 전치사구이다. 태초라는 말은 '오래 전에'라고 해서 얼마나 오래되었는지 분명히 밝히지 않고 말하는 히브리식 표현이다.

창세기 1장 1절은 하나님이 모든 물질(천지)을 무無에서 창조하신 최초의 창조 사역을 나타내며 창세기를 이해하는 핵심이 되는 부분이다. 하나님의 창조 사역은 천지와 만물을 다 지으신 2장 3절에 이르러 끝나게 된다: '하나님이 일곱째 날을 주사 거룩하게 하셨으니 이는 하나님이 그 창조하시며 만드시던 모든 일을 마치시고 이날에 안식하셨음이더라'(And God blessed the seventh day, and sanctified it: because that in it he had rested from all his work which God created and made. 2:3)

요한복음서 1장 1절에 나오는 '태초에'라는 구절은 앞에 언급한 창세기의 첫마디와 매우 유사하다. 차이점이 있다면 창세기에서는 '태초에 하나님이 천지를 창조하시다'인 반면 요한복음서에는 '말씀'the Word이 창조 이전에 존재하고 있었다는 사실을 보여준 점이다. 이것이 '태초에 말씀이 계시니라'라는 첫마디에 함축되어 있다.

동사는 과거시제로 되어 있으나 이것은 연속성continuity을 나타내는 개념이다. 고대 그리스어(헬라어)에는 '하나님'이란 어휘에 관사가 붙지 않았다. 이것은 하나님이 신성divinity이며 동시에 신격deity임을 뜻하기 때문이다. '말씀이 곧 하나님'이란 표현은 예수 그리스도가 곧 하나님이란 뜻이다.

[참고] 구약Old Testament과 신약New Testament으로 나누어진 성서의 testament는 하나님과 인간과의 계약을 뜻하는 말로 일반적으로 '신구약성서'를 의미하는 용어로 쓰임.

2. Adam and Eve

So God created man in his own image, in the image of God created he him; male and female created he them. — KJV Genesis 1:27
하나님이 자기 형상 곧 하나님의 형상대로 사람을 창조하시되 남자와 여자를 창조하셨다.

[어휘와 표현] 창세기 첫장에 등장하는 최초의 인간인 아담과 이브를 하나님이 창조하신 내용임. 흠정역성서에는 어휘나 문장의 어순이 현대영어와 다르게 도치된 구문이 흔히 쓰여 다소 생소하게 느껴짐. created he him = he created him. him은 '사람'man을 뜻함. created he them: 앞에 나온 male and female과 them은 목적어로 동일한 것

을 가리키므로 he created them(=male and female). 흠정역성서는 초기 현대영어로 쓰인 것이므로 어순이 현대영어의 어순과 다름에 유의. 문장의 리듬과 운(韻 rhyme)을 주요 특징으로 하고 있음. '이브'가 '하와'로 번역된 것은 히브리어 *Hawwáh*에서 유래한다. 고대영어 '에베'*Éfe*에서 발음의 변화로 현대영어의 이브Eve로 변화됨. Adam이 홀로 쓰인 영어 표현으로는 not know someone from Adam이 있는데, "누군지 알아보지 못하다, 전혀 낯선 사람으로 여기다"란 뜻으로 쓰인다. 남녀 구분 없이 쓰이는 것이 특징.

(ex) I don't know him(her) from Adam.
나는 그(녀)가 누구인지 전혀 모른다.

[참고] as old as Adam은 "나이가 꽤 많은(extremely old)"이란 뜻.

(ex) He(She) is as old as Adam.
그(녀)는 매우 나이가 많다.

[Note] 성서에 나오는 Adam은 930살에 죽었다(창세기 5:5).

[원문과 성서내용] 창세기 1장에는 하나님의 창조 사역 가운데 땅 위에서 하나님의 모습을 닮은 남자와 여자를 창조하신 내용이 실려 있다. 하나님은 '우리의 형상을 따라 우리의 모양대로 사람을 만들자'(And God said, Let us make man in our image, after our likeness. 1:26)고 하였다.

하나님이 창조한 아담Adam이라는 이름이 처음 나오는 부분은 2장 19절이다: '하나님이 흙으로 들짐승과 공중의 각종 새를 지으시고 아담이 어떻게 이름을 짓나 보시려고 그것들을 그에게로 이끌어 이르시니'(And out of the ground the Lord God formed every beast of the field, and every fowl of the air; and brought them unto Adam to see what he would call them).

한편 이브Eve라는 말이 처음 기록된 부분은 3장 20절이다: '아담이 그 아내를 '하와'라 이름하였으니 그는 모든 산 자의 어미가 됨이더라'(And Adam called his wife's name Eve; because she was the mother of all living). 아담이 그 아내의 이름을 '하와'라고 한 것은 '하와'가 '생명, 살아있는 것'이라는 뜻과 관련되어 있기 때문이다. 이것은 그가 모든 산 자의 어미가 된다는 것과 연결지을 수 있다.

[참고자료-1] 아담과 이브가 현대영어에는 다양한 표현으로 쓰이고 있다. 미국 루이지애나에서 퀘벡에 이르기까지 미국과 캐나다 동부지역에 걸쳐 북아메리카의 일부 지역에서 자라는 다년생 난과 식물인 일종의 난초orchid는 흔히 Adam-and-Eve라고 불린다. 잎과 꽃Eve은

생장하는데 전년도의 구근(球根 Adam)은 여전히 그대로 있는 이 식물의 특이한 성장 습관 때문이다. 학명은 *Aplectrum hyemale*이며 일명 갈색 꽃이 핀다고 해서 Putty root라고도

그림 8 다년생 난과 식물 Adam-and-Eve

한다.

[참고자료-2] 골고다 바위 아래쪽 언덕의 바위 위에서 예수가 십자가 형을 받고 죽어서 묻힌 장소인 예루살렘의 성묘교회는 아담의 예배당이라고 불리고 있다. 이곳에 아담이 묻혀 있기 때문이다. 왜 그럴까?

기독교의 오랜 전설에 따르면 예수가 이곳 언덕 위의 바위에서 십자가에 못 박혔을 때 그의 피가 바위틈으로 흘러 내렸는데 최초의 인간인 아담은 그 바위 밑에 묻혀 있었다고 한다. 예수의 피가 아담에게 흘러들어서 아담이 부활했다는 것. 약 1700년 전 이 교회를 지은 로마황제 콘스탄티누스는 골고다 바위 주변에 제단을 만들었으니 이것이 곧 오늘날 성묘교회로 아담의 예배당으로 불리는 이유이다.

성서에 따르면 에덴동산 옆에는 유프라테스강과 티그리스강이 있었다. 여러 가지 설 가운데 창세기에 기록된 이야기에는 에덴동산의 위치가 메소포타미아 쪽으로 되어 있으며 지금의 이라크가 있는 곳이다. 그런데 어떻게 아담의 존재가 예루살렘까지 오게 된 것일까.

아담과 예루살렘 사이에는 특별한 관계가 있다. 낙원이라고도 불리는 에덴동산은 훗날 하나님이 머무는 곳이라는 개념으로 바뀌었다. 유대교 초기였던 예수 시대에 사람들은 신이 '성전산'temple mount에 머문다고 생각했다. 그래서 예루살렘을 에덴 즉, 낙원으로 생각했던 것이다. 에덴이 일종의 은유가 된 것이다.

아담은 최초의 인간이다. 히브리어로 '아담'의 의미는 '사람man'을 의미한다. '아담'이라는 이름에서 A를 빼고 D-A-M만 남겼을 때 히브리어 '담'은 '피'blood라는 뜻이 된다. 또한 '아담'이라는 이름에 A-H-를 붙였을 때는 '아다마' 즉 '땅'land이라는 뜻이 된다.

3. Breath of life

And the Lord God formed man of the dust of the ground, and
breathed into his nostrils the breath of life; and man became a
living soul.   – KJV Genesis 2:7

여호와 하나님이 흙으로 사람을 지으시고 생기를 그 코에 불어 넣
으시니 사람이 생령生靈이 된지라.

〔어휘와 표현〕 form: (동사) 만들다, 짓다. of the dust of the ground:
땅의 먼지(흙)에서. breathe: (동사) 호흡하다, 숨을 쉬다. [briːð]로
발음하므로 유의. 명사인 breath는 [breθ]로 발음. nostril: 콧구멍.
breath of life: 생기生氣. 성서에는 하나님이 맨 처음 인간을 창조하
려고 불어넣은 '생명의 숨'을 가리킴. 사람을 소생시키기 위해 숨이
멈춘 사람의 입에 공기를 불어넣어 소생시키는 것을 일컫는 표현. a
living soul: 살아있는 영혼, 곧 생령.

  (ex) The lifeguard saved the woman by giving her the *breath of life*.
      인명 구조원은 생기를 불어넣어 그 여인을 소생시켰다.

〔참고〕 인용한 원문에 나오는 '생기'는 구약성서의 에스겔서(Ezekiel 37:1–10)
에도 언급되고 있는데, 에스겔의 대언代言을 통해 하나님이 이스라엘의 장
래를 예언하는 구절이 나온다. 여호와가 마른 뼈로 가득 찬 골짜기에서 이
뼈들에게 생기가 들어가게 하니 살아났으며 뼈에 힘줄이 생기고 살이 오르
고 가죽이 덮였으나 여전히 그 속에 생기가 없었다. 그러나 여호와께서 생
기가 사방으로부터 와서 이 사망을 당한 자에게 붙어서 살게 하시니 마침내
생기가 들어가 뼈들이 곧 살아나서 섬으로써 극히 큰 이스라엘 군대가 되었

다고 표현하고 있다. 여기에 기록된 '생기'는 에스겔서에서는 모두 breath라는 어휘로 5번이나 등장한다. 이것은 breath of life라는 원문의 '생기'와 동일한 뜻으로 쓰이고 있다. 그 가운데 한 구절을 인용한다.

(ex) Behold, I will cause *breath* to enter into you, and ye shall live.
− KJV Ezekiel 37:5
보라, 내가 생기로 너희에게 들어가게 하리니 너희가 살리라.

〔참고〕 behold: (감탄문) 보라. cause: 일으키다, 시키다. cause breath to enter into: 생기(숨)가 ~로 들어가게 하다. ye: 2인칭 복수형으로 '너희'(=you)란 뜻.

〔원문과 성서내용〕 창세기 1장 마지막에는 하나님이 천지와 만물을 다 지으신 다음 '보시기에 심히 좋았더라'(behold, it was very good.)고 기록하고 있다.

1장에서는 하나님이 인간을 창조하셨으나 어떻게 만드셨는지는 나와 있지 않다. 다만 '하나님이 남자와 여자를 창조하시고'(he created them: male and female)라고 하여 하나님이 권위를 가지고 창조한 인간임을 강조하고 있다.

그러나 2장에서는 권위 아래 있는 인간을 강조하고 있다. 원문에 인용한 구절(2장 7절)에서는 하나님이 토기장이로 묘사되고 있다. 당시 중동의 사막과 같은 황무지에서 식물이 자라기 위해서는 땅을 개간하고 물을 끌어대는 사람의 노력이 필요함을 염두에 두어야 한다. 위대한 토기장이인 하나님은 바로 그런 땅의 흙으로 사람을 지으시고 생기를 불어넣으신 것이다. '생기'라는 말은 하나님의 생명력을 뜻하며 인간 생명의 본질을 의미한다. 그러나 인간은 하나님의 숨결

그림 9 낙원에 있는 아담과 하와
루카스 1533년 작

이 깃든 영적인 요소를 갖춘 존재이면서도 동시에 하나님이 생기를
거두려 하실 때에는 다시금 흙으로 돌아가야 하는 허무한 존재임을
깨닫게 해주는 암시가 원문에 함축되어 있다. 하나님이 흙으로 사람
을 창조하셨다는 내용은 구약의 여러 책에서 찾아볼 수 있다. 다음에
예시하는 시편(104:29)에는 모든 생명이 하나님의 은혜 아래 있을
때 존재할 수 있으나 하나님이 은혜를 거두시면 모든 인간은 티끌로
돌아가게 된다는 것을 보여주고 있다.

(ex) Thou hidest thy face, they are troubled: thou takest away
their *breath*, they die, and return to their dust.
주께서 낯을 숨기신즉 저희가 떨고 주께서 저희 호흡을 취하
신 즉 저희가 죽어 본 흙으로 돌아가나이다.

〔참¹〕 thou는 하나님을 가리킴. hide thy face: 하나님의 낯을 감추다. they:
하나님이 창조하신 창조물(하늘과 땅, 해와 달 등). be troubled: 문제가 생

기다, 고통을 당하다. take away their breath: 창조물의 숨을 빼앗아 가다, 죽게 만들다. return to their dust: 흙으로 돌아가다(죽다). dust는 진흙mud 또는 찰흙clay이란 뜻.

[참고자료] 창세기 2장 18절에는 하나님이 최초의 인간인 아담을 창조한 후에 다음과 같이 말한 대목이 나온다.

It is not good that the man should be alone; I will make him an help meet for him.
사람이 독처獨處하는 것이 좋지 못하니 내가 그를 위하여 돕는 배필을 지으리라 하시니라.

흠정역성서에는 최초의 여자인 이브가 아담을 위해 '돕는 배필'help meet로 되어 있다. 여기서 meet는 현대영어 이전으로 거슬러 올라가면 '적당한, 알맞은'suitable이란 의미로 쓰였다. 그러다가 세월이 흐르면서 help meet는 하나의 명사로 쓰이고 meet는 mate가 되어 배우자spouse를 지칭하는 또 하나의 용어인 helpmate가 됨. 현대영어에서 helpmate는 '조력자, 동료, 배우자'란 다양한 의미로 쓰임.

위에 예시한 흠정역성서 원문에 나온 an help meet란 표현은 현대영어에서는 an 〉 a로 쓰이나 16-17세기에 쓰인 영어(초기 현대영어)의 부정관사는 현대영어 문법과 달리 비교적 자유롭게 쓰였다. 흠정역성서 고린도전서 5장 5절을 인용한다.

(ex) To deliver *such an one* unto Satan for the destruction of the flesh, that the spirit may be saved in the day of the Lord Jesus.
이런 자를 사단에게 내어 주었으니 이는 육신은 멸하고 영은 주 예수의 날에 구원 얻게 하려 함이라.

4. Forbidden fruit

But of the fruit of the tree which is in the midst of the garden,
God hath said, Ye shall not eat of it, neither shall ye touch it, lest
ye die.   - KJV Genesis 3:3

동산 중앙에 있는 나무의 실과는 하나님의 말씀에 너희는 먹지도
말고 만지지도 말라. 너희가 죽을까 하노라 말씀하셨노라.

[어휘와 표현] the fruit of the tree: 나무의 실과. 흔히 '선악과' 즉 금
단의 열매로 알려져 있음. in the midst of: ~의 가운데 있는. midst
= middle. hath: has. ye: thou의 2인칭 복수형. '그대들, 너희들'이
란 뜻. 2인칭 단수 주격에 쓰면 you의 뜻. 여기는 전자의 의미로 쓰
임. not ~ neither: 이중부정구문. '먹지도 말고 만지지도 말라' lest
ye die = lest you (should) die "너희가 죽지 않으려면"(여기서 ye는
thou의 2인칭 복수형으로 쓰임)

[원문과 성서내용] 창세기 3장(1-8절)에는 인간(아담과 하와)의 죄와 타
락에 관한 내용이 기록되어 있다. 3장의 첫마디에 악의 상징으로 여
겨지는 뱀serpent이 등장하여 여자에게 동산 나무의 실과를 먹으라고
유혹하게 된다. 위에 인용한 원문은 뱀의 유혹에 여자가 일단 하나님
의 말씀을 전하면서 뱀의 주장을 반박하는 내용이다.

그런데 뱀은 여자에게 '너희가 결코 죽지 아니하리라. 너희가 그것
을 먹는 날에는 너희 눈이 밝아 하나님과 같이 되어 선악을 알 줄을
하나님이 아심이니라.'(Ye shall not surely die: For God doth know

그림 10 루벤스(1577–1640)의 인간의 타락

that in the day of ye eat thereof, then your eyes shall be opened, and ye shall be as gods. knowing good and evil. 3:4–5)라고 하여 총명(눈이 밝아짐)과 영적인 진보(하나님과 같이 됨)를 약속하였다.

[참고] 성서에는 '금단의 열매'가 구체적으로 언급되어 있지 않다. '아담의 사과'라는 말은 아담이 이 실과를 먹을 때 그 한 조각이 그의 목구멍에 걸려 후에 '아담의 사과' 즉, 목젖Adam's apple이 된 데서 전해져 내려온 것임.

 5. Fig leaf

And the eyes of them both were opened, and they knew that they were naked; and they sewed fig leaves together, and made themselves aprons.   – KJV   Genesis 3:7

이에 그들의 눈이 밝아 자기들의 몸이 벗은 줄을 알고 무화과나뭇
잎을 엮어 치마를 하였더라.

[어휘와 표현] the eyes of them: 그들의 눈. them은 아담과 하와를 가리킴. sew:[sou]로 발음. 꿰매다, 붙이다. sew A together: A를 서로 붙이다. apron: 앞치마, 행주치마. fig leaf: 창세기에 나오는 '무화과나무'는 아담과 하와가 하나님의 명을 어기고 뱀의 유혹에 넘어가서 선악과를 따먹은 이야기에 등장하는 표현. 현대영어에서는 "당황하거나 수치스러운 것, 잘못된 것, 추한 것을 감추는 가리개나 덮개"란 의미로 쓰임.

그림 11 무화과 나뭇잎

(ex) The pitcher lost the game, 4-2, but his home run in the second half of the ninth inning provided him a fig leaf of sorts. 투수는 4-2로 게임에 졌으나 9회 말 홈런으로 수치스러움에서 벗어났다.

[원문과 성서내용] 창세기 3장의 처음 부분은 인류 최초의 범죄 행위가 등장한다. 하나님이 지으신 들짐승 가운데 가장 간교한 뱀의 유혹에 넘어간 하와가 실과實果를 따 먹고 남편인 아담에게도 먹게 하여 하나님의 명령보다는 뱀의 제안을 선호하는 것에서 인간의 원죄는 시작되었다.

실과를 먹고 눈이 밝아져서 벌거벗은 줄을 알게 된 아담과 하와가 죄의식과 부끄러움으로 자신들의 몸을 가린 것은 무화과나뭇잎으로 엮어 만든 치마였다고 성서는 묘사하고 있다. 아담과 하와는 후에 죄 sin로 말미암아 에덴동산에서 쫓겨나게 된다.

[참고자료] 고대 그리스 예술에서는 여성은 대체로 치부恥部를 가린 모습으로 나오나 남성은 벗은 몸으로 등장하는 것이 일반적이었다. 이 전통은 고대 로마로 이어졌으며 로마 제국이 그리스도교 신앙으로 바뀌면서 영웅의 나신裸身은 사라졌다. 아담과 하와가 무화과잎 또는 다른 잎사귀와 함께 묘사되는 것은 북르네상스의 예술에 엿보이는 특징이었다.

그림 12 초기 르네상스 화가 마사치오의 에덴동산에서 쫓겨나는 아담과 하와. 후에 나뭇가지를 추가했다.

1530년 무렵 이후 교회나 공공장소에서 전시되는 나신의 양을 줄이려는 기운이 예술 작품에 나타났는데, 유명한 예가 다름 아닌 미켈란젤로의 〈최후의 심판〉(*The Last Judgement*)이다. 이 그림에는 주름을 잡은 천이나 나뭇가지를 추가로 덧붙여서 사용하였다.

'무화과잎'은 일반적으로 수치스럽게 여겨지는 일이나 행동에 대한 최소의 가림막이란 뜻으로도 쓰인다. 이 표현이 비유적으로 쓰이는 경우가 있다. 협상 과정에서 실제로 상대방을 속이려는 계략이 숨어 있는 경우 그 제안은 '무화과잎'으로 표현된다. 즉, 진실을 감춘 채 협상에 임하려는 속셈을 뜻한다.

6. Earn something by the sweat of your brow

In the sweat of thy face shalt thou eat bread, till thou return unto the ground; for out of it wast thou taken: for dust thou art, and unto dust shalt thou return.　　　　　　　　　– KJV　Genesis 3:19

네가 얼굴에 땀이 흘러야 식물을 먹고 필경은 흙으로 돌아가리니 그 속에서 네가 취함을 입었음이라. 너는 흙이니 흙으로 돌아갈 것이니라.

[어휘와 표현] out of it에서 it은 ground(흙)를 가리킴. dust thou art = thou art dust(= you are dust: 너는 흙이다). 하나님이 선악과를 먹은 아담에게 "땅은 너로 인하여 저주를 받고 너는 종신토록 수고하여야 그 소산을 먹으리라(Cursed is the ground for thy sake; in sorrow shalt thou eat of it all the days of thy life. – KJV 3:17)고 말한 다음에 나오는 구절임. 이것을 현대영어로 쉽게 번역한 신국제역 성서(NIV)에서 예시하면 다음과 같다.

By the sweat of your brow you will eat your food until you return to the ground since from it you were taken; for dust you are and to dust you will return.　　　　　　　　　　– NIV 3:19

창세기 3장에서 하나님은 먼저 뱀(14-15절)에게, 다음으로 여자(16절)에게, 마지막으로 아담(17-19절)에게 심판하신다.

하나님이 내린 저주와 심판의 내용을 요약하면 (1) 뱀에게는 배 belly로 기어 다니고 종신토록 흙을 먹을 것이고, (2) 여자에게는 잉태할 때의 고통과 해산 시의 수고, 남편을 사모하고 남편의 지배를 받게 될 것이라는 것, (3) 아담에게는 종신토록 수고하여야 그 소산 所産을 먹게 되며 얼굴에 땀이 흘러야 식물을 먹고 결국 흙으로 돌아갈 것이라는 것이다. 위에 인용한 원문은 (3)에 해당하는 구절이다.

[참고] 원문에는 face로 되어 있으나 후에 번역한 개역성서(NIV)에는 brow로 나와 있다. 성서에는 시적인 언어poetic language가 많이 등장하는데, 시에서는 face와 같은 의미로 brow가 쓰이는 예가 많다. cursed is the ground: 도치구문. the ground is cursed for~: 땅은 ~로 인해 저주를 받다. for thy sake: 너로 인해. in sorrow: 슬픔에 잠겨. all the days of thy life: 네가 사는 날 동안(종신토록)

[참고자료] 19세기 중엽 이후 활약한 영국 빅토리아시대의 시인 홉킨스 (G. M. Hopkins, 1844-1889)는 시적 언어에 생명을 불어 넣으려고 애쓴 시인으로 널리 알려져 있다. face 대신 시적인 brow를 쓴 그의 시의 한 구절을 인용한다.

The shepherd's brow fronting forked lightning, owns
The horror and the havoc and the glory
Of it. Angels fall, they are towers, from heaven – a story
Of just, majestical, and giant groans.

번개가 갈라지며 맞닥뜨린 목동의 얼굴에

공포와 혼란 그리고 영광이 스며든다.
천사들은 하늘에서 떨어지며 탑을 이룬다. - 그리하여
바야흐로 웅장하고 거대한 이야기가 꿈틀거린다.

7. Am I my brother's keeper?

And the Lord said unto Gain, Where is Abel thy brother? And he
said, I know not: Am I my brother's keeper?   —KJV Genesis 4:9

여호와께서 가인에게 이르시되 네 아우 아벨이 어디 있느냐. 그가
가로되 내가 알지 못하나이다. 내가 내 아우를 지키는 자니이까.

[어휘와 표현] Gain: 가인. 아벨Abel의 형. thy brother: 너의 동생.
thy(=your)는 가인을 가리킴. I know not: I do not know와 같은
뜻. 초기 현대영어 구문의 특징. brother's keeper: 동생을 지키는 자.

[원문과 성서내용] 인용한 문장은 창세기(4장)에서 가인이 들에서 동생
아벨을 쳐 죽인 후 하나님이 아벨의 행방을 묻자 가인이 대답하는
장면이다.

And the Lord said unto Cain, Why are thou wroth? and why is
thy countenance fallen? If thou doest well, shalt thou not be
accepted? and if thou doest not well, sin lieth at the door. And
unto thee shall be his desire, and thou shalt rule over him. And
Cain talked with Abel, his brother: and it came to pass, when they

were in the field, that Cain rose up against Abel his brother, and
slew him(KJV 4:6-8).

여호와께서 가인에게 이르시되 네가 분하여야 함은 어쩜이며 안색
이 변함은 어쩜이뇨? 네가 선을 행하면 어찌 낯을 들지 못하겠느
냐. 선을 행치 아니하면 죄가 문에 엎드리느니라. 죄의 소원은 네
게 있으나 너는 죄를 다스릴찌니라. 가인이 그 아우 아벨에게 고
하니라. 그 후 그들이 들에 있을 때에 가인이 그 아우 아벨을 쳐
죽이니라.

[참²] wroth: 화가 난, 격노한. 문어체에서 쓰이는 어휘로 현대영어에서는
흔히 쓰이지 않음. thy countenance: 너의 안색, 얼굴 표정. sin lieth at the
door(=sin lies ~): 죄가 문에 엎드려 있다(기다리고 있다). his desire -
sin's desire(죄의 소원). his = it의 소유격으로 쓰임에 유의. it came to
pass는 죄가 가인과 아벨에게 다가왔다는 뜻. slew: slay(죽이다, 살해하다)의
과거형. slay - slew - slain.

   창세기에 나오는 가인은 하나님께 제물과 그 자신을 모두 거부당
하고 믿음으로 자신의 제물을 바쳐 하나님을 기쁘게 한 아벨을 죽인
인물로 등장한다. 여기서 가인의 낙인(Brand of Cain, 가인의 표적이
라고도 함)이란 말이 나왔다. 후에 하나님께 불순종한 가인은 여호와
앞을 떠나 에덴 동편에 있는 놋 땅land of Nod에 거주하게 된다.

[참고자료] 문학에서는 가인을 소재로 쓴 시와 소설이 등장한다. 영국
의 시인 바이런(Lord Byron, 1788-1824)은 성서에 나온 가인의 이야
기를 소재로 극시劇詩인 〈가인〉(Cain, a Mystery, 1821)을 썼고, 영국
의 낭만주의 운동을 이끈 시인 코울리지(Samuel T. Coleridge,

그림 13 루벤스 작 아벨을 쳐죽이는 가인

1772-1834)도 산문시 〈가인의 방랑〉(*The Wanderings of Cain*, 1798) 에서 같은 주제를 다루었다. 한편, 미국의 소설가인 존 스타인벡 (John Ernst Steinbeck, 1902-1968)이 쓴 《에덴의 동쪽》(*East of Eden*, 1952)은 엘리아 카잔 감독이 동명의 영화(1955)로 만들었는데, 제임 스 딘James Dean이 주연을 맡아 호연하였다.

(My) brother's keeper라는 표현은 성gender의 구분을 달리하면 서 오늘날 여러 분야에서 광범위하게 쓰이고 있다. 1940년 영국에서 *His Brother's Keeper*란 제목의 드라마 형식의 영화가 상영되었고, 미 국의 극작가인 테네시 윌리엄즈의 동생인 다킨 윌리엄즈(Dakin Williams, 1919-2008)가 논픽션 형식으로 쓴 *His Brother's Keeper:*

the life and murder of Tennessee Williams(형의 보호자: 테네시 윌리 엄즈의 인생과 살인)에도 같은 제목이 나타난다. 월트 디즈니에서 만 든 만화 영화 제목에 *Her brother's keeper*란 것이 있다. 성性의 구분 이 바뀌어 쓰인 예다.

2008년 버락 오바마 당시 미국 대통령 당선인(2009-2017)의 크리 스마스 메시지를 게재한 뉴욕 데일리 뉴스의 제목은 *Be your brother's keeper, President-elect Obama urges* 였다. 그러나 오바마 대통령이 실제로 말하고자 했던 것은 다음과 같다.

> Now more than ever, we must rededicate ourselves to the notion that we share a common destiny as Americans – that I am my brother's keeper, I am my sister's keeper.
> 이제 우리는 이전보다 한층 더 미국인으로서 형제의 보호자요, 자 매의 보호자라는 공통 운명을 분담한다는 생각으로 우리 스스로 헌신하여야 합니다.

영어에는 keeper로 끝나는 복합명사가 많다. housekeeper는 '주부, 가정부'란 의미뿐만 아니라 '(호텔)의 청소 감독관, 가옥이나 서무실 의 관리인'이란 뜻으로도 쓰인다. '축구의 골문을 지키는 골지킴이(수 문장)'를 뜻하는 goalkeeper, '건물의 수위나 문지기'란 뜻의 gatekeeper, '회계장부를 기록하는 사람(부기인)'을 뜻하는 bookkeeper 도 있고 '사냥터 관리인(감시원)'을 뜻하는 gamekeeper 등도 있다. 이 밖에도 zoo keeper, bee-keeper, hotel keeper, shop-keeper 등 상당수 의 복합명사가 쓰이고 있다.

한편, keeper란 단어에는 도서관이나 박물관에 보관된 귀중한 소장 품을 보관하고 관리하는 사람이라는 뜻도 있다.

(ex) Joan was the former Principal Keeper of Printed Books at the British Museum.
조앤은 이전에 대영박물관의 인쇄물을 관리하는 주관리인이었다.

8. The Land of Nod

And Cain went out from the presence of the Lord, and dwelt in the land of Nod, on the east of Eden.   - KJV Genesis 4:16

가인이 여호와의 앞을 떠나 나가 에덴 동편 놋 땅에 거하니라.

〔어휘와 표현〕 from the presence of the Lord: 하나님의 면전에서. dwelt: dwell(살다, 거주하다)의 과거(분사). land of Nod: 놋 땅. the east of Eden: 에덴의 동쪽.

〔원문과 성서내용〕 창세기는 창조와 인간성의 기원에 대한 도덕 이야기로 생생하게 전개되다가 가인이 아벨을 죽이는 대목에 이르러 갑자기 살인 장면으로 바뀌게 된다. 가인의 생명을 보호할 수 있게 배려한 하나님의 긍휼로 말미암아 가인은 에덴 동편의 놋 땅(land of Nod)으로 쫓겨나서 방황하게 된다. 히브리인에게 궁극적인 벌은 죽음이 아니라 추방으로 뿌리를 상실하는 것이다.

방황하는 민족이란 주제가 창세기의 특징이며 아주 먼 선사시기로 거슬러 올라가서 벌어지는 다양한 이야기의 보고이기도 하다. 그러나 여기에는 인간의 조건을 들여다보는 놀라운 통찰력이 들어 있다. 창

그림 14 하나님의 저주 전 가인의 행차. 페르낭 코르몽의 1880년 작.

세기는 과학과 마찬가지로 인류를 하나의 단일한 인간human race으로 묘사하고 있고 대부분의 종교에서와 같이 세속이나 물욕을 초월한 신성한 명령을 인정한다. 또한 인간이 이해할 수 있는 범위를 넘어서 창조의 유일신에 대한 믿음의 기반을 이루는 책이다.

[참고] 성서에 나오는 지명인 Nod과 현대영어에 쓰이는 일반 어휘인 nod '꾸벅거리며 졸다'는 문학 작품에서는 말장난pun의 형식으로 많이 쓰인다. 철자는 같으나 의미는 다르게 쓰기 때문이다. 예를 들면, I'm going to the Land of Nod이란 '놋 땅으로 간다'는 뜻이 아니라 '이제 잠자리에 들어간다', 곧 꿈나라로 간다는 뜻. 1700년대 초 이후 모든 어린이에게는 이 말이 '잠자리'bedtime라는 의미로 익숙해졌다.

[참고자료] 1738년에 나온 옥스퍼드 영어사전에는 이 표현의 의미가 sleep으로 등재되어 있다. 그렇다면 성서의 의미와는 다른 이러한 의미변화가 어떻게 해서 일어났을까?

　성서에 나오는 Nod은 히브리어로 '방황(하는)'wandering이란 의미로, 위클리프성서(Wycliffe's Bible, 1384)에는 가인이 여호와의 곁을 떠나 놋 땅으로 '달아나는'fleeing about 뜻으로 표현하고 있다. 일반 영어의 경우 졸음이 와서 '머리를 앞으로 짧게 꾸벅거리다'라는 의미로 nod off라는 표현이 1400년 무렵부터 쓰이게 된다. 이 의미는 영어의 족보를 거슬러 올라가면 궁극적으로 영어의 직계 조상인 게르만어Germanic에 기원을 두고 있다.

스코틀랜드의 소설가이며 시인으로 우리에게도 잘 알려진 《보물섬》(*Treasure Island*, 1883)의 작가 스티븐슨(Robert Louis Stevenson, 1850-1894)이 쓴 시집인 *A Child's Garden of Verses*(1885) *and Underwoods*(1887)에는 꿈에 관한 시의 제목으로 *The Land of Nod*이 등장한다. 영국 요크셔주의 동부구역 2마일 끄트머리에 있는 작은 오두막집의 명칭 또한 흥미롭게도 *The Land of Nod*이기도 하다.

미국의 작가이며 여류시인 윌콕스(Ella Wheeler Wilcox, 1850-1919)가 쓴 시모음집(*Poems of Passion*, 1883)에 나오는 시의 제목 가운데 〈아름다운 꿈의 나라〉(*The Beautiful Land of Nod*)란 것이 있다.

Come, cuddle your head on my shoulder, dear,
Your head like the golden-rod,
And we will go sailing away from here
To the beautiful Land of Nod.
사랑하는 이여, 이리로 와서 내 어깨에
그대 머리를 살며시 기대보세요,
황금색 가지처럼 그대 머리를,
그러면 우리는 이곳에서 노저어 나갈 거예요
아름다운 꿈의 나라로.

9. Olive branch

And the dove came in to him in the evening; and, lo, in her mouth was an olive leaf pluckt off: so Noah knew that the waters were abated from off the earth.　　　　－ KJV　Genesis 8:11

저녁 때에 비둘기가 그에게로 돌아왔는데 그 입에 감람나무 새 잎사귀가 있는지라 이에 노아가 땅에 물이 감한 줄 알았더라.

〔어휘와 표현〕 dove: 비둘기. 노아가 두 번 비둘기를 방주 밖으로 내보냄. to him: 그에게. him은 노아를 가리킴. lo: (문어체에서) 보라! 흔히 Lo and Behold로 씀. olive leaf: 올리브잎. olive branch라고도 씀. pluckt: plucked와 같음. pluck: 따다, 뽑다. 이 문장은 an olive leaf was plucked in her mouth(by the dove)라고 고쳐 생각할 것. abate: 감소시키다, (분량이) 줄다. from off the earth: 지면에서.

〔원문과 성서내용〕 창세기 6-8장에는 아담과 이브의 가족이 생육하고 번성하면서 인구가 늘어나자 그들의 죄악 또한 증가하게 되는 이야기가 나온다. 인간의 사악함wickedness을 보신 하나님은 땅 위에 사람 지으셨음을 한탄하사 마음에 근심하시고 지면에 홍수를 내려 의인義人 노아와 그 가족 그리고 육축과 새를 제외한 모든 인간을 쓸어버리기로 결심하게 된다. 홍수는 40일 동안 밤낮으로 내렸고 150일 동안 물이 지면을 덮었다. 물이 마르고 노아의 방주는 산에 걸렸는데 노아가 비둘기를 방주 밖으로 내보냈으나, 온 지면에 물이 있으므로 비둘기는 접족接足할 곳을 찾지 못하고 방주로 돌아왔다. 일주일 뒤

그림 15 감람나무(올리브) 새 잎사귀.

비둘기를 다시 내보냈는데 비둘기가 감람나무 새 잎사귀를 물고 돌아왔다. 비둘기가 물고 온 잎사귀는 '평화의 징표'a sign of peace를 의미한다. 현대영어에도 이 표현을 활용한 문장이 많이 쓰인다.

(ex) Their fighting has continued for years, without anyone willing to offer the other side an *olive branch*.
그들의 전투는 어느 쪽도 상대편에 평화의 징표를 제의하지 않은 채 여러 해 동안 계속되었다.

[참고자료] 오늘날 평화를 지지하는 사람을 지칭하여 '비둘기dove' 또는 '비둘기파'라고 하고 전쟁을 선호하는 사람을 '매hawk' 또는 '매파'(강경론자)라고 부른다.

원문에는 현대영어와는 다른 철자pluckt와 현대영어에서는 흔히 쓰이지 않는 표현(from off the earth)이 포함되어 있어서 새번역성서로 옮긴 부분을 인용한다.

When the dove returned to him in the evening, there was a freshly plucked olive leaf in its beak: Noah knew that the waters had receded from the earth.

위에 인용한 새번역성서에는 원문의 입mouth 대신 부리beak, 감람 나무 잎사귀an olive leaf 대신 (부리로 쪼은) 감람나무 새 잎사귀(a freshly plucked olive leaf)로 구체적으로 번역되어 있는 것이 특징이다.

 ## 10. Be fruitful and multiply

And God blessed them, saying, Be fruitful and multiply, and fill the waters in the seas, and let fowl multiply in the earth.

- KJV Genesis 1:22

하나님이 그들에게 복을 주어 가라사대 생육하고 번성하여 여러 바다 물에 충만하라, 새들도 땅에 번성하라 하시니라.

And God blessed them, and God said unto them, Be fruitful and multiply, and replenish the earth, and subdue it;- KJV Genesis 1:28

하나님이 그들에게 복을 주시며 그들에게 이르시되 생육하고 번성 하여 땅에 충만하라, 땅을 정복하라.

And God blessed Noah and his sons, and said unto them, Be fruitful and multiply, and replenish the earth. - KJV Genesis 9:1

하나님이 노아와 그 아들들에게 복을 주시며 그들에게 이르시되 생육하고 번성하여 땅에 충만하라.

〔어휘와 표현〕 be fruitful and multiply: 생육하고 번성하라. fruitful: 열

매가 많이 열리는. 여기서는 성서적인 의미로 '자손을 많이 낳는'이
란 뜻. multiply: 늘이다, 번식하다. waters, seas: 문학에 흔히 쓰이는
시적 복수형. let fowl multiply: 새들을 번성하게 하라. fowl은 중세
영어 시기에는 '날짐승'living creatures을 모두 지칭하는 넓은 의미의
어휘로 쓰였으나, 그 후에 일어난 의미변화에 따라 의미가 좁아져서
현대영어에서는 새birds라는 특정한 생물을 가리키게 됨. replenish:
(원래대로) 가득 채우다. subdue: 정복하다. subdue it의 it은 땅the
earth을 가리킴.

[원문과 성서내용] 앞의 두 구절은 창세기 1장에 나오는 아담과 이브에
게 주신 말씀이고, 마지막 구절은 하나님이 홍수로 땅 위에 움직이는
모든 생물을 쓸어버리고 노아와 그와 함께 방주에 있던 자와 들짐승
과 육축만 살아남게 하신 뒤(7:21-23), 노아와 그 아들들에게 하신
말씀이다. 현대 영역성서에는 '생육하고 번성하라'고 한 표현이 Be
fruitful and increase in number라는 쉬운 영어로 기록되어 있다.

이 표현은 번역성서의 오랜 역사로 보면 다른 영역성서와 달리 흠
정역성서에서 가장 시적인 리듬에 맞추어져 있다. 흠정역성서 이전에
영어로 번역된 성서들, 가령 틴들성서에는 *Grow and multiply*, 제네
바성서(Geneva Bible, 1560) 및 라임즈성서(Douay-Rheims Bible,
1609-10)에는 *Bring forth fruit and multiply*로 나와 있으나, 흠정역
성서에 나오는 표현의 리듬 및 시적 표현과는 다소 거리가 멀다. 창
세기에 인용된 fruitful은 '열매를 많이 맺는'이란 문자 그대로의 뜻이
아닌 '자손을 많이 낳는'이란 뜻의 성서적 의미를 지닌다.

[참고자료] 현대영어에서 Be fruitful이란 표현은 국제원예협회에서 나온 온라인 보고서의 제목으로도 등장하는데, 이 보고서에는 fruitful의 일반적 의미인 매일 과일을 많이 먹으라는 권고가 들어 있다. 뉴욕 타임즈(2008)에는 〈소비자들이 과일을 많이 소비하라는 권고를 듣지만 그렇다고 과일 판매소비가 늘어날까?〉(*Consumers urged to be fruitful, but can sales multiply?*)라는 기사가 실린 적이 있다.

multiply란 어휘도 그 의미가 애매모호한 점이 있다. 원래 이 어휘는 '수數가 증가하다'란 기본 의미로 쓰였으며 12세기 프랑스어에서 영어에 들어온 차용어이다. 이 기본 의미는 성서 전체를 통해 거의 백 번이 넘게 쓰이고 있다. 이 어휘에 포함된 '곱셈multiplication'이란 수학적인 의미는 한 세기 또는 그 이후가 지나서야 비로소 발달했으며 오늘날 multiply가 지닌 '수가 증가하다, 자손이 번식하다'라는 두 가지 다른 의미는 성서와 일반 영어에서 다르게 쓰이고 있다. 가령 자연과학인 수학에서 곱하기multiply는 '더하기add, 빼기subtract, 나누기divide'라는 수 체계에서 특별한 의미로 쓰이는 반면, 성서에 쓰일 경우 수학적 의미는 사라진다. 한편 Be fruitful and multiply가 성서 이외의 의미로 가장 많이 쓰인 경우로는 온라인에서 피임, 다산 및 인구 증가에 관한 논문의 제목임을 확인할 수 있다.

11. Two by two

There went in two and two unto Noah into the ark, the male and the female, as God had commanded Noah.　　– KJV　Genesis 7:9

하나님이 노아에게 명하신 대로 암수 둘씩 노아에게 나아와 방주
로 들어갔다.

[어휘와 표현] in two and two: 둘씩 짝을 지어. ark: 노아의 방주方舟.
피난처, 안전한 장소. unto Noah: 노아에게 (나아오다). (went) into
the ark: 방주로 들어갔다. 주어는 the male and the female임.

[원문과 성서내용] 원문은 창세기 7장 1-9절에 나오는 이야기로 동물들
이 어떤 방법으로 방주 안으로 들어가게 되었는지를 설명해 준다.

성서 내용에 따르면 노아는 하나님의 명하신 대로 방주를 만들고
모든 동물을 암수 둘씩 방주 안으로 들여보냈다. 하나님은 노아에게
'모든 정결한 짐승은 암수 일곱씩, 부정한 것은 암수 둘씩을 취하
라'(Of every clean beast thou shalt take to thee by sevens, the male
and his female: and of beasts that are not clean by two, the male and
his female.)고 명하셨다. 부정한(희생 제사에 쓸 수 없는) 짐승들은
그종족 보존을 위해 한 쌍이면 충분했으나 정결한(희생 제사에 쓸 수
있는) 짐승들은 일곱(마리/쌍)을 방주에 실어 홍수가 끝난 후에 희생
제사를 드려도 그들의 지속적인 번식이 가능하도록 한 것이다.

[참고자료] 흠정역성서에는 two and two이지만, 뉴킹제임스역(New
KJV 2003)에는 현대영어 표현인 two by two로 고쳐서 나와 있다.

two by two they went into the ark of Noah, male and female, as
God had commanded Noah.   - NKJV 7:9

틴들성서에는 cooples(couples), 위클리프성서에는 by twain and

그림 16 에드워드 힉스 작(1846) 노아의 방주

twain으로 기록되어 있다. 이들 표현은 현대영어에서는 더 이상 쓰이지 않으나 영어로 번역된 성서가 나타나기 훨씬 오래전부터 영어 표현으로 널리 쓰였다. 흠정역성서가 출현하기 약 600년 전에 고대영어로 쓰인 앵글로색슨 문헌에도 이들 표현이 등장하고 있다.

흠정역성서가 나온 뒤 약 2세기가 지난 18세기로 접어들면서 by two and two란 표현이 등장하였으나 얼마 지나지 않아 two by two 란 한층 간단한 표현으로 바뀌어 오늘에 이르렀다.

(ex) *Two by two* the young people have been away from London for a week.

그 젊은이들은 남녀 한 쌍씩 일주일 동안 런던을 떠나 있었다.

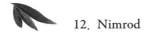

12. Nimrod

And Cush begat Nimrod: he began to be a mighty in the earth. He was a mighty hunter before the Lord: wherefore it is said, Even as Nimrod the mighty hunter before the Lord. - KJV Genesis 10:8-9

구스가 또 니므롯을 낳았으니 그는 세상에 처음 영걸이라. 그가 여호와 앞에서 특이한 사냥꾼이 되었으므로 속담에 이르기를 그러므로 여호와 앞에 니므롯 같은 특이한 사냥꾼이로다 하더라.

〔어휘와 표현〕 Cush: 노아의 아들 함Ham의 아들 가운데 한 사람. 함의 아들은 구스와 미스라임Mizraim, 붓Put 및 가나안Canaan임. a mighty: 여기서는 명사로 다루어 '힘센 사람'이란 뜻. wherefore: therefore(그러므로). it is said ~: 사람들이 말하기를(속담에 이르기를).

〔원문과 성서내용〕 쉬운 우리말로 번역한 새번역성경(대한성서공회 2010, 2015)에 나온 원문의 구절을 인용하면 다음과 같다.

구스는 또 니므롯을 낳았다. 니므롯은 세상에 처음 나타난 장사이다. 그는 주님께서 보시기에도 힘이 센 사냥꾼이었다. 그래서 "주님께서 보시기에도 힘이 센 니므롯과 같은 사냥꾼"이라는 속담까지 생겼다.

노아는 세 명의 아들 곧, 셈Shem, 함Ham, 및 야벳Japheth을 낳았는데(6:10), 성서에는 함의 아들인 구스Cush를 포함하여 그들의 자손들도 열거하고 있다. 노아는 950세에 죽었다. 쉬운 현대영어로 번역한 성서(NLT, 2001)에는 원문을 다음과 같이 인용하고 있다.

One of Cush's descendants was Nimrod, who became a heroic warrior. He was a mighty hunter in the Lord's sight. His name became proverbial, and people would speak of someone as being "like Nimrod, a mighty hunter in the Lord's sight."

니므롯은 우리말 성서에서 영걸 〉 장사로 다르게 표현하는데 영역성서에는 용맹한 전사a mighty warrior로 시날 땅의 왕a king of Shinar으로 묘사하고 있다. 또한 하나님 앞에서는 "특이한 사냥꾼"으로 번역되어 있으나 영역성서는 "힘이 센 사냥꾼a mighty hunter"으로 묘사하고 있다.

이 어휘는 맨 처음 성서에 기록된 긍정적인 의미 즉, '뛰어난 전사, 사냥꾼'이란 뜻

그림 17 데이비드 스콧 작(1832) 니므롯

으로 쓰였으나 그 후 다른 뜻으로 의미변화가 일어났다. 현대영어에서는 nimrod와 같이 소문자로 쓰이고 본래 성서에서와는 전혀 무관하게 '바보, 천치, 멍청이'(idiot, foot, jerk)란 뜻으로 쓰이고 있다. 주로 속어slang로 많이 쓰인다.

(ex) John couldn't even find his way home from the subway station.

What a nimrod!

존은 전철역에서 집으로 가는 길조차 찾지 못하였다. 이런 명청이가 있나!

13. Babel: Tower of Babel

And the whole earth was of one language, and of one speech.

- KJV   Genesis 11:1

온 땅의 구음이 하나이요 언어가 하나이었더라.

〔어휘와 표현〕 기존에 나온 영역성서에는 구음one language과 언어a common speech로 되어 있다. 그러나 이 번역은 잘못된 것으로 오히려 언어와 구음을 혼동한 것으로 여겨진다. 구음口吾은 실제로 쓰이는 말로 speech에 해당하고 언어는 language가 옳은 표현이다. 새번역 성경에서는 이를 바로 잡아 "처음에 세상에는 '언어'가 하나뿐이어서 모두가 같은 '말'을 하였다"고 옮겨 놓았다.

〔원문과 성서내용〕 창세기 초기에는 인구가 많지 않았으므로 노아 자손의 족속 사이에서 하나의 언어language와 실제 쓰이는 말speech이 일치하였을 가능성이 있다. 노아 자손의 족속들은 땅의 여러 곳으로 퍼져 나가 인구가 늘어나자 모든 이들이 같은 언어를 쓰고 한곳에 모여 살기를 원했다. 그러나 인구가 늘어나면서 한 언어에서 갈라져 나온 말이 부족 간에 다르게 쓰일 가능성이 있게 마련이었다. 이것은

그림 18 피터 브뤼헐 1세의 1563년 작 바벨탑

오늘날 언어와 방언의 상관관계로 설명할 수 있다. 영어의 경우 하나의 언어임에도 영국은 물론 미국, 캐나다 등 영어권 국가에서 실제로 쓰이는 말speech은 문화의 차이만큼 그 표현이나 어휘가 다르게 나타나기 때문이다.

And they said, Go to, let us build us a city and a tower, whose top may reach unto heaven; and let us make us a name, lest we be scattered abroad upon the face of the whole earth.- KJV Genesis 11:4

그들은 또 말하였다. "자, 도시를 세우고 그 안에 탑을 쌓고서, 탑 꼭대기가 하늘에 닿게 하여, 우리의 이름을 날리고 온 땅 위에 흩어지지 않게 하자."

– 새번역성경

〔참고〕 lest we be scattered: 흩어지지 않도록(=lest we should be ~). scatter: 흩어지게 하다. upon the face of the whole earth: 온 땅 위에. face 는 땅의 표면을 뜻함.

하나님은 이들의 교만과 불복종을 보시고 강림하시어 이렇게 말씀 하셨다.

Behold, the people is one, and they have all one language; and this they began to do: and now nothing will be restrained from them, which they have imagined to do.   - KJV Genesis 11:6
보아라, 만일 사람들이 같은 말을 쓰는 한 백성으로서, 이렇게 이 런 일을 하기 시작하였으니, 이제 그들은 하고자 하는 것은 무엇 이든지 하지 못할 일이 없을 것이다.   - 새번역성경

〔참고〕 this they began to do: they began to do this에서 목적어인 this를 강 조하기 위해 문장의 맨 앞에 위치함. this는 '이런 일, 즉 하늘 꼭대기까지 탑을 쌓는 일'을 뜻함. restrain: 억누르다, 억제하다. 명사형은 restraint임. imagine to do: 하려고 마음먹다(상상하다).

창세기 11장 6-9절에는 "여호와께서 이르시되 이 무리가 한 족속 이요 언어도 하나이므로 이같이 시작하였으니, 이후로는 그 하고자 하는 일을 막을 수 없으리로다. 자, 우리가 내려가서 거기서 그들의 언어를 혼잡하게 하여 그들이 서로 알아듣지 못하게 하자 하시고 여 호와께서 그들을 온 지면에 흩어지게 하셨으므로 그들이 그 도시를 건설하기를 그쳤더라. 그러므로 그 이름을 바벨이라 하니 이는 여호 와께서 거기서 온 땅의 언어를 혼잡케 하셨음이라. 여호와께서 거기 서 그들을 온 지면에 흩으셨더라."고 기록하고 있다. 이 구절에 나오

는 바벨탑Tower of Babel은 하나님의 뜻을 거스르는 인간이 지닌 교만의 상징이다. 바벨은 '하나님의 문'을 뜻하며 바벨론을 히브리어로 옮긴 것이다. 시날 땅의 왕인 니므롯Nimrod이 바벨탑을 세운 것으로 알려져 있다.

[참고] babel은 현대영어에서 '떠들썩한 말소리나 장소, 소음과 혼란이 뒤섞인 장소'를 나타내는 의미로 쓰인다. 또한 '여러 언어가 섞여서 혼란스럽게 쓰이는 장소'라는 뜻도 포함하고 있다.

(ex1) We couldn't understand anything in the *babel* of voices at the market.
우리는 시장에서 떠드는 온갖 소리가 어떤 것인지 전혀 이해할 수 없었다.

(ex2) The hall filled with a *babel* of voices demanding money.
회당 안은 돈을 요구하는 온갖 혼란스러운 목소리로 넘쳐났다.

14. Fire and brimstone

Then the Lord rained upon Sodom and upon Gomorrah brimstone and fire from the Lord out of heaven.　　　- KJV　Genesis 9:24
여호와께서 하늘 곧 여호와로부터 유황과 불을 비같이 소돔과 고모라에게 내리사,

[어휘와 표현] rain upon(on) ~ : (하나님, 하늘, 구름이) ~에 비를 내리

다. 동사로 쓰임에 유의. from the Lord out of heaven: 하늘에 계신 하나님에게서. out of ~는 기원을 나타냄.

〔원문과 성서내용〕 창세기에 기록된 소돔과 고모라 이야기에 나오는 표현으로 '불과 유황'이란 뜻임. 이들 도시는 사해 남쪽 만灣에 위치하였는데, 창세기에는 그곳의 거주자들이 타락하고 사악하여 여호와께서 멸망시켰다고 기록하고 있다.

But the men of Sodom were wicked and sinners before the Lord
exceedingly.   – KJV 13:13
소돔 사람은 악하여 여호와 앞에 큰 죄인이었더라.

〔참고〕 wicked:〔wíkid〕로 발음하는 것에 유의. '사악邪惡한' sinner: (도덕, 종교상의) 죄인을 뜻함. (형사상의) 죄인인 criminal과 구별됨. exceeding: 과도한, 대단한. exceedingly는 부사형.

창세기에서는 롯과 그의 가족이 살았던 소돔을 하나님이 멸하시기 전의 이야기에 관해 상세하게 기록하고 있다(창 18: 33). 롯Lot은 하란의 아들이며 아브라함의 조카로, 사악한 도시인 소돔에 살았다. 하나님은 그 도시를 불과 유황fire and brimstone으로 멸망시키기 전 롯과 그 가족을 소알Zoar이라는 성으로 탈출하게 했다. 그런 다음 소돔과 고모라를 불과 유황으로 멸망시켰다.

The sun was risen upon the earth when Lot entered into Zoar.
Then the Lord rained upon Sodom and upon Gomorrah *brimstone*
and fire from the Lord out of heaven; And he overthrew those
cities, and all the plain, and all the inhabitants of the cities, and

그림 19 존 마틴의 1852년 작 소돔과 고모라의 파괴

that which grew upon the ground.　　　　- KJV Genesis 19:23-5
롯이 소알에 들어갈 때에 해가 돋았더라. 여호와께서 하늘 곧 여
호와에게로부터 유황과 불을 비같이 소돔과 고모라에 내리사, 그
성들과 온 들과 성에 거하는 모든 백성과 땅에 난 것을 다 엎어
멸하셨더라.

〔참²〕 rise － rose － risen(태양이 떠오르다). overthrow － overthrew －
overthrown(뒤엎다). inhabitant: 거주민. 동사형은 inhabit(거주하다). that
which grew upon the ground: 지면에 자라는 것. that which는 what의 뜻.

　1300년쯤 이후 나온 여러 권의 성서에는 틴들 성서를 포함하여
'유황과 불'로 기록되어 왔으나, 17세기 이후 성서의 정전cannon이
된 흠정역성서에는 창세기에 나온 표현과 다른 성서에 기록된 표현
이 어순에 관계없이 나와 있다. 이를테면 구약의 시편(Psalms 11:6),
신약의 누가복음(St Luke 17:29) 및 요한계시록(Revelation 14:10;
20:10; 21:8)에는 창세기의 어순과는 다르게 '불과 유황'으로 모두
기록되어 있다. 한편, 여러 개역판 영역성서(NLT, NIV, etc)에는 한
결같이 burning sulfur로 기록하고 있다. brimstone은 유황sulfur이란 뜻

그림 20 루카스 반 레이덴의 1520년 작. 롯과 그의 딸들. 뒤에 불타는 소돔과 고모라가 보인다.

이다. 유황은 팔레스타인에서 많이 산출되는 광물질로 사해 부근에 많이 매장되었다는 역사 기록이 있다.

아브라함이 그 아침에 일어나 "소돔과 고모라와 그 온 들을 향하여 눈을 들어 연기가 옹기점 연기같이 치미는 것을 보았다"(창세기 19:28)고 기록하고 있다. 유황이 불처럼 하늘로 타오르는 것을 묘사하기 위해 현대영역성서에서는 '타오르는 유황'과 같은 영어 표현으로 고쳐 옮긴 것으로 여겨진다.

Upon the wicked he shall rain snares, *fire and brimstone*, and an horrible tempest: this shall be the portion of their cup.

- KJV Psalms 11:6

악인에게 그물을 내려 치시리니 불과 유황과 태우는 바람이 저희 잔의 소득이 되리로다.

[참고] the wicked: 사악한 자들. 복수명사의 뜻. snare: 덫, 함정, 유혹. 흠정역성서에서는 rain(비오듯 퍼붓다)의 목적어로 ① snare(덫) ② fire and brimstone(불과 유황) ③ tempest(폭풍, 바람) 등 세 개로 나와 있다. 따라서 위의 영역은 수정이 필요함. an horrible tempest: 끔찍한 태풍(바람). horrible: 무서운. this는 앞에 열거한 세 가지를 묶어 말함. 실제로는 these

로 해야 현대영어의 문법상 옳을 듯.

The same shall drink of the wine of the wrath of God, which is poured out without mixture into the cup of his indignation; and he shall be tormented with *fire and brimstone* in the presence of the holy angels, and in the presence of the Lamb;─ KJV Revelation 14:10

그도 하나님의 진노의 포도주를 마시리니 그 진노의 잔에 섞인 것이 없이 부은 포도주라. 거룩한 천사들 앞과 어린 양 앞에서 불과 유황으로 고난을 받으리니.

[참고] the same은 9절에 나온 '그 짐승과 그 짐승 우상에게 절하고 이마나 손에 표를 받는 사람'을 가리킴. the wine of the wrath of God: 하나님의 진노의 포도주. without mixture: 혼합하지 않고(즉, 포도주를 물과 섞지 않고). indignation: 분개, 분노. 형용사형은 indignant. torment: 몹시 괴롭히다. be tormented with ~: ~으로 괴로워하다(고통을 받다). in the presence of : ~의 앞에서.

[참고자료] fire and brimstone이란 표현은 셰익스피어의 희극 가운데 하나인 〈십이야〉(*Twelfth Night*)에도 등장한다. 십이야는 크리스마스로부터 12일이 지난 1월 6일이며 구세주가 나타나신 것을 축하하는 축일로, 크리스마스 축제 기간의 마지막 날이다. 이 낭만 희극에서 올리비아의 집사인 말볼리오와 올리비아의 사촌인 토비 웰치경Sir Toby Welch과의 대화에 이 표현이 나온다.

Malvolio: Calling my officers about me, in my banched velvet gown,
        having come from a daybed, where I have left Olivia sleeping ─
Sir Toby: *Fire and brimstone*!

맬볼리오: 화려한 벨벳옷을 척 걸쳐 입고선,

그림 21 소돔과 고모라의 파괴. 가운데는 소금기둥이 된 롯의
아내가 보인다. 독일의 역사가인 하트만 쉐델의 1493년 작

> 좌우에 하인을 거느리고,
> 나는 침대에서 막 일어난 참이고
> 올리비어는 아직도 잠들어 있겠다…
> 토비: 원 저런 벼락 맞을 소리 좀 보게! – II.v.39

우리말 번역은 김재남(1995: 315)에서 옮긴 것인데, '불과 유황'이
란 말 대신, 대화체로 이어지는 상황에 알맞게 '벼락 맞을 소리'로
번역되어 있다.

 ## 15. An eye for an eye

And if any mischief follow, then thou shalt give life for life, eye for
eye, tooth for tooth, hand for hand, foot for foot, burning for

burning, wound for wound, stripe for stripe. – KJV Exodus 21:23–25

그러나 다른 해가 있으면 갚되 생명은 생명으로, 눈은 눈으로, 이는 이로, 손은 손으로, 발은 발로, 태운 것은 태움으로, 상하게 한 것은 상함으로, 때린 것은 때림으로 갚을지니라.

〔어휘와 표현〕 if ~, then ~의 구문으로 만일 ~하면, (그러면) ~할 것이다. mischief: 위해危害, 악영향. burning: 화상火傷. wound: 상처. stripe: 채찍질. 원문에 나오는 어구가 'A for A'로 되어 있음에 유의.

〔원문과 성서내용〕 출애굽기Exodus는 모세가 노예 신분으로 전락한 이스라엘 백성을 애굽(이집트)에서 약속의 땅 가나안까지 인도하는 극적인 상황을 기록한 이야기이다. 여호와께서 이스라엘 백성의 지도자로 세운 모세의 출현, 출애굽이 이루어지기 직전 애굽인들이 고통당하게 되는 여호와의 열 가지 재앙(ten plagues: 7:14–12:30), 그리고 유월절(Passover 12:1–28)을 정점으로 애굽의 속박에서 벗어나 홍해를 건너는 일련의 과정이 전개되고 있다. 애굽에서 탈출한 이스라엘인들은 40일 동안 광야에서 방황한 후 모세가 시내산Mount Sinai에서 여호와로부터 10계명Ten Commandments이 들어있는 돌판 2개를 받게 된다.

그림 22 돌판을 들고 있는 모세. 렘브란트의 1959년 작

이것은 후에 〈언약의 서〉(Book of Covenant 20:1-23:33)로 정교하게 기록되기에 이른다. 이 가운데 하나가 징벌에 관한 율례(보복법)로, 원문에 인용한 부분이 여기에 해당한다.

'눈에는 눈으로, 이에는 이로'라는 표현은 레위기(24:20) 및 신명기(19:21)에 다시 등장한다.

> breach for breach, *eye for eye*, tooth for tooth: as he hath caused a blemish in a man, so shall it be done to him again.
>
> $\qquad\qquad$ - KJV Leviticus 24:20
>
> 파상破傷은 파상으로, 눈은 눈으로, 이는 이로 갚을지라. 남에게 손상을 입힌 대로 그에게 그렇게 할 것이며

〔참고〕 breach: fracture(갈라진 틈). cause a blemish in a man: 사람에게 손상을 야기하다. blemish: 흠, 오점, 결점. a man은 (일반적인) 사람을 뜻함.

> And thine eye shall not pity; but life shall go for life, *eye for eye*, tooth for tooth, hand for hand, foot for foot.
>
> $\qquad\qquad$ - KJV Deuteronomy 19:21
>
> 네 눈이 긍휼히 보지 말라. 생명은 생명으로, 눈은 눈으로, 이는 이로, 손은 손으로, 발은 발로니라.

〔참고〕 thine eye: your eye. thine은 고어체에 나오는 어휘로 thou의 소유격(your). 소유대명사인 yours(너의 것)이란 뜻도 있음. pity: 긍휼.

〔참고자료〕 '눈에는 눈으로'라는 영어 표현의 구조인 'A for A' 유형은 매우 오래된 형태로, 함무라비 법전(Code of Hammurabi c.1770 BCE) 196조에도 기록되어 있다고 전한다. 이 법전은 아카드어 설형문자

Accadian cuneiform로 쓰여 있는 세계에서 두 번째로 오래된 법전으로 알려져 있다. 아카드는 주전 2800-1100년에 번영을 누렸던 고대 바빌로니아의 북부 지방을 가리키며 이 지역에서 쓰인 언어가 아카드어임(Akkadian으로도 표기).

그림 23 함무라비 법전

징벌 또는 복수의 법*lex talionis*의 원칙을 규정한 법전으로 유명하며 신약성서에도 이 구절이 등장한다. 그런데, 마태복음서에는 "천지가 없어지기 전에는 율법의 일 점點, 일 획劃이라도 반드시 없어지지 아니하고 다 이루리라"(5:18)는 구절과 함께 보복(징벌)의 개념을 뒤집는 유명한 구절이 등장한다.

Ye have heard that it hath been said, *An eye for an eye*, and a tooth for a tooth: But I say unto you, That ye resist not evil: but whoever shall smite thee on thy right cheek. turn into him the other also.

－ KJV St. Matthew 5:38-39

또 눈은 눈으로, 이는 이로 갚으라 하였다는 것을 너희가 들었으나 나는 너희에게 이르노니 악한 자를 대적치 말라. 누구든지 네 오른편 뺨을 치거든 왼편을 돌려 대며,

〔참고〕 ye: you(2인칭 복수형). ye resist not evil: 너희는 악에 맞서지 말라 (=you must not resist evil people). evil은 악한 자들을 총칭하는 의미임. smite(때리다) － smote － smitten. the other ＝ the other cheek(다른 쪽 뺨).

이 법은 원래 악을 징벌함으로써 정의를 확립하고, 개인으로 하여금 복수를 못하게 하여 보복의 악순환을 방지하기 위한 이중적 목적으로 규정된 것이었다. 구약성서와 함무라비 법전에 각각 기록되어 있는 이 구절의 의미는 서로 다르다. 즉, 함무라비 법전은 문자 그대로 복수를 위한 법인 반면, 성서의 이 구절은 눈, 이, 손, 발 등으로 짓는 죄를 금하기 위해 기록된 것으로 거듭 개인적인 보복을 금지하고 있다. 그러나 바리새인들은 이 규정에 호소하여 개인적인 보복과 분풀이를 정당화하였다.

16. Scapegoat: the goat for Azazel

And Aaron shall bring the goat upon which the Lord's lot fell, and offer him for a sin offering. But the goat, on which the lot fell to be the scapegoat, shall be presented alive before the Lord, to make an atonement with him, and to let him go for a scapegoat into the wilderness.   — KJV Leviticus 16:9—10

아론은 여호와를 위하여 제비 뽑은 염소를 속죄제로 드리고, 아사셀을 위하여 제비 뽑은 염소는 산 대로 여호와 앞에 두었다가 그것으로 속죄하고 아사셀을 위하여 광야로 보낼지니라.

[어휘와 표현] 아론Aaron: 모세의 형. Lord's lot: 주의 몫. fell: fall의 과거형으로 여기서는 '~에게 돌아가다'란 뜻. 즉, 주의 몫으로 돌아간 염소를 일컬음. a sin offering: 속제의 제물. offer him for (a sin): ~에서 him은 Lord를 가리키고, to let him go for ~에서 him 은 제비로 뽑힌 염소를 뜻하며 개역성서에서는 let it go into ~; send it into ~로 영역, 흠정역성서의 him을 it로 고쳐 놓았다.

성서에 나오는 scapegoat는 '사람들의 죄를 짊어지고 광야로 도망가게escape 내버려 둔 염소', '속죄양, 속죄를 위한 염소'의 뜻으로 쓰이나, 일반영어에서는 '남의 죄를 대신 지는 사람, 희생자'라는 뜻으로 흔히 쓰인다.

(ex) Even though John was responsible for the mistake, he used Tom as a scapegoat.
존은 잘못에 책임을 느꼈음에도 톰에게 죄를 뒤집어 씌웠다.

[원문과 성서내용] '속죄양scapegoat'이란 명칭은 히브리어 *azazel*(Hebrew: לעזאזל)을 영어로 옮긴 것으로 레위기 16장 8절에 처음 등장(두 염소를 위하여 제비 뽑되 한 제비는 여호와를 위하고 한 제비는 아사셀을 위하여 할지라)하며 모세오경 가운데 세 번째 책인 레위기에만 나타난다. 속죄일에 대제사장은 염소를 희생 제물로 여호와께 드려 이스라엘 백성의 죄를 속죄하였다.

속죄양은 구약시기 속죄의 날(히브리어로 욤 키푸르 Yom Kipur)에 아사셀을 위하여 이스라엘 백성의 모든 불의를 지고 무인지경(황무지)에 이르게 하여 광야로 내보내졌다(레위기 16:20-22). '광야'는 '단절된 땅'을 의미하며 이스라엘인에게 다시금 돌아오지 못하게 하기 위함이었다.

[참고자료] 이 용어는 흠정역성서의 기틀이 된 틴들성서(Tyndale Bible,

1528)에 처음으로 등장한다. 히브리어인 *azāzēl*을 문자 그대로의 의미로 나타내기 위해 만들어진 것으로 틴들(c. 1494–1536)은 '떠나가는 염소'(*ēz ōzēl*)로 해석했는데 1535년에 나온 성서(Coverdale Bible)에는 '자유가 된 염소' free goat란 뜻의 통속 라틴어인 *caper emissarius*로 되어 있다. 1824년에 이르러 성서 이외의 현대영어에 쓰이는 의미인 '희생양'으로 정착되어 여러 분야에서 널리 쓰이게 되었다.

그림 24 자끄 티소(1836–1902)의 그림 희생양

17. The apple of one's eye

He found him in a desert land, and in the waste howling wilderness; he led him about, he instructed him, he kept him as the apple of his eye.   – KJV Deuteronomy 32:10

여호와께서 그를 황무지에서, 짐승의 부르짖는 광야에서 만나시고 호위하시며 보호하시며 자기 눈동자같이 지키셨도다.

〔어휘와 표현〕 a desert land: 사막, 황무지. howl: (바람이) 윙윙거리다, (이리가) 울부짖다. wilderness: 광야. 이 구문에는 4개의 동사가 연결

되어 쓰인다: found ～, led ～, instructed ～, kept ～. (만나서 감싸주고 보호하고 지켜주셨다).

원문에 인용한 구절 the apple of one's eye는 모세의 마지막 설교(31-33장)에 나오는 것으로, '눈동자'라는 뜻이나 상징적으로 '소중한 사람 또는 물건'을 의미한다.

Mary had another son, who was *the apple of her eye*.
메리는 눈에 넣어도 아프지 않을 아들이 하나 더 있었다.

이 표현은 구약성서의 스가랴서Zechariah에도 기록되어 있다. 스가랴서는 구약의 계시록으로도 불리는데 선지자 스가랴의 메시지를 기록한 책이다. 흠정역성서의 원문을 인용한다.

For thus saith the Lord of Hosts; After the glory hath he sent me unto the nations which spoiled you: for he that toucheth you toucheth *the apple of his eye*.   - KJV Zechariah 2:8
만군의 여호와께서 이같이 말씀하시되 너희를 노략한 열국으로 영광을 위하여 나를 보내셨나니, 무릇 너희를 범하는 자는 그의 눈동자를 범하는 것이라.

〔참고〕 마지막 구절을 새번역성경(2015)에서 인용하면 다음과 같다.
"너희에게 손대는 자는 곧 주님의 눈동자를 건드리는 자다"

〔원문과 성서내용〕 모세 오경 가운데 마지막 책인 신명기Deuteronomy는 세 차례에 걸친 모세의 설교로 이루어져 있다. 이 책은 모세가 이스라엘 백성을 이끌고 약속의 땅으로 들어가기 전 모압Moab 평지에 이르기까지 이스라엘 백성과 하나님 사이에 맺은 언약을 다루고 있

다. 또한 히브리인들의 생활을 다스리는 복잡한 율법을 설교 형식으로 서술하면서 마지막 장(34:5-7)에는 모세가 120세에 모압 땅에서 죽어 그 골짜기에 장사葬事된 것으로 기록하고 있다.

그림 25 앨프레드왕이 번역한
《사목지침서》 필사본

[참고자료] 성서에 등장하는 apple이란 단어는 눈의 예민한 동공瞳孔을 지칭하는 메타포로 사용한 것인데, 이 구절은 고대영어 시기로 거슬러 올라가서 그 당시 고대영어로 쓰인 《그레고리의 사목지침서》(Gregory's Pastoral Care)에 처음으로 등장한다. 이 책은 원래 라틴어로 쓰인 것으로 고대 영국 앨프레드왕의 통치 시기(871-899)에 왕의 지시로 고대영어로 번역하여 내놓은 책이다. 이후 영국의 제임스 1세(James I: 1603-1625) 시기에 흠정역성서(1611)가 나왔는데, 앞에 인용한 스가랴 이외에 구약성서의 다른 여러 책(시편, 잠언, 예레미아 애가)에도 '눈동자'the apple of one's eye란 영어표현이 등장한다. 다음에 인용한다.

Keep me as *the apple of the eye*, hide me under the shadow of thy wings,   — KJV   Psalms 17:8
나를 눈동자같이 지키시고 주의 날개 그늘 아래 감추사

Keep my commandments, and live; and my law as *the apple of thine eye.*   — KJV   Proverbs 7:2
내 명령을 지켜서 살며 내 법을 네 눈동자처럼 지키라.

그림 26 윌리엄 블레이크의 1786년 작 오베론, 티타니아, 퍽과 요정들의 춤

Their heart cried unto the Lord, O wall of the daughter of Zion, let tears run down like a river day and night: give thyself no rest; let not *the apple of thine eye* cease. — KJV Lamentations 2:18

저희 마음이 주를 향하여 부르짖기를 처녀 시온의 성곽아 너는 밤 낮으로 눈물을 강처럼 흘릴지어다. 스스로 쉬지 말고 네 눈동자로 쉬게 하지 말지어다.

'눈동자'라는 표현은 성서뿐만 아니라 문학에서도 인용되어 온 구절이다. 셰익스피어 희극 가운데 한 작품인 〈한여름 밤의 꿈〉(*A Midsummer Night's Dream*, 1594)에 이 구절이 등장한다. 요정의 왕인 오베론Oberon이 디미트리어스(Demetrius: Hermia를 사랑하는 청년)의 눈에 자주빛 꽃즙을 뿌리면서 다음과 같이 말한다.

Hit with Cupid's archery,
Sink in *apple of his eye*. – Act 3 Scene 2
큐피드의 화살에 맞아
이자 눈동자 속에 들어가라!

여기 나오는 apple은 'pupil, centre'라는 주석이 붙어 있다. 즉, '동공 가운데, 중심'이란 문자 그대로의 뜻이다. 정관사(the)가 없이 쓰인 것이 눈에 띈다. 이와는 대조적인 의미 즉, '가장 소중한 사람'이란 성서에 등장하는 표현과 같은 뜻으로 쓰인 소설도 있다. 월터 스코트경(Sir Walter Scott, 1771–1832)의 대중소설 《지나간 사망률 이야기》(*the Tale of Old Mortality*, 1816)에 다음과 같은 글이 나온다. 'Poor Richard was to me as an eldest son, *the apple of my eye*.' (불쌍한 리차드는 내게 눈에 넣어도 아프지 않을 만큼 소중한 장남이었는데).

 18. Go the way of all flesh

And, behold, this day I am going the way of all the earth; and ye know in all your hearts and in all your souls, that not one thing hath failed of all the good things which the Lord your God spake concerning you;   – KJV Johua 23:14

보라, 나는 오늘날 온 세상이 가는 길로 가려니와, 너희 하나님 여호와께서 너희에게 대하여 말씀하신 모든 선한 일이 하나도 틀

리지 아니하고, 다 너희에게 응하여 그 가운데 하나도 어김이 없음을 너희 모든 사람의 마음과 뜻에 아는 바라.

[어휘와 표현] 'go the way of all flesh'는 자연사自然死를 의미하는 '죽다to die'란 뜻. 흠정역성서에는 'go the way of all the earth'라는 표현으로 등장하며 'go the way of all flesh'로는 성서 및 셰익스피어의 작품 어디에도 나오지 않는다. 그러나 인간과 동물에게 모두 적용되는 성서적인 어구는 all the earth 대신 'all flesh'라는 표현이다.

[원문과 성서내용] "모세의 율법 The Law of Moses"이라는 말이 처음으로 기록된 책은 여호수아Joshua이다. '여호수아'라는 말은 히브리어로 '여호와는 구원이시다'란 뜻이고 헬라어로는 '예수Jesus'에 해당한다. 여호수

그림 27 요르단에 있는 여호수아의 무덤

아서에는 모세의 시종 여호수아를 통해 이스라엘 백성들이 요단강을 건너 약속의 땅 가나안을 정복하는 긴 과정이 기록되고 있다. 이 과정에서 마른 땅을 건너는 요단강의 기적, 라합과 정탐꾼의 활약으로 여리고 성을 정복하는 기적이 일어난다. 23장에서 여호수아는 여호와 하나님이 말씀하신 것을 모두 성취하였다는 것을 염두에 두고 죽음이 가까워졌을 때 위에 인용한 것과 같은 표현으로 죽음을 언급한다.

위에 인용한 성서의 표현 이외에 열왕기상(1 Kings)에도 똑같은 표현이 기록되고 있다. 다윗이 죽을 날이 임박하여 그의 아들 솔로몬에게 명령하여 이르는 말이다.

I *go the way of all the earth*: be thou strong therefore, and shew
thyself a man; – KJV 1 Kings 2:2
내가 이제 세상 모든 사람의 가는 길로 가게 되었노니 너는 힘써
대장부가 되고

그림 28 사무엘 버틀러의
풍자소설

〔참고자료〕 영국 빅토리아 시기의 소설가인 사
무엘 버틀러(Samuel Butler, 1835-1902) 사후
에 나온 반자전적 풍자 소설의 제목이 *The
Way of All Flesh*(1903)이다. 이 소설은 네
세대에 걸친 폰티펙스 가문Pontifex family을
다루면서 빅토리아 시대의 위선을 신랄하게
비판한 소설로서 출간 뒤 영국의 소설가요
비평가 조지 오웰(George Orwell, 1903-1950)
이 "분명하고 단순하며 솔직한 문체"라고 극찬하였다. 버틀러의 소설
은 그 당대 문학의 시한폭탄이 되었다. 1998년 영국의 현대문학지는
20세기 영국 소설 100선 목록에서 20번째로 이 소설을 평가하였다.

19. Such a(n) one

Then went Boaz up to the gate, and sat him down there; and,
behold, the kinsman of whom Boaz spake came by; unto whom he
said, Ho, such a one! turn aside, sit down here. And he turned
aside, and sat down. – KJV Ruth 4:1

보아스가 성문에 올라가서 거기 앉았더니 마침 보아스가 말하던 기업 무를 자가 지나는지라. 보아스가 그에게 이르되 아무여 이리로 와서 앉으라 그가 와서 앉으매,

〔어휘와 표현〕 such a(an) one에서 one은 앞 문장에 나온 구체적인 명사를 대신하여 쓴 대명사로서 하나의 숙어로 쓰인다.

(ex) I have had good teachers, but never *such a one* as you describe.
내게는 훌륭한 선생님들이 계셨는데 당신이 설명한 그런 분은 없었지요.

〔원문과 성서내용〕 구약성서의 룻기Ruth는 어려운 환경에 처한 한 유대 가문의 충성과 헌신에 관한 아름답고 감동적인 짧은 이야기이다. 베들레헴에 기근이 들어 모압 땅으로 피신한 룻 가문의 남자들이 죽자 어머니 나오미와 며느리인 모압 여인 룻은 베들레헴으로 다시 돌아간다. 그곳에서 룻은 나오미의 친족 가운데 하나인 보아스Boaz와 우연히 만나게 된다. 나오미는 룻과 보아스의 결혼을 통해 남편의 땅을 물려받을 기회를 보게 되는데, 여기 인용한 원문은 보아스가 잠재적인 기업 무를 자 즉, 나오미 남편(엘리멜렉)의 소유지를 구입할 자를 기다려 만나면서 나눈 내용이다. 룻과 보아스가 결혼하여 낳은 아들 오벳Obed은 훗날 다윗 왕의 할아버지가 되었다.

〔참고자료〕 흠정역성서(1611)에서 such a(n) one은 12번이나 나온다. 셰익스피어(1564-1616)의 작품에도 이 표현이 여러 번 등장한다. 흠정역성서와 셰익스피어의 작품은 각각 17세기 초 및 16세기 중엽 이후에 나왔으므로 초기 현대영어 시기의 어법과 철자를 사용하고 있

그림 29 롯으로 불리는 여인.
이탈리아 화가 프란체스코
아에츠의 1853년 무렵 작품

다. 특히 이 둘은 전체적으로 리듬과 박자가 운(韻 rhyming)과 어우러져서 마치 시를 낭송하는 느낌을 주기에 충분하다. 흠정역성서 이후에 나온 여러 영역성서는 흠정역성서의 문장을 이해하기 쉬운 현대영어의 어법과 철자에 맞추어 다루고 있어서 이 둘에서 느끼는 시적인 리듬과 감흥이 이전과 똑같지 않다.

미국의 자연주의자이며 시인, 수필가이자 철학자인 소로우(Henry D, Thoreau, 1817-1862)가 생전에 네 번이나 방문한 케이프 코드(Cape Cod: 미국 매사추세츠주 동쪽에 위치한 반도)에 관해 쓴 글은 난파선 안에 남은 아일랜드 출신 이민자들의 비극적인 파멸을 묘사하였다. such-a-one은 바로 앞에 나온 명칭을 지칭하면서 '확실히는 모르나 그와 비슷한'이란 뜻으로 하이픈을 써서 붙여 쓰고 있다.

Sometimes there were two or more *children*, or a parent and child, in the same box, and on the lid … written with red chalk, *Bridget such-a-one, and sister's child*.　　　　　　　　*Cape Cod, 1865*
이따금 두 명 혹은 그 이상의 어린아이들, 또는 같은 칸막이에 아이를 안은 부모가 있었고, 모자 테두리에는 붉은 펜으로 쓴 여동생의 아기로 여겨지는 브리짓, 뭐 그러한 이름이 새겨져 있었다.

〔Note〕 브리짓: 아일랜드인들이 많이 쓰는 여자 애칭 이름

현대영어 어법에는 such a one이 옳은 표현으로 되어 있으나, 원문에서 인용한 흠정역 성서의 구약(시편, 욥기 등) 및 신약(고린도전후서, 갈라디아서, 빌레몬서 등) 여러 곳에 such an one이 쓰이고 있음을 엿볼 수 있다. 흠정역성

그림 30 보아즈의 들판에 있는 룻.
독일화가 율리우스 슈노르의 1828년 작품

서가 나온 16-7세기 당시의 어법은 such a(n) one을 혼용混用하여 썼는데, 영어의 역사적인 발달과정에서 보면 당시에는 영문법에 대한 규범이 확립되기 전이었다. 18세기 중엽 이후가 되어야 비로소 영문법에 영어 어법이 점차 정착되기 시작하면서 오늘날 우리가 사용하는 어법으로 서서히 발전해 내려온 것으로 설명할 수 있다.

아래 인용한 예문들은 18세기 이전 흠정역성서에 쓰인 such an one의 몇 가지 예이다. 킹제임스역(흠정역성서 KJV, 1611)의 원문을 소개하고 뉴킹제임스역(NKJV, 1982), 신국제역성경(NIV, 1999)을 비교하여 설명한다.

These things hast thou done, and I kept silence; thou thoughtest that I was altogether *such an one* as thyself; – KJV Psalms 50:21
네가 이 일을 행하여도 내가 잠잠하였더니 네가 나를 너와 같은 줄로 생각하였도다.

[참고] NKJV(1982, 2003) 및 NIV(1999)에는 such an one as thyself 대신

like you로 간단하게 영역하였음.

Yet, for love's sake I rather beseech thee, being *such an one* as Paul
the aged, and now also a prisoner of Jesus Christ.- KJV   Philemon 1:9
사랑으로 말미암아 도리어 간구하노니 나이 많은 나 바울은 지금
또 예수 그리스도를 위하여 갇힌 자 되어

[참²] NKJV(1982, 2003)에는 such an one 대신 such a one, NIV(1999)에
는 such an one을 삭제하고 영역함.

역사를 거슬러 올라가면 성서뿐만 아니라 여러 작가의 작품에서도
such an one이 쓰인 사례가 적지 않게 나온다. 이런 예들은 흠정역
성서에 기록된 영어(초기 현대시기)의 영향을 직접 또는 간접적으로
받은 것으로 여겨진다. 몇 개의 사례를 인용한다.

As a husband *such an one* is apt to be irascible, tyrannous, exacting,
suspicious, and sometimes assaults and even murders result.
                                   - Hall, *Adolescence*, I, p.447
남편으로 말하면 그러한 남자는 화를 잘 내고 난폭하며 엄격한데
다가 의심이 많고 때로는 구타와 살인까지도 저지르는 수가 있지요.

A truly Christian woman, who will be a help and a comfort to you
in your goings-out and your comings-in. Beyond that, it really
matters little. *Such an one* can be found.
                      - Hardy, *Tess of the D'Urbervilles*, ch. xxvi.
당신이 외출할 때 그리고 귀가할 때 당신에게 도움이 되고 위로가
될 수 있는 진정한 크리스찬 부인이지요. 게다가 그건 전혀 문제
가 되지 않아요. 그런 행동은 (우리가) 알아차릴 수 있으니까.

It is the fate of *such an one* to take twice as much trouble as is needed to obtain happiness, and miss the happiness in the end.

    – R. L. Stevenson, *Virginibus Puerisque* "A Plea for Gas Lamps"

행복을 얻기 위해 필요한 두 배의 노력을 들여야 하는데 결국에는 행복을 놓치고 마는 것이 그러한 사람(가스등지기)의 운명이지요.

20. A man after one's own heart

But now thy kingdom shall not continue: the Lord has sought him a man after his own heart, and the Lord hath commanded him to be captain over his people, because thou hast not kept that which the Lord commanded thee.   – KJV 1 Samuel 13:14

지금은 왕의 나라가 길지 못할 것이라. 여호와께서 왕에게 명하신 바를 왕이 시키지 아니하였으므로, 여호와께서 그 마음에 맞는 사람을 구하여 그 백성의 지도자로 삼으셨느니라.

〔어휘와 표현〕 thy: your. 사울왕을 가리킴. sought: seek의 과거. a man after his own heart: 여호와의 마음에 맞는 사람. command him to be captain over his people: 왕의 백성을 다스리는 통치자가 될 것을 명령하다. him은 사무엘을 가리킴.

〔원문과 성서내용〕 위에 인용한 원문은 사무엘상에 나오는 이스라엘의 선지자이며 사사(士師, judge)인 사무엘이 하나님께 순종하지 않은 사울왕을 향하여 꾸짖는 글이다. 사무엘상에서는 사무엘의 탄생 배경으로 그가 왕으로 기름 부은 사울의 하나님에 대한 불순종과 사무엘의

책망, 사울의 아들 요나단과 다윗의 우정, 소년 다윗과 골리앗의 고전적 이야기들이 전개된다. 후반부에는 블레셋군과의 전투에서 패배한 사울왕과 그의 세 아들의 죽음이 기록되고 있다.

하나님이 '그의 마음에 맞는 사람'을 구한다는 사무엘의 표현은 신약성서의 사도행전(Acts 13:22)에도 사도 바울의 입을 빌려 다음과 같이 인용되고 있다.

And when he had removed him(Saul), he raised up unto them David to be their king; to whom also he gave testimony, and said I have found David the son of Jesse, *a man after mine own heart* which shall fulfill all my will.

하나님이 사울을 폐하시고 다윗을 왕으로 세우시고 증거하여 가라사대 내가 이새의 아들 다윗을 만나니 내 마음에 합한 사람이라. 내 뜻을 다 이루게 하리라 하시니

그림 31 After His Own Heart(1919)
영화광고 포스터

[참고] 위 인용문에서 mine own heart는 현대영어로는 my own heart로 셰익스피어 시기만 해도 mine이 소유격으로 흔히 쓰였다. 오늘날 after one's own heart라는 표현은 사람을 지칭하는 데 쓰일 뿐만 아니라 물론 음식과 향수와 같은 상업적인 문구에도 널리 쓰이고 있다.

21. Put words in someone's mouth

And come to the king, speak on this manner unto him. So Joab put
the words in her mouth.   – KJV 2 Samuel 14:3

왕께 들어가서 여차여차히 말하라고 할 말을 그 입에 넣어 주니라.

〔어휘와 표현〕 come to ~, speak ~ unto him은 명령문으로 현대영어
에서는 come 대신 go to ~로 쓰고 있음. in her mouth에서 her는
드고아 여인the woman of Tekoa을 일컬음.

〔원문과 성서내용〕 사무엘서상은 사울왕의 비극으로 끝난다. 이어지는 사
무엘서하에서는 하나님이 사울보다 더 훌륭한 장수이며 지도자인 이
스라엘의 다음 왕인 다윗을 택하신
것과 고통과 난관에 이르기까지 그
의 행적을 기록하고 있다.

원문에 나오는 표현은 스루야
Zerulah의 아들 요압Joab이 다윗왕의
마음이 그의 아들 압살롬Absalom에
게 있는 것을 알고 슬기 있는 드고
아 여인을 데려다가 다윗왕에게 자
기가 시키는 대로 말하라고 일러주
는 대목이다. 드고아 여인의 말에
다윗은 요압이 시킨 것이냐고 묻고

그림 32 캐스퍼 뤼켄(1672–1798)의
다윗 앞의 드고아 여인.

여인은 '왕의 종 요압이 내게 명하였고 저가 이 모든 말을 왕의 계집종의 입에 넣어 주었다'(for thy servant Joab, he bade me, and he put all these words in the mouth of thine handmaid)고 말한다. 위에 인용한 표현과 비슷하다고 할 수 있다.

이 표현은 구약성서의 다른 책(출애굽기, 신명기, 이사야, 예레미야)에도 등장하고 있는데 다음에 그 예를 차례대로 소개한다.

> And thou shalt speak unto him, and *put words in his mouth*: and I will be with thy mouth, and with his mouth, and will teach you what ye shall do.   – KJV Exodus 4:15
> 너는 그에게 말하고 그 입에 말을 주라. 내가 네 입과 그의 입에 함께 있어서 너의 행할 일을 가르치리라.

[참고] thou shalt speak: you shall speak. 너는 말할지어다. shalt(=shall)에는 완곡하게 요청하는 의미가 들어 있음. put words in his mouth: 이 구절 앞에 you shall을 넣어볼 것. (요압이 할 말을) 다윗왕에게 들려줄 것을 요청하는 뜻. in his mouth에서 his는 다윗왕을 가리킴. thy mouth: your mouth. 드고아 여인의 입. what ye shall do: 네가 무엇을 해야 할지. ye=you는 드고아 여인을 가리킴.

> I will raise them up a Prophet from among their brethren, like unto thee, and will *put my words in his mouth*; and he shall speak unto them all that I shall command him.   – KJV Deuteronomy 18:18
> 내가 그들의 형제 중에 너와 같은 선지자 하나를 그들을 위하여 일으키고 내 말을 그 입에 두리니, 내가 그에게 명하는 것을 그가 무리에게 다 고하리라.

[참고] raise up: 일으키다, 올려 세우다. prophet: 선지자, 예언자. brethren:

brother의 복수형을 의미하며 고어체에서 쓰임. 형제, 동포. like unto thee: like you: 너와 같은. put my words in his mouth: 내가 할 말을 그의 입을 통해 전하다. all that I shall command him: 내가 그에게 명하는 모든 것. command: 명령하다.

And I have *put my words in thy mouth*, and I have covered thee in the shadow of mine hand, that I may plant the heavens, and lay the foundations of the earth, and say unto Zion, Thou art my people.

                                     – KJV Isaiah 51:16

내가 내 말을 네 입에 두고 내 손 그늘로 너를 덮었나니, 이는 내가 하늘을 펴며 땅의 기초를 정하며 시온에게 이르기를, 너는 내 백성이라 하려 하였음이니라.

Then the Lord put forth his hand, and touched my mouth. And the Lord said unto me, Behold, I have *put my words in thy mouth.*

                                     – KJV Jeremiah 1:9

여호와께서 그 손을 내밀어 내 입에 대시며 내게 이르되 보라 내가 내 말을 네 입에 두었노라.

[참고] put forth: 내밀다. touch my mouth: (주의 손을) 내 입에 대다. behold: (감탄문에서) 보라, 주의하라. 성서에 많이 등장하는 어휘임.

위에 인용한 네 권에 나오는 성서의 표현은 모두 하나님의 말씀으로 이루어진 것으로 오늘날 일반적으로 쓰이는 의미와는 구별된다. 즉, 현대영어에서는 이 표현이 상대방을 속이기 위한 목적에서 (자신이) '말해야 할 것을 나에게 가르쳐 주다' 또는 '남이 (말하지 않았는데) 말했다고 하다'와 같은 의미로 쓰이는 경우가 흔하다.

(ex) I tried to explain what had happened but my mother kept putting words in my mouth.

나는 전에 일어난 일을 (스스로) 설명하려고 했으나 어머니는 (자신의) 말을 내 입에 넣어 (내 말 대신) 말하게 하였다.

22. Sheep that have not a shepherd

And he said, I saw all Israel scattered upon the hills, as sheep that have not a shepherd; and the Lord said, These have no master; let them return every man to his house in peace. - KJV 1 Kings 22:17

저가 가로되 내가 보니 온 이스라엘이 목자 없는 양같이 산에 흩어졌는데 여호와의 말씀이 이 무리가 주인이 없으니 각각 평안히 그 집으로 돌아갈 것이니라 하셨나이다.

그림 33 요한 웨이글의 미가야의 예언(1695)

[어휘와 표현] he: 미가야Micaiah를 일컬음. as sheep that have not a shepherd: like a sheep without a shepherd(목자 없는 양). these: these sheep(온 이스라엘)을 가리킴. no master: (이스라엘이) 주인이 없다. let them: them은 sheep을 가리킴. let 이하의 구절은 새영역성서에서는 Let each one go home in peace 또는 Send them home in peace와 같이 평이하게 번역하고 있음. let them return to ～: ～로 돌려보내다. every man은 의미상 함축된 주어로 쓰였음.

[원문과 성서내용] 위에 인용한 구절은 열왕기상(1 Kings)에 나오는 표현이다. 북이스라엘 왕국이 바알 신앙으로 돌아서자 선지자 미가야가 '산에 흩어진 이스라엘'을 보고 한 말이다. 열왕기상은 다윗의 아들 솔로몬의 통치가 확립된 때와 그의 사후 왕국의 분열(남유다와 북이스라엘)에 대한 역사를 기록하고 있다.

솔로몬왕은 성전을 건축하고 성대한 봉헌식을 치르면서 주변

그림 34 나봇의 죽음을 그린 동판 카스파 뤼큰 1712년 작

국과의 무역을 통해 상당한 황금을 쌓았다. 솔로몬이 죽은 뒤 이스라엘 왕국은 두 개로 갈라지게 되었고 선지자 엘리야는 갈멜산Mount Carmel에서 바알 신Baal을 섬기는 이스라엘의 아합왕과 예언자들에 대항하여 이스라엘의 참 하나님 여호와에 대한 그의 탁월한 믿음을 입증하였다. 엘리야는 그 후 페니키아 군주의 딸로 아합왕의 왕비인 이세벨Jezebel의 간악함으로 빼앗긴 나봇의 포도원 사건Naboth's vineyard 을 하나님의 뜻에 따라 해결하게 된다.

나봇의 포도원 사건은 북이스라엘의 아합왕이 나봇의 포도원을 빼앗으려고 했던 사건이다. 그런데 이스라엘 백성들에게 당시 땅 거래

는 율법으로 금지되어 있었기 때문에 아합은 그 포도원이 탐이 났으나 어쩔 수가 없었다. 나봇은 조상의 유산을 왕에게 주는 것은 하나님께서 금지하신 일이라며 매매를 거절하였다. 아합은 나봇의 거절에 식음을 전폐하고 침상에 누워버렸다. 이때 왕비 이세벨이 해결사로 등장하여 거짓 증인을 세워 나봇이 하나님과 왕을 저주했다고 모함해 죽인 뒤 아합왕에게 나봇의 포도원을 선사했다(열왕기상 21:1-10). 엘리야는 아합이 나봇의 포도원을 강탈한 것을 크게 꾸짖으면서, 모세의 율법에 명시된 소유권을 강력하게 옹호하였다.

'지도력의 부재'를 상징하는 이 성서의 표현은 흠정역성서의 구약성서에서는 민수기(Numbers 27:17) 및 역대하(2 Chronicles 18:16)에서는 1회, 에스겔서(Ezekiel 34:5; 34:8)에서는 2회 및 스가랴(Zechariah 10:2)에서는 1회, 모두 여섯 번이나 등장하며 신약성서(Matthew 9:36)에서도 예수가 이스라엘 무리를 보고 '목자 없는 양과 같이'(as sheep having no shepherd) 고생하며 흩어지는 것에 민망함을 느꼈다고 기록하고 있다.

[참고자료] 영국의 수상이었던 윈스턴 처칠(Sir Winston Churchill, 874-1965)은 1953년 영국 왕립 미술원에서 〈전통이 없는 예술은 목자가 없는 양의 무리〉(Without tradition, art is a flock of *sheep without a shepherd*)라는 명연설을 남겼다. 오늘날 일반인들이 정치 및 사회적인 변화를 밀어붙이는 수단의 한 방법으로 '지도자 부재'를 공격할 때 흔히 이 성서의 한 구절을 쓴다. '아랍의 봄' 및 뉴욕에서 일어난 '월가를 점령하라'와 같은 슬로건은 이 새로운 현상의 좋은 예라고 할 수 있다.

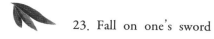

23. Fall on one's sword

But his armourbearer would not; for he was sore afraid. So Saul took a sword, and fell upon it.   — KJV 1 Chronicles 10:4

그러나 그 병기 가진 자가 심히 두려워하여 즐겨 행치 아니하매, 사울이 자기 칼을 취하고 그 위에 엎드려지니라.

[어휘와 표현] armourbearer: 병기 가진 자. armour는 영국영어의 철자로 미국영어에서는 armor로 씀. bearer: 운반인, 나르는 사람. would not: '병기 가진 사울의 부하가 사울왕을 칼로 찌르려 하지 않다'란 뜻. sore: 쓰라린, 아픈. 여기서는 부사로 쓰여 '심히, 몹시'란 뜻. take a sword: 칼을 꺼내다. fell: fall의 과거형. fall upon it: 칼 위에 쓰러지다. 죽다. it은 sword.

[원문과 성서내용] 구약성서의 역대기상에는 사울왕의 계보(9:35-44) 및 사울과 그 아들들의 비극적인 종말 이야기가 등장한다(10장). 여기 소개한 구절은 사무엘서상(31: 4-5)의 후반에 기록된 이야기를 반복한 것으로, 사울은 블레셋 군대에 패하여 쫓기다가 그의 아들 두 명이 살해당하는 것을 보고 스스로 목숨을 끊게 된다는 내용이다. fall on one's sword는 문자 그대로 '자신의 칼에 쓰러져 죽다'란 뜻이나 오늘날 현대영어에서는 '자신의 책임감에서 벗어나 상황 탓으로 돌리다'란 의미로 쓰인다.

[참고자료] 적군의 손에 모욕을 당하고 잔인하게 죽음을 맞아하느니 오

그림 35 엘리 마쿠스의 사울왕의 죽음(1848)

히려 자신의 칼에 쓰러져서 죽는 것이 낫다는 생각은 먼 고대로부터 내려온 관습이다. 중세영어(14세기)로 기록된 위클리프 성서(Wycliffe Bible, 1382-1395)에는 'Saul took his swerd, and felde theronne.'로 나와 있다. 셰익스피어의 비극 작품 〈앤토니와 클레오파트라〉(*Antony and Cleopatra*)에는 '자신의 칼을 취하는' 마크 앤토니Mark Anthony 가 죽기 전 클레오파트라와 대화하는 장면(4막 15장)이 등장한다. '자신의 칼을 취하다'fall on one's swerd는 '죽다'를 완곡하게 표현한 것으로 명예롭거나 비겁하거나 또는 절망적인 상황을 나타낸 말이다. 오늘날 복잡하고 급변하는 복잡한 정치 상황 아래에서 일하는 저널리스트들이 흔히 쓰는 메타포가 되고 있다.

24. Laugh to scorn

they laughed us to scorn, and despised us, and said, What is this
thing that ye do? will ye rebel against the king?

  − KJV Nehemiah 2:19

그들이 우리를 업신여기고 비웃어 가로되 너희의 하는 일이 무엇
이냐, 왕을 배반코자 하느냐?

〔어휘와 표현〕 scorn: 경멸하다, 업신여기다. despise: 얕보다, 경멸하다.
this thing that ye do: 너희가 하는 이 일. ye는 복수 2인칭으로 '너
희'란 뜻. rebel against ~: ~을 배반하다.

〔원문과 성서내용〕 느헤미야서
Nehemiah는 원래 에스라서
Ezra와 하나로 이어지는 성서
이다. 유대인이 바벨론에서
귀환하는 과정과 예루살렘 성
전을 재건하는 일련의 과정을
기록한 에스라서에 이어서 바
사(페르시아를 지칭) 왕 아닥
사스다Artaxerxes 1세의 궁전의
술 관원cupbearer이었던 느헤
미야가 예루살렘으로 돌아와
서 많은 조롱과 위협을 무릅

그림 36 예루살렘성을 재건하는 느헤미야. 릴
리 파리스가 1925년에 펴낸 책에 나오는 그림.

쓰고 예루살렘 성벽을 중건重建하고 봉헌하는 과정이 기록되어 있다.

위에 인용한 구절은 느헤미야가 토착민들(호론 사람, 암몬 사람 및 아라비아인)에게 예루살렘성의 재건에 대한 계획을 설명하였을 때 그가 한 말이다. 느헤미야는 온갖 조롱과 음모 및 협박에도 굴하지 않고 예루살렘성을 재건한 뒤 율법의 낭독과 하나님의 언약을 재확인하고 유다 백성이 신의와 사랑으로 성실하게 공동체 생활을 하도록 이끈 경건한 지도자였다.

[참²] '조롱하고 비웃다', 또는 '업신여기고 비웃다'라는 뜻을 뉴킹제임스역(NKJV)에는 they laughed at us and despised us, 신국제역성경(NIV)에는 they mocked and ridiculed us로 번역되어 있다. 여기에 나온 어휘들(laugh at, despise, mock, ridicule)은 모두 '조롱하다', 비웃다'라는 뜻으로 쓰인다.

구약성서에서는 laugh to scorn이란 표현이 여러 다른 곳에서 적어도 10회는 등장하고 있다. 예를 들면 '나를 보는 자는 다 비웃으며 입술을 비쭉이고 머리를 흔들며 말하되(All they that see me laugh to scorn: they shoot out the lip, they shake the head, saying, Psalms 22:7)라는 다윗의 시가 기록되어 있다. 그리스도인들은 위 구절을 포함하는 시편 22편이야말로 그리스도 예수의 수난을 예언한 메시아 예언시라고 말한다. 22편 1절에 '내 하나님이여 내 하나님이여 어찌 나를 버리셨나이까'(My God, my God, why hast thou forsaken me?)라는 구절에서 메시아께서 자기 백성을 위하여 당하실 수난을 예언한 것이라고 할 수 있다.

[참고자료] 이 구절은 헨델(George F. Handel, 1685-1759)의 유명한 오

라토리오인 〈메시아〉(*Messiah* 1742년 초연)의 2부(그리스도의 수난과
죽음)에도 인용되어 있다. 신약성서 복음서에는 예수가 회당장의 죽
은 외동딸을 살린 기적(Matthew 9:24; Mark 5:40; Luke 8:53)을 행
하는 것을 보고 주위의 비웃음을 받게 된다(Jesus is laughed to scorn).
이 표현은 셰익스피어 시대에도 널리 쓰였고 오늘날의 작품에도 여
전히 나타나고 있다. 셰익스피어의 비극과 희극에 쓰인 예를 차례로
인용한다.

Be bloody, bold, and resolute; *laugh to scorn*
The power of man, for none of woman born
Shall harm Macbeth

— *Macbeth*(c.1605) Act IV, scene 1
잔인하고 대담하게 그리고 단호히 하라: 인간의 힘일랑 일소에 붙
여라. 여자 몸에서 태어난 자로 맥베드를 해칠 자는 없을 것이다.

The horn the horn, the lusty horn
Is not a thing to laugh to scorn

— *As You Like It*(1599) Act IV, scene 2
뿔 뿔, 늠름한 뿔
창피해서 웃을 물건은 아니로다.

두 번째 인용한 구절은 셰익스피어의 〈뜻대로 하세요〉(*As You
Like It*)에 나오는 표현으로 사슴을 잡은 귀족이 뿔과 가죽으로 차려
입고 주위에 모인 이들이 부르는 노래의 마지막에 나오는 구절이다.
이 표현은 단순히 뿔을 머리에 얹은 귀족의 행태를 비웃는 의미뿐만
아니라 부패하고 무질서한 궁정에 대해 셰익스피어가 공작의 뿔을
통해 풍자적으로 묘사하려는 의도도 포함되어 있다.

25. Sackcloth and ashes

And in every province, whithersoever the king's commandment and his decree came, there was great mourning among the Jews, and fasting, and weeping, and wailing; and many lay in sackcloth and ashes.   － KJV Esther 4:3

왕의 조명詔命이 각 도에 이르매 유다인이 크게 애통하여 금식하며 곡읍哭泣하며 부르짖고 굵은 베를 입고 재에 누운 자가 무수하더라.

[어휘와 표현] province : 도道, 속주. whithersoever : whither의 강조형. 접속사 또는 부사로 쓰여 '(~하는 곳은) 어디로든지'란 뜻. commandment : 명령, 지령, 계율. decree : 법령, 포고. mourn : 슬퍼하다, 애도하다. mourning : 비탄, 애도. fasting : 금식禁食. weep : 슬퍼하다, 애통해 하다. wail : 울부짖다, 통곡하다. lay : lie(눕다)의 과거형. sackcloth : 삼베옷. ash : ashes로 써서 단수로 취급. 재災.

원문에 나오는 표현은 현대영어에서는 '극도의 후회 또는 슬픔'(extreme repentance or grief)이란 뜻으로 쓰인다.

(ex) After lying to the people, the mayor came out in *sackcloth and ashes* and gave a full, heartfelt apology.
시장은 사람들에게 거짓말을 한 후, 극도의 슬픔을 간직한 채 진정으로 사과하였다.

[원문과 성서내용] 성서 시대에 살던 사람들은 슬픔이나 수치스러움을

그림 37 왕관을 받는 에스더. 카롤스펠트의 목판화(1860)

나타낼 경우 외관상 자루를 만드는 데 쓰인 거친 재료인 굵은 베로 만든 옷sackcloth을 입고 자신에게 재ashes를 뿌려 사람들에게 알렸다. 에스더서(4장 1절)에 '그 옷을 찢고 굵은 베를 입으며 재를 무릅쓰고'(he tore his clothes and put on sackcloth and ashes)라는 구절이 그것이다. 그 당시 이런 관습은 이스라엘뿐만 아니라 여러 나라에서도 수 세대에 걸쳐 슬픔을 표현하는 방법으로 사용되었다. 그리스의 역사가인 헤로도토스Herodotos가 쓴 《역사》에 나온 기록에 따르면 바사의 왕 아하수에로Ahasuerus 시대에 바사가 살라미Salamis 전투에서 패배했을 때 수산성Shushan the Palace에 사는 바사인들이 그 슬픔을 이기지 못하여 옷을 찢고 재를 뒤집어쓰고 통곡했다고 한다.

　구약성서의 에스더서는 아하수에로왕 시대에 바사에 거주한 유대인들에게 일어난 일을 기록한 감동적인 책이다. 아하수에로왕은 에스더가 유대인이라는 사실을 모른 채 왕비 후임으로 에스더를 뽑게 된다. 에스더의 사촌인 모르드개Mordecai가 고위 관리인 하만Haman 앞에

무릎 꿇기를 거부하자 하만은 모르드개와 그의 백성을 없애려고 계략을 꾸미게 된다. 하만은 왕을 설득시켜 바사 모든 지방의 지도자들에게 특정한 날 유대인들을 진멸하라는 왕의 칙령을 받게 하고, 왕은 나라 전체의 유대인을 죽이라는 판결을 내린다.

이런 사실을 알게 된 모르드개의 심정이 에스더서(4장 1–3절)에 나와 있고 원문에 인용한 구절은 3절의 내용을 소개한 것이다. 결국 모르드개와 에스더의 결단과 용기로 바사의 유대인 공동체는 승리하게 된다. 어떠한 상황에서도 하나님이 우리와 함께하신다는 에스더의 믿음이 바사의 유대인들을 살려낸 것이다.

26. For such a time as this

For if thou altogether holdest thy peace at this time, then shall there enlargement and deliverance arise to the Jews from another place; but thou and thy father's house shall be destroyed: and who knoweth whether thou art come to the kingdom for such a time as this?
— KJV Esther 4:14

이때에 네가 만일 잠잠하여 말이 없으면 유다인은 다른 데로 말미암아 놓임과 구원을 얻으려니와, 너와 네 아비 집은 멸망하리라. 네가 왕후의 위를 얻은 것이 이때를 위함이 아닌지 누가 아느냐.

〔어휘와 표현〕 altogether: 전적으로, 완전히. thou holdest: you hold. hold thy peace: hold your peace. 말을 하지 않다, 입을 다물다. at this time: 이 시기(때)에. shall there ~ arise to: there shall arise to: ~에게 … 한 일이 일어날 것이다. enlargement: 확장, 여기서는 '석방'을 뜻하는 고어체 어휘임. deliverance: 구출, 구원. from another place: 다른 곳으로부터. 즉, 다른 곳에서라도 유대인이 도움을 얻어 살아날 것이라는 뜻이 함축됨. but: 이 말 속에는 (에스더가) 왕에게 입을 다물고 있게 되면 어떤 일이 일어날 것이라는 의미가 포함되어 있음. who knoweth: who knows ~: … 한 일이 일어난 것을 누가 아느냐. for such a time as this: 이런 때를 대비하여.

[원문과 성서내용] 위에 인용한 원문은 바사의 유대인들이 위기에 처한 상황에서 모르드개가 왕후가 된 에스더에게 유대인들을 구하도록 왕에게 요청하라고 말하는 에스더서의 구절이다.

에스더가 모르드개의 요청에 응하면서 '나도 나의 시녀로 더불어 이렇게 금식한 후에 규례를 어기고 왕에게 나아가리니 죽으면 죽으리이다'(and so will I go in unto the king, which is not according to the law: and if I perish, I perish.)라고 회답한다.

모르드개가 에스더에게 바사의 유대인들을 대신하여 왕께 간청할 것을 요청하면서 '네가 왕후의 위를 얻은 것이 이때를 위함이 아니겠느냐'란 구절이 나오는데, 이때 사용된 영어 표현이 'for such a time as this'이다. 모르드개는 에스더가 왕후에 오른 것이 하나님께서 이때를 위해 준비하셨기 때문으로 믿었기 때문이다.

현대영어에서는 이 표현이 역사상 결정적인 시기에 예기치 않은 그러나 때에 맞춰 누군가가 출현하는 것을 묘사하기 위해 쓰인다.

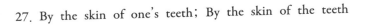

27. By the skin of one's teeth; By the skin of the teeth

My bone cleaveth to my skin and to my flesh, and I am escaped
with the skin of my teeth.　　　　　　　　– KJV　Job 19:20

내 피부와 살이 뼈에 붙었고 남은 것은 겨우 잇꺼풀뿐이로구나.

그림 38 예수가 욥에게 말하는 장면.
비잔틴 시기에 그려진 작가 미상의 그림

[어휘와 표현] cleaveth: cleaves(벗기
다, 쪼개다). 위의 skin of one's
teeth는 원래 '치아 주위에 붙은
잇몸'(the gums surrounding the
teeth)을 가리키는 것으로 현대영
어에서 with 대신 by를 써서 표
현하는 것은 본래의 의미와는 거
리가 멀다. 치아에는 피부skin가
없기 때문이다. 욥기에 쓰인 이
표현은 원래 명료하지 않은 히브

리어 텍스트를 번역한 제네바성서(Geneva Bible, 1560)의 구절 I haue
escaped with the skinne of my teche를 문자 그대로 인용한 것이다.
현대영어로 옮긴 성서에서는 흠정역성서에 쓰인 with 대신 by를 주
로 사용하여 '가까스로, 겨우, 간신히'(narrowly, barely)라는 의미로
널리 쓰이고 있다.

(ex) Because Jane left her work late, she caught the last train only
by the skin of her teeth.
일거리가 늦게 끝나서 제인은 가까스로 마지막 열차를 탔다.

[원문과 성서내용] 욥기Job는 고난의 문제와 이것을 극복하려는 욥의 영적인 체험을 다룬 장엄한 서사시이며, 시와 산문이 어우러진 하나의 뛰어난 지혜의 성서문학이다. 마치 음악에 여러 악장movements이 있듯이 욥의 고난은 여러 장으로 나누어 진행된다.

원문에 나오는 구절은 욥이 가까운 친구들, 사랑하는 사람들 특히 아내와 친형제들이 그와 대적이 된 절망적인 상황에서 정서적으로 너무나 약해져서 그의 뼈에는 더 이상 힘이 남아 있지 않은 붕괴의 상태를 표현한 내용이다. 욥이 하나님에 의해 버림을 받았다는 그의 말은 신약성서의 마태복음서 (27:46)에 기록된 '나의 하나님, 나의 하나님, 어찌하여 나를 버리셨나이까'(My God, my God, why have you forsaken me?)에서처럼 십자가 위에서 외친 그리스도의 말씀과 상당히 일치하고 있다.

마침내 욥은 고통으로 가득 찬 삶의 비참함 앞에서 하나님께 자신을 홀로 내버려 두라는 놀라운 요구를 하게 된다.

I loathe my life; I would not live forever.
Let me alone, for my days are a breath(NRSV 7:16).
내가 생명을 싫어하고 항상 살기를 원치 아니 하오니
나를 놓으소서. 내 날은 헛것이니이다.

〔참고〕 loathe: 몹시 싫어하다. [louð]로 읽음. would not: ~하지 않을 것이다. 주어의 강한 의지를 나타냄. forever: 오래도록, 영원히. let me alone: 나를 내버려 두어라, 나를 혼자 있게 해 달라. my days: 내가 (지금까지 살아온) 날들(삶). a breath: 숨(호흡) 한 번, 한순간, 헛것.

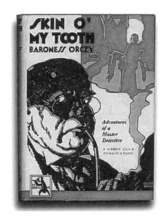

〔참고자료〕 헝가리 태생의 영국 소설가이며 극작가 에무쉬카 오르치 남작 부인(Baroness Emmuska Orczy, 1865-1947)이 몇 편의 탐정 이야기를 묶어 발간한 *Skin o' My Tooth, His Memoirs, By His Confidential Clerk*(1928)에는 멀리건Mulligan이라는 별명을 지닌 추하고 뚱뚱하면서도 날카로운 모습의 아일랜드 변호사가 등장하여 '간발의 차'(by the skin o' my tooth)로 살인사건에서 의뢰인을 구해 주는 이야기가 담

그림 40 오르치 남작부인이 쓴
*Skin O' My Teeth*의 표지

겨 있다. 오르치 남작부인이 쓴 첫 번째 희곡 〈진홍색 뚜껑별꽃〉(*The Scarlet Pimpernel* 1903)은 1905년 1월에 미국의 브로드웨이 극장에 해당하는 런던의 웨스트엔드West End에서 상연되었고 그 후로도 2천 회가 넘는 상연 기록을 세우며 영국인의 사랑을 받았다.

28. The root of the matter

But ye should say, Why persecute we him, seeing the root of the

그림 41 히브리어로 된 욥기 두루마리

matter is found in me? Be ye afraid of the sword: for wrath bringeth the punishments of the sword, that ye may know there is a judgment.

- KJV   Job 19:28-9

너희가 만일 이르기를 우리가 그를 어떻게 칠꼬 하며 또 이르기를 일의 뿌리가 그에게 있다 할진대 너희는 칼을 두려워할지니라. 분노는 칼의 형벌을 부르나니 너희가 심판이 있는 줄을 알게 되리라.

[어휘와 표현] ye: 2인칭 복수형으로 쓰여 '너희'의 의미가 됨. persecute: 끊임없이 괴롭히다, 박해하다. Why persecute we him: How shall we persecute him(우리가 그를 어떻게 괴롭힐까). seeing: ~를 보게 되면. be ye afraid of ~: you should be afraid of ~ (너희는 ~을 두려워해야 한다). wrath: 분노. bringeth: brings. punishment: 형벌, 처벌. that: so that의 의미. '그러므로' judgment: 심판. 영국식 철자는 judgement임. the root of the matter: 문자 그대로 '일의 뿌리'라는 뜻이나 '주요 부분 또는 어떤 일의 원인'(the main part or cause of something)이란 의미를 나타낸다. 현대영어에서 때로 root of the trouble로 바꿔 쓰이기도 함.

(ex1) John tried to find *the root of the matter* when the accident happened to his close friend, Mike.

존은 그 사건이 그의 절친한 친구 마이크에게 발생했을 때 사건의 원인을 찾으려고 애썼다.

(ex2) All of us were reluctant to go with John since we knew that *the root of the trouble* lied in him.

우리는 모두 말썽의 근원이 존에게 있다는 것을 알았기 때문에 그와 함께 가기를 주저하였다.

그림 42 아내의 조롱을 받은 욥. 게오르규 드 라 뜨르 작

[원문과 성서내용] 욥기Job에 나오는 구절이다. 신실한 족장 욥이 겪게 되는 '고난의 문제'가 욥기의 주제이다. 부유하며 여호와를 경외하는 신실한 욥이 고난에 직면하게 된 배경 및 사탄이 하나님을 통해 욥의 믿음을 시험하게 하는 시련 (2:4-10)을 생생하게 보여준다. 이 과정에서 사탄은 욥의 재물과 자녀들을 멸하나 욥은 자신에게 닥친 엄청난 재난과 고립되고 절망적인 고독 그리고 심한 고난을 겪으면서도 하나님을 원망하지 않는 강한 믿음을 견지한다. 위에 인용한 구절은 이러한 고통 속에서 그가 고백한 말이다. 그러므로 역경을 겪으면서도 하나님에 대한 믿음을 지키는 것이야말로 고난이 축복으로 바뀐다는 하나님의 섭리를

깨닫게 된다는 것이 욥기가 우리에게 암시하는 중심 사상이다.

[참고] 욥기에 나오는 the root of the matter는 현대 영역성서에서 때로 the root of the trouble로 고쳐 쓰이기도 한다. 욥은 가까운 친구들과 사랑하는 사람들에게 고통의 원인이 '일의 뿌리'가 되는 자신에게 있음을 상기시키고, 이들이 살아 있는 동안 하나님의 심판이 있을 것을 경고하면서 말한 구절이 원문의 내용이다.

29. At one's wits' end

They reel to and fro, and stagger like a drunken man, and are at their wits' end.   - KJV   Psalms 107:27

저희가 이리저리 구르며 취한 자같이 비틀거리니 지각이 혼돈하도다.

[어휘와 표현] reel: 비틀거리다, 휘청거리다. to and fro: 이리저리, stagger: 비틀거리다, 휘청거리다. like a drunken man: 술취한 자 같이. at their wits' end: '그들이 어찌할 바를 모르다, 대책이 서지 않다'

[참고] wits'는 wit's로도 씀. 새번역성경(2015)에서는 원문의 문장을 "그들이 모두 술 취한 사람처럼 비틀거리며 흔들리니, 그들의 지혜가 모두 쓸모없이 된다"고 번역하고 있음.

I am at my wits' end to know what to do with my son.

내 아들에 대해 어떻게 해야 할지 대책이 서지 않네.

구약성서에 나오는 시편은 히브리 성시聖詩를 모은 시편집 (Psalter. 그리스어인 *psalterion*에서 유래함)으로도 불리며, 7세기에 걸쳐 이루어진 것으로 150편의 시가 다섯 권에 실려 있다. 시편은 찬송과 헌신, 인생의 생존 문제 그리고 애가哀歌를 노래한 찬양서라고 할 수 있으며, 여호와의 찬송, 참회와 용서 그리고 고난 중에 하나님을 향한 기도와 확신으로 가득 찬 웅장한 시모음집이다.

그림 43 성 마가렛교회 창문에 새긴 시편 107편의 구절(런던 바크 구역)

시 전체를 통해 언급되는 여호와의 인자하심faithful love은 여호와 하나님의 변치 않는 헌신적인 사랑을 보여준다.

시편의 상당 부분이 다윗 왕의 이름으로 되어 있으나 솔로몬, 모세도 등장하며, 율법과 왕권 및 사제직과 함께 여호와의 자비와 공의로움 그리고 구원이 공통 주제를 이루고 있다. 언어상으로 살펴본 시편의 특징은 후렴refrains과 병행법parallelism이라는 두 가지 독특한 방법을 써서 의미sense와 리듬rhythm이 서로 다른 어휘 안에서 조화를 이루고 있다는 데 있다. 107장에는 이러한 특징이 두드러지게 나타난다. 예를 들면 6절과 8절, 13절과 15절, 19절과 21절, 28절과 31절은 각각 서로 다른 절끼리 대칭을 이루고 반복해서 쓰인다. 6절과 13절, 그리고 8절과 15절이 어떻게 대칭symmetry과 반복reiteration을 보여주고 있는지 다음에 그 예를 인용한다.

6절: Then they cried out to the Lord in their trouble, and he delivered them from their distress.

13절: Then they cried to the Lord in their trouble, and he saved them from their distress.

6/13절: 이에 저희가 그 근심 중에 여호와께 부르짖으매 그 고통에서 건지시고

8절: Let them give thanks to the Lord for his unfailing love and his wonderful deeds for men.

15절: Let them give thanks to the Lord for his unfailing love and his wonderful deeds for men.

8/15절: 여호와의 인자하심과 인생에게 행하신 기이한 일로 말미암아 그를 찬송할지로다.

시편 107장 23-30절에서는 바다로 나간 선원(상인)들이 여호와가 일으킨 광풍으로 바다 물결이 일어나는 것에 놀라서 이리저리 구르고 취한 자같이 비틀거리는 그 근심 중에 여호와께 부르짖으매 여호와께서 광풍을 잠재우시고 물결을 잔잔케 하신 다음 그들이 원하는 항구로 무사히 인도하셨다는 내용이 담겨 있다. 이 시편의 내용은 신약성서의 마태복음(8장 23-27절)에서 바다에 광풍이 일어났을 때 예수가 바람과 바다를 꾸짖자 기적이 일어나서 매우 잔잔하게 된 이야기를 상기시킨다. 이 기적은 예수의 신성divinity의 증표라 할 것이다.

〔참고자료〕 at one's wits' end라는 표현은 흠정역성서에 유일하게 쓰인 구절이다. 흥미롭게도 커버데일성서(Coverdale Bible, 1535)의 시편에는 한 번 그리고 이사야서에 wittes ende라는 구절이 두 번씩 쓰이고 있다. 오늘날 Wits' End 또는 Wits End라는 표현은 노래와 음악 앨범뿐만 아니라 가옥의 이름과 지명, 그리고 심지어 보드게임에도 널

리 쓰이고 있다. 미국 매사추세츠주의 캠브리지 스트리트 1248번가에는 영국식 펍Pub이 있다. 맛있는 음식, 멋진 음료, 친구들과의 훈훈한 대화, 그리고 보드게임도 할 수 있는 곳이다. 이 펍의 이름이 Wits' End이다. 미국의 맨해튼과 롱아일랜드시에는 Wits End라는 이름을 내건 렌트카 회사도 있다.

30. Out of the mouth of the babes and sucklings

Out of the mouth of babes and sucklings hast thou ordained strength because of thine enemies, that thou mightest still the enemy and the avenger. — KJV Psalms 8:2

주의 대적을 인하여 어린아이와 젖먹이의 입으로 말미암아 권능을 세우심이여. 이는 원수와 보수자報讐者로 잠잠케 하려 하심이니이다.

〔어휘와 표현〕 out of ~: ~에서. babe: 젖먹이, 아기baby. suckling(=nursing infants): 젖먹이, 유아乳兒. 원문에 나온 '어린아이와 젖먹이의 입으로'(out of the mouth of the babes and sucklings)라는 표현은 경험이 부족한 어린아이와 젖먹이, 즉 철부지나 다름없는 순진한 사람을 지칭하는 의미로 쓰인다. hast thou ordained: thou hast ordained(=you have ordained). ordain: (신, 운명이) ~을 정하다, 운명을 정해 놓다. 규정하다. strength: 권능. 힘. thine: your. thou(=you)의 소유격. mightest: might. 고어체에서 쓰여 '~할 수 있(었)다'란 의미로 쓰임. still: 동사로 쓰여 '잠잠케 하다'(silence). avenger: 복수자復讐者, 보

수자報讐者, 원수를 갚는 사람.

[원문과 성서내용] 시편 8편에서 하나님은 미약하고 보잘 것 없는 인간에 대해 '어린아이와 젖먹이의 입술'을 사용하기로 결정하신다. 다윗은 이 시에서 작고 약하고 무력한 것을 '젖먹이'에 비유하고 있다. 우주의 광대함에 견주어 한층 더 작아진 인간이 여호와 하나님의 택하심을 받아 영광을 부여받고 우주를 통치하는 자로 세움을 받았다는 암시가 시 전편에 흐르고 있다.

시편 8편의 특징은 첫 구절(1절)과 마지막 구절(9절)이 동일하게 여호와 하나님을 찬양하며 주의 영광을 칭송하는 것으로 시작하고 끝낸다는 데 있다.

O Lord, our Lord,
how majestic is your name in all the earth!
여호와 우리 주여
주의 이름이 온 땅에 어찌 그리 아름다운지요!

[참고자료] 인용한 흠정역성서의 원문에는 '권능을 세우심이여'ordained strength라고 나와 있다. 이것은 '힘을 기초하셨다'라는 의미, 즉 '당신의 힘을 확실한 기초 위에 두셨다'라는 뜻이다. 개역성경에서는 ordained praise로 바꾸고 '(주님의) 위엄을 찬양합니다'로 번역하고 있다. 이어지는 원문은 '주님께서는 원수와 복수하는 무리를 꺾으시고 주님께 맞서는 자들을 막아 낼 튼튼한 요새를 세우셨습니다'라고 번역하고 있다. 원문의 '보수자'avenger는 '억울한 고난에 대해 앙갚음을 하는 자'란 의미이나 새번역성경에서는 '주님께 맞서는 자'로 번

그림 44 2018년 개봉된 어벤져스

역하고 있다.

그 이름을 딴 〈어벤져스: 끝없는 전쟁〉(*Avengers: Infinity War*)은 2018년 4월에 개봉했던 미국 슈퍼히어로 superhero 영화로 2012년에 개봉한 〈어벤져스〉와 2015년 개봉한 〈어벤져스: 에이지 오브 울트론〉(*Avengers: Age of Ultron*)의 속편이다. 이 영화에서 어벤져스는 인피니티 스톤 6개를 모두 모아 우주 생명체의 반을 학살하려는 타노스를 막기 위해 은하계의 수호자Guardians of the Galaxy와 힘을 합친다.

 31. Pride goes before a fall

Pride goeth before destruction, and an haughty spirit before a fall.
                                      - KJV Proverbs 16:18
교만은 패망의 선봉이요, 거만한 마음은 넘어짐의 앞잡이니라.

〔어휘와 표현〕 pride: 교만, 자랑. goeth: goes. destruction: 패망, 파괴, 파멸. pride goes before destruction: 교만은 패망 앞에 온다. 즉, 교만해지면 패망하게 된다는 뜻. haughty: 거만한, 오만한, 불손한. [hɔ:ti]로 발음. an haughty spirit: 거만한 마음(심령). before a fall

앞에 goes를 넣어서 생각할 것. 마음이 거만해지면 쓰러진다는 뜻.

[원문과 성서내용] 구약성서의 잠언 Proverbs은 서론에서 솔로몬이 저자로 되어 있음에도 상당 부분은 고대 이집트와 메소포타미아에서 전해 내려오는 내용과 일치한다. '솔로몬의 잠언'이라고 기록한 것은 솔로몬이야말로 지혜의 성경적 구현이기 때문이다. 히브리 성서의 대부분은 히브리인의 역사에서 하나님의 구원 활동에 초점을 두고 있음에도 잠언의 전체 내용은 지혜로운 격언sayings을 모은 것이다. 그러나

그림 45 잠언서를 기록하고 있는 솔로몬왕. 구스타브 도레 작

우리말의 '격언'보다 훨씬 더 폭넓고 다양한 내용을 포함하고 있는 것이 잠언이 지닌 특징이다.

여호와의 지혜는 모든 창조의 근본(3장 19절)임을 상기시키고 지혜로운 삶은 창조주 하나님께로부터 나온다는 생각이 잠언 전체의 근본 사상이다. 진정한 지혜의 근본은 다름 아닌 여호와에 대한 경외敬畏라는 것이다.

The fear of the Lord is the beginning of wisdom; and the knowledge of the holy is understanding(9장 10절).
여호와를 경외하는 것이 지혜의 근본이요, 거룩하신 자를 아는 것이 명철이니라.

히브리인들은 잠언에 나타난 그들의 생활 방식을 따라 개인의 성공과 행복을 추구하였다. 잠언의 많은 부분은 모든 문화권에서 인간의 경험으로 널리 울려 퍼져나가면서 영어문화권에 깊숙이 들어와서 영어에 많은 영향을 끼쳤다. 잠언은 시적 병행법poetic parallelism을 자유롭게 구사하여 비교의 극대화를 꾀하는 내용으로 되어 있는데 그 예의 하나가 앞에 든 원문의 구절이다. 새번역성경에는 이 구절을 "교만에는 멸망이 따르고, 거만에는 파멸이 따른다"고 해석하고 있다. 즉, 교만과 거만, 멸망과 파멸을 병행시켜 내용의 시적 효과를 극대화하고 있다.

원문에 인용한 구절의 의미는 신약성서에도 잘 나타나 있다. 사도 바울의 제자로 동역자인 디모데Timothy는 경험이 없는 사람이 높은 직분으로 오르려고 할 때 "교만해지는(lifted up with pride)" 위험에 빠지는 것을 경고하고 있다. 성경 전체를 통해 pride는 멸망으로 가는 악vice으로 묘사되고, 그리스 비극에서도 '교만hubris'이란 개념은 궁극적인 멸망에 이르는 거만한 야심arrogant ambition으로 성경에 나오는 pride와 그 맥을 같이하고 있다.

32. Fly in the ointment

Dead flies cause the ointment of the apothecary to send forth a stinking savour: so doth a little folly him that is in reputation for wisdom and honour.　　　　　　　　　　－ KJV Ecclesiastes 10:1

죽은 파리가 향 기름으로 악취가 나게 하는 것 같이 작은 우매가 지혜와 존귀를 패하게 하느니라.

〔어휘와 표현〕 flies: fly(파리)의 복수형. cause: 야기시키다. ointment: 연고軟膏. apothecary: 약종상, 약제사. a stinking savour: 역겨운 향기a foul odor. 악취a bad smell. savour = savor(미국영어 철자). a little folly: 작은 우매愚昧. 변변치 않은 작은 일. reputation: 명성, 평판, 신망. honour: 명예. so does a little folly him that ~은 'a little folly does so him that ~'의 도치구문. does so는 '우매가 지혜와 명예(존귀)를 가진 자(him)를 패하게 하다'란 뜻. does so를 outweigh(~보다 가치 있다)로 번역한 곳도 있음. 새번역성경(2015)에는 '변변치 않은 작은 일 하나가 지혜를 가리고 명예를 더럽힌다'로 번역하고 있음.

〔원문과 성서내용〕 구약성서의 전도서Ecclesiastes에는 '헛되고 헛되며 모든 것이 헛되도다'(Vanity of vanities, saith the Preacher, vanity of vanities; all is vanity. 1장 2절 및 12장 8절)라는 구절로 가장 널리 알려져 있다. '헛됨, 덧없음, 공허함'을 뜻하는 vanity의 히브리어는 일출 시에 잠깐 피어오르는 안개에 훨씬 더 가까운 의미, 즉 인생은 한 순간에 사라지는 한낱 '입김'breath에 불과한 것이라는 의미를 지닌다. 이 표현은 위에 인용한 표현에서 유래한다. 즉, 전도서의 저자는 살아가는 데에 보상이나 벌, 성공이나 실패는 현명하고 어리석거나 또는 의롭고 사악해지는 것과는 어울리지 않는다는 것을 알게 된다. 그리하여 하나님의 주권 아래 있는 삶이야말로 진정한 지혜로운 삶임을 깨닫게 한다.

〔참고〕 전도서를 기록한 저자가 솔로몬 왕이라는 암시는 1-2장에만 등장한다. 히브리어로 된 전도서의 부제목인 Preacher('전도자, 설교자, 스승'이라는 뜻)에서 암시하듯이 전도서는 솔로몬왕 혼자 기록한 것이 아니며, 히브리어 텍스트의 문체style는 솔로몬 이후 7세기에 걸쳐 일관되게 편집되어 내려온 것으로 되어 있다. 전도자는 현실세계를 두 개의 영역, 즉 '해 아래' 있는 것 또는 '하늘 아래' 있는 것과 '땅 위에' 있는 두 영역으로 구분하여 해 아래 있는 모든 것, 즉 하나님의 삶을 떠난 것의 허무함을 말하여 인간의 쾌락과 불행, 권력과 명성, 지혜의 한계와 어리석음 등, 어두운 단면을 보게 하지만, 한편으로 해 위에 있는 것, 즉 하나님을 향한 소망을 받아들일 때 비로소 살아계신 하나님의 존재를 믿고 믿음과 기쁨의 삶을 누릴 수 있음을 우리에게 당부한다. 전도서에 나오는 표현 가운데 '하늘(해) 아래 새로운 것은 없다'(There is no new thing under the sun. 1장 9절)는 구절은 현대영어에서 많이 인용되고 있다.

그림 46 영국의
소설가이자 시인
D. H. 로렌스

〔참고자료〕 '사소한 것으로 말미암아 어떤 좋은 일을 망치게 되는 원인이 되다'란 이 표현은 오랜 세월이 지나면서 오늘날에 와서는 원문에 나오는 '부패'가 지닌 본래의 생생한 의미가 사라져가고 있다. 고대 언어를 자구 그대로 옮기게 되면 그 후 시간이 지나면서 원래의 의미는 모호해지고 새로운 표현으로 변하게 된다는 좋은 예에 해당하는 구절이다. 20세기 영국의 소설가인 로렌스(D. H. Lawrence, 1885-1930)가 저술한 단편 소설의 제목에 《향기름에 빠진 파리》(*Fly in the ointment*)라는 것이 있다. 로렌스는 《아들과 연인》(*Sons and*

Lovers 1913), 《채털리 부인의 연인》(*Lady Chatterley's Lover* 1928)을 쓴 작가로도 널리 알려져 있다. 이 표제는 이후로도 많은 책과 노래의 제목으로 사용되어 오고 있다.

33. A little birdie told me

Curse not the king, no nor in thy thought; and curse not the rich in thy bedchamber: for a bird of the air shall carry the voice, and that which hath wings shall tell the matter.– KJV Ecclesiates 10:20

심중에라도 왕을 저주하지 말며 침방에서라도 부자를 저주하지 말라. 공중의 새가 그 소리를 전하고 날짐승이 그 일을 전파할 것임이니라.

[어휘와 표현] curse not~: ~를 저주하지 말라(Do not curse ~). no nor: 부정을 강조한 표현(중세, 초기현대영어에 흔히 쓰임). in thy thought = in your thoughts: 마음속에 생각을 품고서라도. the rich = the rich people(부자). 「the+형용사」구문. bedchamber: bedroom (침실). that which hath wings = a bird that has wings(날짐승)

[32]에 소개한 전도서에 나오는 표현 이외에 또 다른 의미를 갖는 표현으로 위에 인용한 구절이 있다. 문자 그대로의 의미는 '작은 새가 내게 말했다'이나, 함축된 의미는 '나는 (누군가에게서) 그런 소문을 들었다'는 뜻이다. 표제의 구절은 고대 히타이트제국 시기에서 시

그림 47 Sonic Youth의 Walls have ears 앨범(1985) 재킷

작하여 그리스와 그 이후 오늘에 이르기까지 여러 나라의 다양한 문화에서 쓰이고 있는 격언에 해당한다. 우리 격언에는 '낮말은 새가 듣고 밤말은 쥐가 듣는다'가 있고 서양 속담 '벽에도 귀가 있다'(Walls have ears)도 위에 인용한 구절과 그 의미가 각각 유사하다.

(ex) A: Did you know that he has gone to America?

B: A little bird told me.

그가 미국으로 가버린 사실을 알았니? - 소문으로 들었지.

〔원문과 성서내용〕 이 표현이 나오게 된 배경은 전도자가 10장 서두에서부터 우매folly와 지혜wisdom를 대조시켜 우매자가 행하는 길과 지혜자의 행함이 정반대의 결말로 나타남을 분명히 밝히고 있는 것이다. 즉, 어리석은 자의 게으름은 점차 퇴락의 심판을 초래할 뿐만 아니라 겉으로 나타나는 인생의 즐거움은 결국 게으른 삶의 실패를 초래하게 된다는 데서 유래한다. 복잡다양한 이 세상을 살면서 인간의 판단력으로는 예측 불가능한 일을 하나님의 지혜에 맡기고 의지하여 주어진 삶을 살라는 현실적인 의미가 이 말 속에 담겨 있다고 볼 수 있다. '모든 것이 헛되도다'라고 했던 전도자는 전도서의 마지막에 가서 지혜의 근원인 하나님만이 우리 삶에 참된 의미를 부여해 주신 유일한 분이심을 알고 하나님을 경외하라고 기록하고 있다.

Fear God and keep his commandments,

for this is the whole duty of man(12:13).

하나님을 경외하고 그 명령을 지킬지어다.
이것이 사람의 본분이니라.

이로 볼 때, 전도서에 나오는 지혜는 잠언에 기록된 인과因果에 관련된 것이라기보다는 현실에 근거한 지혜라고 할 수 있다.

34. Lily among thorns

As the lily among thorns, so is my love among the daughters.
— KJV   Song of Solomon 2:2

여자들 중에 내 사랑은 가시나무 가운데 백합화 같구나.

[어휘와 표현] as = like: ~와 같이, ~처럼. so는 앞 문장을 받음. 즉, my love ~ is like ~: 내 사랑은 ~와 같다. 원문의 among the daughters는 현대영어로 번역한 성서에서는 among the maidens로 나와 있다.

[참고] 「as 주어+동사 ~, so 주어+동사」 구문에는 as가 부사절을 이끄는 접속사 역할로 just as의 의미를 지님.

(ex) As one gesture can have many different meanings, so many different gestures can have the same meaning.
하나의 동작이 다른 여러 의미로 쓰이는 것처럼 서로 다른 여러 동작이 하나의 의미를 가질 때도 있다.

그림 48 솔로몬왕 앞에서
연주하는 음유시인.
로스차일드 마조르의 15세기 작

[원문과 성서내용] 구약성서에 나오는 아가서雅歌書의 한 구절이다. 흠정역성서에서 아가서는 Song of Solomon(솔로몬의 아가)라고 하여 저자의 이름을 밝혀 책이름으로 삼았다. 아가서의 첫 구절은 The song of songs, which is Solomon's 로 나와 있어서 '노래들 중의 노래'(Song of Songs)라는 제목으로도 쓰이고 있다. 아가서는 솔로몬과 술람미 여인과의 사랑을 노래한 책으로 그리스도와 교회의 거룩한 사랑을 비유하여 쓴 책이다.

제목으로 쓰인 솔로몬Solomon을 포함하여 슐로모Shlomo, 샬롬shalom은 모두 '평강'peace을 뜻하는 말이다. 이 아름다운 사랑의 노래는 사랑의 기쁨과 이별의 두려움, 그리고 우정이 넘쳐나는 그리움으로 이어지면서 사랑하는 자와 사랑받는 자의 감정의 강도가 느껴지는 가장 훌륭한 히브리 시를 나타내고 있다. 원문 2장 2절에 인용한 구절이 이것을 잘 나타내고 있다.

사랑의 시인 아가서는 자연세계의 아름다움과 결부하여 이스라엘 백성을 향한 하나님의 크신 사랑과 그리스도의 몸된 교회 그리고 한 사람의 영혼을 위한 그리스도의 사랑을 타락하기 쉬운 현실세계에서의 미묘한 아름다움 같은 것으로 대비시켜 노래한 알레고리allegory로 설명하기도 한다. 즉, 아가서의 후반부는 이러한 알레고리를 써서 신랑인 그리스도와 신부된 그의 교회 사이의 사랑에 대해 한 폭의 수

채화 같은 시언어(詩語)로 표현하고 있다. 즉, 그리스도는 십자가 위에서 자신의 신부인 교회를 향해 그 손을 내밀어 포용하였다는 암시가 이 책 전반에 걸쳐 나타나 있다.

아가서의 기록은 기원전 4세기로 거슬러 올라가며 기원전 10세기에 히브리인 솔로몬왕이 쓴 것으로 되어 있으나, 실제로는 어느 한 목자가 솔로몬에 관해 여러 시기에 걸쳐 기록한 시 모음집으로 알려져 있다. 아가서는 '우리의 눈을 그리스도에게로 향하게 하는 책'으로서, 인간의 감정을 초월한 진정한 사랑, 즉 성도들을 향한 그리스도의 참사랑을 보여주는 좋은 비유의 전형이다.

그림 49 테카퀴사의 동상
뉴멕시코 성 프란시스 아씨시의 바실리카 성당에 있다.

[참고자료] 인용한 원문과 관련하여 아메리카 북동쪽에 거주한 모호크 인디언 부족의 한 사람으로 후에 로마 가톨릭 성녀가 된 캐서린 테카퀴사(Catherine Kateri Tekakwitha, 1656-1680)에 관한 역사이야기가 전해 내려온다.

캐서린은 어려서 천연두에 걸려 흉한 얼굴과 망가진 시력으로 고통을 겪었으나, 1667년 프랑스인과 모호크족 사이에 평화협정을 끝내기위해 캐나다 퀘벡 지방으로 들어온 프랑스 예수회 선교사들을 만나게 되어 세례를 받고 기독교인이 되었다. 이 때문에 동족인 모호크족으로부터 갖은 핍박과 굴욕을 받았으나 캐서린은 이에 굴하지 않고 동족의 개종과 용서를 위해 고결함을 잃지 않고 끊임없이 기도하였다.

그녀의 무덤에는 가시나무thorns가 놓여 있었는데 그 비석에는 모호크어로 '아메리카 인디언 가운데 일찍이 피어난 가장 아름다운 꽃'(The fairest flower that ever bloomed among red men)이라는 글귀가 새겨져 있었다고 전해진다. 1980년 교황 바오로 2세는 테카퀴사가 복자the blessed의 품에 올렸음을 선언하게 된다. 그녀는 마침내 성녀가 된 것이다. 그 후에 나온 많은 책에는 이 구절을 제목으로 하는 한편, 성녀 테카퀴사를 '가시나무 가운데 핀 백합화'란 아가서의 구절을 써서 '모호크족의 백합화'(Lily of the Mohawks)로 부르고 있다.

35. No peace/rest for the wicked

There is no peace, saith the Lord, unto the wicked.

– KJV　Isaiah 48:22

여호와께서 말씀하시되 악인에게는 평강이 없다 하셨느니라.

[어휘와 표현] saith: says. unto the wicked: to(for) the wicked: 악한 자(들)에게는. wicked: 사악한.

[원문과 성서내용] 이사야서는 구약성서 가운데 가장 중요한 책의 하나로 대강 세 부분으로 나누어져 있다. 1–39장은 이방 열국에 대한 예언들과 유대인들의 변덕스러움(불신앙적인 모습)이 기록되어 있다. 이

어서 40-55장은 바벨론에서 포로 생활과 고난을 당하는 이스라엘 백성에 대한 하나님의 위로와 소망에 관련된 내용을 기록하고 있다. 56-66장은 바벨론에서의 포로생활이 끝나 귀환한 이스라엘 백성에게 하나님이 전하는 계시와 예언을 전하고 여호와의 율법에 충실해야 하는 중요성을 강조한다. 이사야서는 열방에서 모여든 민족들에게 새 하늘, 새 땅에 대한 약속과 하나님의 임재로 끝난다.

이사야서의 특징은 의인화, 은유, 두운, 풍자, 비유적 표현 등 히브리 문학에 쓰인 문학적인 장치를 구사하여 시적인 아름다움과 힘 그리고 공의righteousness에 대한 개념이 잘 나타나 있는 것이다. 위에 인용한 구절, 48장 22절과 57장 21절(내 하나님의 말씀에 악인에게는 평강이 없다 하셨느니라)에서 시가 지닌 힘과 아름다움을 잘 보여준다. '여호와의 종'(The servant of the Lord)을 기록한 이사야서의 네 구절 (42:1-4; 49:1-6; 50:4-9; 52:13-53:12)은 기독교 신앙에 매우 중요한 부분이다. 이 가운데 첫 번째로 인용한 내용은 다른 세 부분의 내용과 마찬가지로 신약성서의 마태복음(12:18-21)에도 인용되어 있다. 네 번째로 인용한 구절에서는 장차 이 땅에 메시아로 오실 여호와의 종 예수의 수난과 죽음을 미리 예시해 주고 있다(53장 7-9절 참조).

그림 50 성 마태 복음 루터 성당의 채색유리에 새긴 이사야(미국 남캘리포니아)

이사야 선지자는 이사야서에서 전쟁이 멈추게 될 것이고(2장 4절), 여호와의 영광이 온 땅에 충만할 것이며(6장 3절), 장차 메시아인 그리스도가 이 땅에 올 것이고(9장 6절), 이전의 적들이 서로 평강을 누리게 될 것(11:7; 65:25)을 예언하고 있다.

[참고자료] 원문에 인용한 구절에 나오는 '평강'peace이란 어휘(이 말의 히브리어인 'shalom'은 일체wholeness, 평강peace, 기쁨delight이란 뜻임)는 1930년대 미국에서 'rest'(안식, 평안)라는 어형으로 널리 쓰였다. 이 시기에 활동한 미국의 시사만화가인 해럴드 그레이(Harold Gray, 1894-1968)는 그의 시사만화의 연재물 〈꼬마 고아 애니〉(Little Orphan Annie) 가운데 하나에 No rest for the wicked(악인에게는 평강이 없다)라는 제목을 달았다. 이 표현은 그 후 앨범, 노래, 영화 및 책 등, 다양한 분야에 걸쳐 제목으로 널리 사용되어 왔다.

36. Like a lamb to the slaughter

He was oppressed, and he was afflicted, yet he opened not his mouth: he is brought as a lamb to the slaughter, and as a sheep before her shearers is dumb, so he openeth not his mouth.

– KJV Isaiah 53:7

그가 곤욕을 당하여 괴로울 때에도 그 입을 열지 아니하였음이여. 마치 도수장屠獸場으로 끌려가는 어린 양과 털 깎는 자 앞에 잠잠한 양같이 그 입을 열지 아니하였도다.

〔어휘와 표현〕 be oppressed: 억압을 당하다. be afflicted: 괴롭힘을 당하다, 학대당하다. cf. afflict: 괴롭히다, 학대하다. opened not: did not open. bring as a lamb to the slaughter: 어린 양처럼 도살장에 데려가다. shearer: [ʃíərər]. 양모 깎는 사람. dumb: 말을 못하는. [dʌm]으로 발음. openeth not: 원문에 기록된 표현 그대로 과거의 의미(= did not open)를 나타냄.

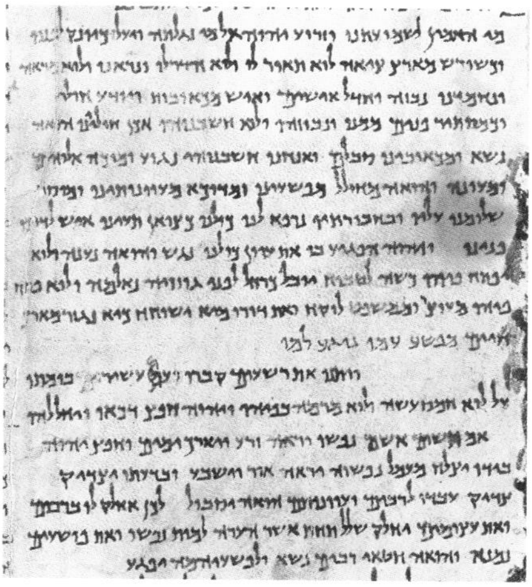

〔원문과 성서내용〕 구약 시대 당시 목자shepherd가 되는 일은 이스라엘인들에게는 흔한 직업이었다. 사람들은 식량을 얻기 위해 양을 죽이고 양모를 얻기 위해 양털을 깎았으며, 그들의 죄악에 대한 하나님의 용서를 구하려고 양을 번제물로 바쳤다. 양들은 이런 일들이 일어나는 것을 알 리가 없었고 자신들의 운명을 조용히 받아들였다. 이

그림 51 이사야 53장을 기록한 두루마리(기원 2세기)

것이 곧 이사야가 장차 이스라엘 백성을 구하러 오실 여호와의 종을 묘사하려고 한 이미지로서 위에 인용한 7절에 잘 나타나 있다.

이사야 선지자는 이사야서 53장 후반에서 바벨론의 포로 생활에서 귀환한 유대인들에게 장차 구원에 대한 새로운 소망을 자세히 전해 준다. 그는 그 분을 여호와의 종으로 부르고 그의 수난을 통해 이스라엘 백성을 치유해 줄 것이라고 선포한다. 이것은 53장 5-7절에 기

록되어 있다. 7절은 위에 인용한 원문이다. 여기서는 흠정역성서에서 5-6절의 원문을 소개한다.

But he was wounded for our transgressions, he was bruised for our iniquities: the chastisement of our peace was upon him; and with his stripes we are healed(5).
그가 찔림은 우리의 허물을 인함이요 그가 상함은 우리의 죄악을 인함이라. 그가 징계를 받음으로 우리가 평화를 누리고 그가 채찍에 맞음으로 우리가 나음을 입었도다.

〔참고〕 be wounded: 상처를 입다. transgression: 위반. 동사는 transgress(법을 어기다). be bruised: 상처를 입다. 동사는 bruise(상하게 하다, 해치다). iniquity: 죄, 사악, 나쁜 짓. chastisement: 제재, 응징, 징벌. stripe: 채찍. with his stripes: 그가 채찍을 맞게 되면. 다른 영어성서에는 by his bruises (그가 상처를 입게 되면)으로 되어 있음. be healed: 낫게 되다, 치유되다.

All we like sheep have gone astray; we have turned every one to his own way; and the Lord hath laid on him the iniquity of us all(6).
우리는 다 양 같아서 그릇 행하여 각기 제 길로 갔거늘 여호와께서는 우리 무리의 죄악을 그에게 담당시키셨도다.

〔참고〕 All we like sheep have gone astray: Like sheep all of us have ~ 로 고쳐 생각할 것. go astray: 길을 잃어버리다. 옳은 길에서 벗어나다. turn to his own way: 제각기 다른 길로 가다(흩어지다). hath: has. laid: lay(두다, 놓다)의 과거(분사). lie(눕다)의 과거 및 과거분사는 lie - lay - lain. lay on him: 그에게 지우다. him은 여호와의 종, 그리스도를 가리킴. the iniquity of us all: 우리 모두의 죄.

〔참고자료〕 흠정역성서에 나오는 53장 7절은 as를 써서 like a lamb to the slaughter(도수장으로 끌려가는 양 같이)라고 표현하고 있다. 현대영어에서 이 구절은 '벌이나 해악에 말없이 직면하다' 또는 '확실한 패배나 파멸에 순순히 응하다'란 뜻으로 쓰인다. 마치 저항도 못하고 도살장으로 끌려가는 순진한 양과도 같이.

(ex) She was sent to the camp *like a lamb to the slaughter.*
     그녀는 마치 도수장으로 끌려가는 양 같이 수용소로 보내졌다.

37. Rise and shine

Arise, shine; for thy light is come, and the glory of the Lord is risen upon thee.　　　　　　　　　　　　– KJV　Isaiah 60:1

일어나라, 빛을 발하라. 이는 네 빛이 이르렀고 여호와의 영광이 네 위에 임하였음이니라.

〔어휘와 표현〕 arise: 일어서다, 일어나다. 주로 고어체나 문어체에서 쓰며 현대영어로는 rise를 씀. thy: your. risen: rise의 과거분사(rise – rose – risen). for thy light is come을 현대 영역성서에서는 Let your light shine for all the nations to see!(열국이 볼 수 있도록 네 빛을 비추어라)고 되어 있다.

〔원문과 성서내용〕 이사야서 60장 첫 부분에 나오는 구절이다. 여호와는

이스라엘 백성에게 자신의 영광과 빛을 펼칠 미래에 관해 예언하면서 '일어나라, 빛을 발하라. 여호와의 영광이 네 위에 임하였음이니라(1절).'고 선포하였다. '보라 어두움이 땅을 덮을 것이며 캄캄함이 만민을 가리우려니와 오직 여호와께서 네 위에 임하실 것이며 그 영광이 네 위에 나타나리니'(2절). 위에 인용한 구절과 후속되는 몇 구절에서 하나님이 자신의 영광과 빛을 이스라엘 백성에게 펼치시며 영광과 빛이 그들을 둘러싸고, 그리하여 열방이 회복된 이스라엘을 통해 하나님을 볼 수 있게 하심을 깨달을 수 있다. '빛'과 '영광' 등의 어휘들이 반복되고 '빛'과 '캄캄함'이 대비되는 시적인 효과가 극대화되고 있다.

그림 52 미국의 아침 토크쇼 로고

[참고자료] rise and shine(일어나서 빛을 발하라)이라는 어구는 1900년대 초기에 미 육군의 기상신호로 쓰였으며 오늘날에 와서는 흔히 쓰이는 표현이 되었다. 현대영어에 쓰인 rise and shine 은 '아침 잠자리에서 일어나 그날을 시작하다'란 뜻으로 쓰이고 있다.

(ex) Early in the morning on the first day of school, my mother turned on the lights and woke me with a cheerful, "*Rise and shine!*"

학교에 처음 등교하는 날 아침 일찍 어머니는 불을 밝히고 상쾌하게 "애야, 일어나서 학교 가야지!"라고 날 깨우셨다.

38. A leopard cannot change its spots

Can the Ethiopian change his skin, or the leopard his spots? then
may ye also do good, that are accustomed to do evil.

- KJV Jeremiah 13:23

구스인이 그 피부를, 표범이 그 반점을 변할 수 있느뇨? 할 수 있
을진대 악에 익숙한 너희도 선을 행할 수 있으리라.

[어휘와 표현] Ethiopian: 흠정역성서에 나오는 어휘로, 새번역성서에는
히브리어인 구스인a Cushite으로 번역하고 있음. leopard: 표범. 발음
/lépə:rd/에 유의. spot: 반점. do good: 선을 행하다. be accustomed
to: ~에 익숙하다. do evil: 악을 행하다.

[원문과 성서내용] 구약성서에 나오는 선지자 예레미야Jeremiah는 남왕국
유다의 요시야Josiah왕의 통치시대에 살았던 인물이다. 그는 자신이
예언한 대로 유다 왕국이 바벨론에 함락되고 유대 백성의 바벨론 탈
출을 목격하였다. 예레미야는 탈출하는 일부 유대인들과 함께 이집트
로 들어갔으며 후에 그곳에서 순교하였다. 그는 하나님께 불순종한
이스라엘 백성을 향해 마치 폭력을 유인하는 음란한 여인에 비유하
여 더 이상 늦기 전에 여호와에게 영광을 돌릴 것을 촉구하였다. 또
한 예레미야는 하나님의 임박한 벌이 피할 수 없는 것임을 보며, "구
스인(에티오피아인)이 그 피부를, 표범이 그 반점을 변할 수 있느
뇨?"라고 하여 하나님의 창조 원리를 변개할 수 없듯이 유다 백성의
죄악은 회복의 여지가 없는 치명적인 것임을 원문에 인용한 구절에

그림 53 미켈란젤로가 시스틴 채플 천정에
그린 예레미야

서 상징적으로 표현하고 있다.

[참고자료] 위에 인용한 성서에 나오는 표현, 즉 '표범이 그 반점을 바꿀 수 있는가?'라는 구절은 오늘날 구어체에서 널리 쓰이고 있는 문장이다. 우리말 속담에 '세 살적 버릇이 여든까지 간다'는 말과 의미가 같다. 현대영어에서는 이 표현이 '인간의 본성은 변할 수 없다'란 의미로 쓰인다.

(ex) I expected John to stop lying to his friends. A leopard can't change its spots.
나는 존이 친구들에게 거짓말을 그만둘 것으로 기대했다. 역시 본성은 바꿀 수가 없는 것인가 보다.

  39. Give up the ghost

I called for my lovers, but they deceived me : my priests and mine

elders gave up the ghost in the city, while they sought their meat to
relieve their souls.　　　－ KJV　The Lamentations of Jeremiah 1:19

내가 내 사랑하는 자를 불렀으나 저희가 나를 속였으며, 나의 제
사장들과 장로들은 소성蘇醒시킬 식물을 구하다가 성중에서 기절
하였도다.

[어휘와 표현] deceive: 속이다. mine elders: my elders(나의 장로들).
give up the ghost: 죽다(die), 기절하다. sought: seek의 과거(분사).
찾다, 구하다. meat: food(음식). relieve one's souls: 영혼을 소생시키
다. 여기서는 생명을 구하다(save one's lives)란 의미로 쓰임. 소성蘇
醒은 까무러쳤다가 다시 깨어남.

[원문과 성서내용] 이 책을 쓴 저자 이름은 나와 있지 않으나 예레미야
가 애가哀歌를 쓴 것으로 여겨지고 있다(역대하 35:25). 예레미야 애
가는 예루살렘의 멸망을 슬픔과 깊은 비애로 기록한 한 편의 장엄한
서사시라고 할 수 있다. 애가의 특징인 어찌(how)로 시작하는 장(1,
2, 4장)은 다섯 부분으로 이루어졌으며 작자 미상의 시로 되어 있다.
기원전 586년 무렵 바벨론에 의해 예루살렘이 함락된 후 노예상태로
전락한 예루살렘의 고난과 절망을 시적 묘사로 생생하게 기록하고
있다.
　예루살렘 함락으로 이 성 안의 젊은 거주자들과 도시의 활력은 넋
이 나간 상태였다. 일부 제사장과 장로들 그리고 '예루살렘성 안에서
기절한' 절망 상황의 어머니들을 위로자가 없는 채로 남겨 놓았다.
애가의 저자는 예루살렘성안의 거민居民들이 먹을 것을 찾아 헤매는
모습을 묘사하면서 심지어 '내 백성의 도성이 멸망할 때에 자애로운

어머니들이 제 손으로 자식들을 삶아 먹은'(4장 10절) 식인풍습 cannibalism까지 생겨났다고 기록하고 있다.

저자는 3장에 기록한 시에서 예루살렘이 황폐하고 적막한 상황에서도 인간의 생사화복을 주관하시는 하나님의 사랑은 결코 없어지지 않으리라는 소망으로 참고 기다릴 것을 호소한다. 믿음을 가진 자들에게 새 소망을 주신 하나님의 자비를 확인하는 유명한 구절(3장 23절), 곧 '이것이 아침마다 새로우니 주의 성실이 크도소이다'(new every morning: great is thy faithfulness)가 등장한다.

애가는 어찌 하나님이 자신의 백성을 버리고 벌을 줄 수 있는가에 대한 의문을 던지면서도 '주는 영원히 계시오며 우리를 주께로 돌이키시며 우리의 날을 다시 새롭게 하사 옛적 같이 해 달라'(5:21-24)는 간청으로 끝난다.

〔참고〕 흠정역성서에 나오는 '기절하다'give up the ghost란 원문의 구절은 새번역성경에서는 '목숨을 이으려고 먹을 것을 찾다가 성안에서 기절하였다'로 번역하고 있다. 이 표현은 현대영어에서는 인간의 영혼 또는 영(靈 ghost, spirit)이 빠져나가 죽음에 이르는 상태를 말하며 '죽다to die, 살려는 의지를 포기하다give up the will to live'란 뜻으로 쓰인다. 흠정역성서에 기록된 이 구절은 현대영어로 번역된 성경(NIV)에서는 perish란 어휘를 써서 나타내고 있다.

perish에는 '기절하다'란 뜻은 없고 '사람, 동식물이 극히 힘든 상황에서 죽음에 이르다'란 의미를 담고 있다.

(ex) Sheila left her little ones to perish from starvation and disease.
쉴라는 어린 것들을 그대로 방치해 굶주림과 질병으로 죽어가도록 내버려 두었다.

구약성서에서는 이 표현을 '죽다'란 단순한 의미로 여덟 번이나 쓰고 있으나 예레미야서(15:9)에서는 '살려는 의지를 포기하다'란 의미로 쓰였다. 흠정역성서의 원문을 인용한다:

She that hath borne seven languisheth: she hath *given up the ghost*; her sun is gone down while it was yet day.
일곱 자식을 생산한 여인으로는 쇠약하여 살려는 의지를 포기하며 오히려 백주白晝에 그의 해로 떨어져서.

〔참고〕 borne seven: 일곱 자식을 낳다. 고어체에 쓰인 borne은 bear(아이를 낳다)의 과거분사. 일반적으로 쓰이는 활용형은 bear – bore – born임. languish: 시들다, 쇠약해지다. her sun: 그(녀)의 해. go down: 지다, 떨어지다. while it was yet day: 아직도 해가 하늘에 있어야 할 낮시간인데도. her sun 이하는 아직 해가 환하게 비춰야 할 대낮에 해가 떨어지는 것처럼 순식간에 닥치게 될 비극 곧 수치와 근심을 암시하는 표현임.

이 표현은 신약성서의 여러 복음서(마가 15:37,39; 누가 23:46; 요한 19:30)에서 십자가 위에서 죽으신 예수의 죽음을 나타내면서 '영혼이 돌아가다(요한복음)', '운명(殞命)하다(마가, 누가복음)'란 의미로 사용하고 있음을 알 수 있다. 이 가운데 요한복음 19장 30절에 기록된 흠정역성서의 원문을 인용한다.

When Jesus therefore had received the vinegar, he said, It is finished: and he bowed his head, and gave up the ghost.
예수께서 신포도주를 받으신 후 가라사대 다 이루었다 하시고 머리를 숙이시고 영혼이 돌아가시니라.

그림 54 〈줄리어스 시저〉의 한 장면

[참고자료] give up the ghost(죽다)란 구절은 셰익스피어의 비극인 〈줄리어스 시저〉(*Julius Caesar*)및 사극인 헨리 6세(*Henry VI*, Part 3)에도 등장한다. 줄리어스 시저의 5막 1장에 나온 문장을 인용하기로 한다. 다음은 시저의 암살 공모자인 캐시어스Cassius가 브루터스와 캐시어스의 일당인 메세일러Messala에게 한 말이다. 아래 문장은 초기 현대영어로 쓰여진 것이다.

> This morning are they fled away and gone.
> And in their steads do ravens, crows and kites
> Fly o'er our heads and downward look on us
> As we were sickly prey: their shadows seem
> A canopy most fatal, under which
> Our army lies, ready to *give up the ghost.*
>
> (Act V, scene 1)

오늘 아침 어디론가 날아가 버리고
대신 까마귀나 솔개들 떼가 머리 위에서
우리를 빈사瀕死의 먹이나 되는 것처럼
내려다보고 있었거든. 그것들의 그림자는
죽음의 덮개인 양 내리덮이고, 그 밑에

우리 군대는 황천행荒天行을 서두르고 있는
것 같이만 보인거다.

영국의 여류 작가이며 비평가로 두 번씩이나 맨부커상Man Booker Prize을 수상한 힐러리 맨텔 부인(Dame Hilary M. Mantel, 1952-)이 쓴 자서전 명칭이 《삶을 포기하면서》(*Giving up the Ghost*, 2003)이다. 이 자서전은 그해 '올해의 저서'로 선정되기도 하였다. 맨텔은 자서전에서 어릴 때 부모가 헤어지는 아픔을 겪고 20대부터 건강도 좋지 않아서 결혼 후 아이를 갖지 못하였고 첫 남편과도 결혼과 이혼을 반복하는 등 복잡한 가족사를 기록하는 한편으로, 작가로서의 자신의 삶이 어쩌면 '일어날 수 있었을지도 모르는' 영혼ghosts에 사로잡혀 살아왔음을 담담하게 서술하고 있다.

40. Pour out one's heart; Pour one's heart out

Arise, cry out in the night: in the beginning of the watches pour out thine heart like water before theface of the Lord.

          – KJV Lamentations 2:19

밤 초경初更에 일어나 부르짖을지어다. 네 마음을 주의 얼굴 앞에 물 쏟듯 할지어다.

〔어휘와 표현〕 cry out: 소리치다, 부르짖다. in the beginning of the watches: 밤 초경에. 유대인들은 밤을 셋으로 나누어 초경은 해 질 때부터 10시까지, 2경은 10시-2시, 3경은 2시-해 뜨는 시각까지 정

하였다. pour out thine heart like water: 네 마음을 물 쏟듯 쏟아라.
thine: your. before the face of the Lord: 주의 면전에서.

인용한 표제에 나온 표현은 '깊은 감정이나 생각 또는 정서를 함께 나누다'란 의미로 쓰인다.

(ex) I *poured my heart out to* my son, telling him how sorry I was for all the ways I'd hurt him.
나는 아들에게 그의 마음을 항상 상하게 해온 점을 미안하게 여기고 있었음을 얘기하면서 나의 속마음을 그에게 쏟아냈다.

그림 55 예루살렘성이 파괴된 것을 슬퍼하는 예레미야. 호레이스 버넷 작(1844)

[원문과 성서내용] 위에 소개한 내용은 선지자 예레미야가 하나님의 진노로 파멸한 이스라엘과 그 백성에 대해 슬퍼하면서도 여호와 하나님에 대한 믿음을 이스라엘 백성에게 보여주며 여호와에게 진지하게 도움을 요청하고 기도하라고 말하는 대목이다.

예레미야 선지자는 바벨론에 의해 예루살렘과 성전이 파괴되는 것을 슬퍼하였다. 자기 백성을 향한 예레미야의 슬픔으로 말미암아 때로는 "슬퍼하는 선지자"라고도 불리고 있다. 이것은 흠정역성서(예레미아 애가): 2장 11절에 잘 나타나 있다. 원문을 인용한다.

Mine eyes do fail with tears, my bowels are troubled, my liver is poured upon the earth, for the destruction of the daughter of my people; because the children and the sucklings swoon in the streets of the city.

내 눈이 눈물에 상하며 내 창자가 끓으며 내 간이 땅에 쏟아졌으니 이는 처녀 내 백성이 패망하여 어린 자녀와 젖먹는 아이들이 성읍 길거리에 혼미함이로다.

〔참고 1〕 mine eyes: my eyes. fail with tears: 눈물로 쇠약해지다. fail: (건강이) 나빠지다, 쇠약해지다. bowel: [báuəl]. 창자. liver: 간. pour upon the earth: 땅에 쏟아지다. for the destruction of the daughter of my people: 내 백성의 딸이 패망하다. 신개정표준역(NRSV 1989)에서는 이 구절에서 the daughter를 삭제하고 있음. for = because. the children and the sucklings = infants and babes(어린 자녀와 젖먹이들). swoon = faint(기절하다), 정신이 희미해지다.

〔참고 2〕 예레미야 애가를 쓴 시인의 글쓰기 문체는 현대 영어사전에 jeremiad란 새로운 어휘(명사)를 만들어 냈는데, [dʒerəmáiəd]라고 읽고 '오래 지속되는 비탄'(a long and sorrowful lamentation)이란 뜻으로 쓰이고 있다.

41. Wheels within wheels

The appearance of the wheels and their work was like unto the colour of a beryl: and they four lad one likeness: and their appearance and their work was as it were a wheel in the middle of a wheel.
                                        – KJV   Ezekiel 1:16

그 바퀴의 형상과 그 구조는 넷이 한결같이 같은데 황옥 같고, 그 형상과 구조는 바퀴 안에 바퀴가 있는 것 같으며

〔어휘와 표현〕 '바퀴 안에 바퀴'(wheels within wheels)는 현대영어에서 '은밀한 영향력, 복잡한 상황'(hidden influences, a complication circumstances)이란 의미로 쓰인다.

> (ex) We couldn't understand the accident that had happened to her, for it seemed like *a wheel in the middle of a wheel*.
> 우리는 그녀에게 일어난 차 사고를 도무지 이해할 수 없었다. 그것은 마치 복잡한 상황인 것처럼 여겨졌다.

〔원문과 성서내용〕 에스겔은 하나님의 부름을 받고 바벨론에 의해 예루살렘이 함락되고 나서 바벨론으로 잡혀간 포로들 가운데 한 사람으로 예언 사역을 수행하였다. 바벨론에 붙잡혀 간 에스겔이 포로가 된지 5년 째(기원전 593년)에 그발 강가the river Chevar에서 본 환상의 내용을 기록한 책이 흠정역성서의 에스겔서Book of the Prophet Ezeziel이다. 에스겔은 제사장 가문으로 예언자였을 뿐만 아니라 제사장이었다.

이 책에서는 신탁, 하나님의 영광에 대한 환상, 비유 그리고 여러 층으로 이루어진 심층 주제가 복잡하게 전개되고 있다. 에스겔은 갈대아(바빌로니아) 땅의 그발 강가에서 하나님의 영광에 대한 환상으로서 네 생물을 통해 운반되는 수레를 보게 된다. 위에 인용한 구절, '바퀴의 구조가 바퀴 안에 바퀴가 있는 것 같다'는 것이 그가 본 환상이다.

에스겔은 하나님의 임박한 심판을 예언하고 마치 150년 전 호세아

그림 56 선지자 에스겔.
루벤스 작품으로 루브르 박물관 소장

Hosea 선지자가 그랬던 것처럼 예루살렘을 난잡한 음부로 묘사 (16:30-31)하고 있으나, 후반부에서는 황폐한 이스라엘이 다시금 회복되고 번영하게 될 것이라고 예언한다(33-48장): '너희 속에 내 영靈을 두어 … 너희가 내 백성이 되고 나는 너희 하나님이 되리라'(I will put my spirit within you … and you will be my people and I will be your God. 36:26-28)

에스겔이 본 환상 가운데 가장 잘 알려진 것의 하나는 마른 뼈dry bones의 환상이다. 이 환상은 포로로 잡혀 있는 이스라엘 백성을 마른 뼈에 비유(37:1-15)한 것으로 하나님의 영靈에 의해 생기를 되찾아 소생하는 기적이 일어나게 된다. 이 신탁의 메시지는 죽은 이스라엘 백성이 언젠가 회생하여 자신들의 땅으로 되돌아올 것이라는 것이며, 사후의 생을 믿는 근거가 되는 강력한 환상이기도 하다.

그림 57 아서 밀러의 〈시련〉 표지

〔참고자료〕 에스겔서에 나온 생생하면서도 명료하지 않은 환상은 바퀴 이미지와 함께 이 메타포에 신비스러움을 부여하였다. 이 표현을 적절하게 사용한 사람은 〈세일즈맨의 죽음〉(*Death of a Salesman*)으로 유명한 미국의 극작가인 아서 밀러(Arthur Miller, 1915-2005)이다. 그가 쓴 희곡인 〈시련〉(*The Crucible*, 1953) 1막에 wheels within wheels이 등장한다. 이 작품은 1950년대 매카시즘McCarthyism 광풍에 휩쓸렸던 미국 현실을 중세시대 마녀사냥이 창궐하던 시대로 끌어들여 하나의 알레고리로 당대를 비판한 작품이다. 이 작품은 그 후 미국 희곡의 정전canon이 되었다. 이 표현이 등장하는 영화의 주제곡이 있다. 우리에게도 잘 알려진 미국 영화인 〈화려한 패배자〉(*Thomas Crown Affair*, 1968)의 주제곡OST인 〈네 마음속의 풍차〉(*Windmills of Your Mind*)로, 맨 처음 가사 몇 줄에 이 표현이 들어 있어서 인용한다(이탤릭체 참조).

Round, like a circle in a spiral
Like *a wheel within a wheel*
Never ending or beginning
On an ever spinning wheel
And the world is like an apple

Whirling silently in space
Like the circles that you find
in the windmills of your mind
나선형 속의 원처럼 둥글고
바퀴 속의 바퀴와도 같이
시작도 끝도 없이
회전하는 수레바퀴처럼
조용히 우주를 도는 사과와 같은 세상
당신 마음속의 풍차로 그리는 원처럼

42. Stand in the gap

And I sought for a man among them, that should make up the
hedge, and stand in the gap before me for the land, that I should
not destroy it: but I found none.　　　　– KJV Ezekiel 22:30
이 땅을 위하여 성을 쌓으며 성 무너진 데를 막아서서 나로 멸하
지 못하게 할 사람을 내가 그 가운데서 찾다가 얻지 못한 고로,

〔어휘와 표현〕 sought for: ~를 찾다. sought는 seek의 과거(분사). make
up the hedge: 장벽을 고치다(보수하다). hedge: 울타리, 장애물, 장
벽. I found none: I did not find anyone(아무도 찾지 못하였다).

　원문에 인용한 stand in the gap이란 구절은 현대영어에서 '필요한
이들을 방어하다, 또는 돕다'란 의미로 쓰이고 있다.

I'm worried about the children who lost their parents in the Korea War. Who will stand in the gap for them?

한국전쟁에서 부모를 잃은 아이들 때문에 걱정이 많다. 누가 그들을 도와줄 것인가?

그림 58 에스겔서 22장의 필사본

[원문과 성서내용] 에스겔서 22장은 부정과 불의 그리고 타락한 유다의 제사장들과 방백들의 부패로 말미암아 심판받을 수밖에 없었던 죄상罪狀이 기록된 내용이다. 위에 인용한 구절은 유다의 지도자 집단 가운데 자신의 생명을 걸고 하나님의 이름으로 유다의 임박한 멸망을 막을 사람을 찾지 못하고 있음을 탄식하는 부분이다.

하나님은 에스겔에게 예루살렘의 이스라엘 지도자들이 타락하였고 선지자들의 배역背逆함이 우는 사자가 식물을 움킴(22:25) 같다고 하였다. 하나님은 이스라엘 백성의 영적 상황을 성벽으로 둘러싼 도시가 적의 침공을 막아낼 능력이 없어 무너져 내린 것에 비유하였다.

이런 상황에서 하나님은 무너진 영적 성벽을 재건할 선지자를 예루살렘에서 찾고 있었으며 이스라엘 백성에게 곧 닥칠 멸망을 경고하였으나 아무도 하나님의 경고에 순종하지 않았다. 에스겔 22장 30절의 '내 앞에 서다'(stand in the gap before me)란 구절은 중재 기도를 뜻한다. 이러한 하나님의 경고는 31절에 계속 이어진다.

Therefore have I poured out mine indignation upon them; I have consumed them with the fire of my wrath: their own way have recompensed upon their heads, saith the Lord God(22:31).

내가 내 분노憤으로 그 위에 쏟으며 내 진노의 불로 멸하여 그 행위대로 그 머리에 보응報應하였느니라. 나 주 여호와의 말이니라.

마침내 바벨론은 예루살렘의 3차 공격을 시도하면서 예루살렘 도시와 성벽은 파괴되기에 이르렀다.

43. Writing on the wall

In the same hour came forth fingers of a man's hand, and wrote over against the candlestick upon the plaister of the wall of the king's palace: and the king saw the part of the hand that wrote.
 — KJV Daniel 5:5

그때에 사람의 손가락이 나타나서 왕궁 촛대 맞은편 분벽에 글자를 쓰는데 왕이 글자 쓰는 손가락을 본지라.

〔어휘와 표현〕 come forth: 나타나다. fingers ~ came forth in the same hour로 쓰인 도치구문. candlestick: 촛대(=lampstand). plaister: 고어체로 현재는 plaster로 씀. 회반죽, 분말 석고. upon the plaister of the wall = on the plaster wall of: ~의 분벽에.

〔원문과 성서내용〕 흠정역성서의 다니엘서The Book of Daniel는 유대인

이 갈그미스 전투(Carchemish, 주전 605년)로 바벨론 제국의 포로가 된 시점을 기준으로 약 70년 동안 바벨론 궁정을 중심으로 일어난 사건을 다룬 책이다. 바벨론 왕 느부갓네살Nebuchadnezzar 시대(주전 605-562년)에 바벨론으로 잡혀간 다니엘이 애굽(이집트)에 있던 요셉과 마찬가지로 꿈과 환상을 해석하는 극적이고 흥미로운 이야기로 가득 차 있다.

구약성서는 히브리어로 쓰였으나 다니엘서는 히브리어와 아람어(Aramaic: 바벨론 제국의 공식 언어)로 쓰였다. 다니엘서에 나오는 이야기 가운데 뜨겁게 타오르는 풀무, 느부갓네살왕의 꿈, 벨사살Belshazzar의 잔치, 사자 굴에 갇힌 다니엘, 네 짐승에 대한 꿈 등 다섯 군데(2:4-7:28)는 아람어로 쓰인 것이다. 이런 것들은 바벨론, 메대(Media: 영어 발음은 메디아로 읽음. 아시아 남서부의 카스피해 남쪽에 있던 옛 왕국, 현재 이란 북서부), 바사(페르시아) 및 그리스로 이어지는 제국을 예언하는 암시로 여겨지고 있다.

바벨론 왕조의 마지막 왕인 벨사살이 궁중에서 연회를 베풀고 술에 취해 예루살렘 성전에서 뺏어 온 금, 은, 동, 철, 목석으로 만든 우상 신들을 찬양하고 있을 때 갑자기 실체가 없는 손가락이 나타나서 왕국 분벽에 *mene mene tekel upharsin*이라고 쓴 손글씨가 등장

그림 60 벨사살왕의 잔치. 런던 국립갤러리 소장품

한다(5:5-25). 위에 인용한 원문에 나오는 표현은 '분벽에 쓰인 글씨'로 '곧 닥칠 재난의 징조'란 뜻을 지닌다.

손 글씨로 말미암아 공포에 질린 벨사살왕은 점장이soothsayers를 불러오게 하고 분벽에 쓴 글자를 읽고 해석하는 자에게 부富와 권력을 약속한다. 그러나 글자를 해석하는 자가 없자 왕비가 느부갓네살왕 시절 신들의 지혜와 총명을 갖춘 마술사로 임명된 적이 있던 다니엘을 기억하게 된다. 다니엘은 상을 거절하고 그 글자를 해석하는데 동의한다. 그것은 메네 메네 데겔 우바르신(숫자를 세고, 무게를 재고, 나누었다)이라는 것으로 하나님의 심판이 곧 바벨론에 임할 것이며 하나님이 바벨론의 권위를 바사(페르시아)에게 주셨다는 의미이다. 그리하여 벨사살의 통치 기간은 숫자를 세듯이 줄어들게 되고 결국 메대와 바사로 나누어지게 된다.

다니엘서는 신약성서에 큰 영향을 끼쳤는데, 이 책 7장 13–14절에 나오는 구절, 즉 "내가 또 밤 이상 중에 보았는데 인자人子 같은 이가 하늘 구름을 타고 와서 옛적부터 항상 계신 자에게 나아와 그 앞에 인도되매 … 그 권세는 영원한 권세라 그 나라는 폐하지 아니할 것이니라"에 나오는 인자(人子 Son of Man)를 예수 스스로 칭하는 어구로 사용하였다(마가 9:31). '제자들을 가리키시며 또 인자가 사람들의 손에 넘기워 죽임을 당하고 죽은 지 삼 일 만에 살아나리라.' 다니엘서는 히브리어로 쓴 모든 책 가운데 '부활'resurrection을 가장 명료하게 언급하고 있다.

[참고자료] 다니엘서 5장 5절에 나오는 writing on the wall(분벽에 쓴 글자)이라는 구절은 오늘날 '임박한 위험이나 재난에 대비하라'는 뜻으로 쓰인다. 또한 이 표현은 현대에 와서 산문, 서정시, 저널리즘, 영화, 비디오 등 거의 모든 분야에 걸쳐 쓰이고 있다. 이 표현이 비유적으로 쓰이는 경우도 있다.

People who cannot read the writing on the wall are like those who bury their heads in the sand.
분벽에 쓴 글자를 읽지 못하는 자들은 마치 모래 속에 그들의 머리를 묻는 것과 같다.

비폭력, 무저항운동으로 우리에게도 잘 알려진 인도의 마하트마 간디(Mahatma Ganhi, 1869-1948)는 그의 《자서전: 진실과 함께 지내온 나의 실험 이야기》(*An Autobiography or the Story of My Experiments*)에서 다음과 같이 경고하고 있다. 즉, 인간은 그 어느 누구도 '벽에 쓴 글자'에 유의하지 않는다면 짐승의 상태로 떨어질 것이다(man will be reduced to the state of the beast if no one heeds *the writing on the wall*).

44. Sow the wind, and reap the whirlwind

For they have sown the wind, and they shall reap the whirlwind: it hath no stalk: the bud shall yield no meal: if so be it yield, the strangers shall swallow it up.　　　　　　　　　– KJV　Hosea 8:7

저희가 바람을 심고 광풍을 거둘 것이라. 심은 것이 줄기가 없으며 이삭은 열매를 맺히지 못할 것이요 설혹 맺힐지라도 이방 사람이 삼키리라.

〔어휘와 표현〕 sown: sow – sowed – sown (씨를 뿌리다). 성서에서는 '바람을 심고 광풍을 거둔다'(sow the wind and reap the whirlwind)라는 표현을 쓰고 있는데 여기서 '뿌린 씨는 거두어 들여야 한다'(One must reap what one has sown)라는 표현이 생겨났다. '뿌린 대로 거둔다'라는 우리말 속담도 성서에서 기원하고 있다. hath no stalk: 줄기가 없다(=does not have stalk). stalk: 줄기, 대幣, 자루. bud: 싹, 눈,

이삭. yield: (농산물을) 산출하다. if so be it yield: even if it yields so: 설령 이삭이 열매를 맺을지라도. it = bud. swallow it up: 이삭(it)을 삼키다.

원문에 나온 구절 '바람을 심고 광풍을 거둘 것이라'는 표현은 현대영어에서는 '되로 주고 말로 받다', '과거의 옳지 않은 행위의 결과로 고통 받다'란 의미로 쓰인다.

As John behaved shamefully toward his friends in the past, he will *sow the wind and reap the whirlwind* in the future.
존은 지난 날 친구들에게 수치스러운 행동을 했기 때문에 머지않아 과거의 나쁜 행동으로 괴로워하게 될 것이다.

〔원문과 성서내용〕 구약성서의 호세아서Hosea에 나오는 이사야 선지자와 동시대 인물인 호세아는 북방 이스라엘에서 활동한 선지자이다. 그는 여호와의 명에 따라 음란한 여인 고멜Gomel과 결혼하는데 이것은 이스라엘 내부의 비극이 일어날 것임을 상징적으로 보여주고 있다. 호세아는 하나님과의 언약을 배반한 이스라엘의 불충실을 보여주기 위하여 고멜의 부정不貞을 이용하고 있는 것으로 성서는 기록하고 있다.

히브리인이 하나님과 맺은 언약에서는 고대의 모든 언약관계에서와 마찬가지로 여호와 하나님은 언약에 충성해야 하는 조건으로 하나님이 선택한 백성인 이스라엘 민족을 보호하시며 그들의 평안한 가정생활을 지켜보고 부모, 결혼, 이웃 그리고 재산을 소중히 여기셨다. 그러나 하나님은 이스라엘 백성이 우상숭배로 말미암아 이교도인

이웃 나라들의 포로가 될 것이라고
경고하고 있다: '이스라엘이 이미
선(善 good)을 잃어 버렸으니 …
저희가 또 그 은, 금으로 자기를
위하여 우상을 만들었나니 … 내
노(怒 anger)가 무리를 향하여 타
오르나니 … 저희가 바람을 싣고
광풍을 거둘 것이라'(8:3-7).

마지막 구절은 원문에 인용한
내용이다. 호세아는 이처럼 이스라
엘이 하나님과의 언약 위반을 비난
하는 극적이고도 수사적인 표현을

그림 61 선지자 호세아.
18세기 러시아 키지Kihzi 수도원에
있는 초상화

사용하면서도 하나님을 자신이 선택한 백성의 미래에 대해 깊은 관
심을 나타내는 헌신적인 부모로 묘사하고 있다. 호세아라는 이름이
히브리어로 '구원'을 뜻하듯이 이 책은 하나님의 사랑을 배신하고 우
상을 섬기는 이스라엘 백성의 죄를 사랑과 구원을 통해 씻겨 주시는
하나님의 방식이 언제나 옳다는 것을 보여주는 설교모음집이다.

[참고자료] 미국의 작가인 데이비드 맥David A. Mack이 쓴 소설 제목
인 *Star Trek: Vanguard - Reap the Whirlwind*(2007)에 원문에 인
용한 Reap the whirlwind라는 표현이 등장한다. 맥의 〈스타 트렉〉은
미국 텔레비전 시리즈의 공상과학 드라마로 방영되었으며 후에 영화
로 제작되어 전 세계적으로 큰 인기를 얻기도 하였다.

45. Locust years

And I will restore to you the years that the locust hath eaten, the cankerworm, and the caterpiller, and the palmerworm, my great army which I sent among you.　　　　　　　　　- KJV　Joel 2:25

내가 전에 너희에게 보낸 큰 군대 곧 메뚜기와 늣과 황충과 팟종이의 먹은 햇수대로 너희에게 갚아 주리니

〔어휘와 표현〕 restore: 회복시키다repay, 원상태로 되돌리다. restore to you the years: repay you for the years(~한 햇수대로 너희에게 갚아 주다). canker: 궤양, 아구창. cankerworm: cutting locust(늣: 자벌레). caterpiller(=caterpillar): 황충. 애벌레, 쐐기벌레. palmerworm: 팟종이, 등나무 잎말이패 나방류의 유충. my great army: 앞에 열거한 여러 종류의 메뚜기떼를 일컬음.

원문에 인용한 구절에서 생겨난 locust years는 '곤궁한 세월'이란 뜻으로 현대영어에서 쓰인다. 식량이 부족해 메뚜기를 잡아서 구워먹던 옛 시절을 회상하게 하는 표현이기도 하다. 요엘서에 등장하는 각종 메뚜기떼는 문자 그대로의 해충의 영역을 넘어 유다의 공격에 대한 적군의 공격과 정복을 상징하는 메타포로 쓰이고 있다.

(ex) Have you already forgotten the *locust years* that we had missed through the hardship in the 1950s?

1950년대 우리가 곤궁하게 지낸 세월을 벌써 잊었느냐?

그림 62 선지자 요엘. 미켈란젤로 작 프레스코화

〔원문과 성서내용〕 구약시대의 예언자이며 선지자 요엘은 이스라엘에 임한 메뚜기 재앙과 가뭄을 통해 이미 임한 여호와 하나님의 재앙이 어떠한 것인가를 암시하고 있다. 요엘이 누구이며 이 책이 언제 쓰여졌는지에 대해서는 알려진 것이 없다. 다만, 후세 작가들이 기록한 여러 주요 예언에서 요엘서Joel의 중요성과 그 의미가 드러나고 있다. 즉, 메뚜기의 실상인 이방인(적)의 침입은 그치게 되고 이들은 하나님의 심판을 받게 될 것이며, 그런 후에 하나님은 예루살렘에서 이스라엘의 하나님으로 영원히 거하시게 된다는 것이다.

요엘은 환상을 통해 무자비한 적의 군대가 메뚜기떼보다 훨씬 악한 방식으로 이스라엘을 황폐시키는 것을 보게 된다. 이런 것들은 '여호와의 날(day of the Lord)'의 징조로 여겨지나 하나님은 '은혜로 우시며 자비로우시며 노하기를 더디 하시며 인애가 크시사 뜻을 돌 이켜 재앙을 내리지 아니하시니'(God is gracious and merciful, slow to anger and of great kindness; And He relents from doing harm)라고 표 현하고 있다.

다음에 나오는 주제는 하나님이 이스라엘 백성과 이들이 헛되이 보낸 세월, 즉 '메뚜기가 먹은 햇수'(the years that the locust hath eaten)를 회복시키시려는 희망의 개념이 등장한다. 그리고 나서 하나 님이 요엘에게 명하신 위대한 예언이 2장 28절에 계속된다:

And it shall come to pass afterward, that I will pour out my spirit upon all flesh; and your sons and your daughters shall prophesy, your old men shall dream dreams, your young men shall see visions. 내가 내 신神을 만민에게 부어 주리니 너희 자녀들이 장래 일을 말할 것이며 너희 늙은이는 꿈을 꾸며 너희 젊은이는 이상理想을 보리라.

요엘의 예언은 신약성서에서도 베드로의 설교를 통해 그대로 기록 되고 있다. '이는 곧 선지자 요엘로 말씀하신 것이니'(사도행전 2:16). 이어서 베드로는 하나님의 성령Holy Spirit이 예수의 제자들에게 임 하여 '그때에 내가 내 영으로 모든 육체에 부어 주리니 너희의 자녀 들은 예언할 것이요, 너희의 젊은이들은 환상을 보고 늙은이들은 꿈 을 꾸리라'(사도행전 2:17)고 말하고 열국의 많은 이들이 믿음을 가 지게 될 것이요, 이 사건으로 예언이 이루어질 것이라고 주장하였다.

[참고자료] 영국의 수상이었던 윈스턴 처칠이 쓴 《제2차 세계대전》(*The Second World War*, 1948)의 1권 5장의 제목이 위에 인용한 〈곤궁한 세월〉(*The Locust Years*)이다. 처칠은 의회 연설에서 당시 영국의 정치가 토마스 잉스킵경(Sir Thomas Inskip, 1876–1947)이 요엘서(2:25)에 나온 표현을 적절하게 사용한 것에 대해 칭찬을 아끼지 않았으며, 비효율적인 정부 당국자들을 '메뚜기떼'the locusts로 혹평하면서 이들이야말로 독일의 재무장rearmament에 제대로 대처하지 못하고 위험에 직면하게 되어 세월을 허비했다고 꼬집었다.

그림 63 영국 의회 의사당 안에 있는 처칠 동상

이른바 록큰롤rock and roll music의 선구자로 알려진 미국의 가수이며 싱어송 작가인 제리 루이스(Jerry Lee Lewis, 1935–)가 작곡한 노래에도 *The Locust Years*라는 제목이 나온다. 2016년 노벨문학상을 수상한 미국의 싱어송 작가로 50년 넘게 미국의 대중음악과 문화에 큰 영향을 끼친 밥 딜런(Bob Dylan, 1941–)의 노래 제목에도 *Day of the Locusts*(어려운 시절)이란 것이 있다. 1960년대 말에서 1970년대 초 영국과 미국 등지에서 발달하여 한때 우리나라에도 들어와 유행한 적이 있는 헤비메탈Heavy Metal이란 장르가 있었다. 미국의 샌프란시스코에 근거를 둔 헤비메탈 밴드인 Hammers of Misfortune은

1990년대 중반에 결성되어 2006년에 세 번째 스튜디오 앨범을 냈는데 그 제목이 *The Locust Years*이었다.

 46. Can two walk together, except they be agreed?

Can two walk together, except they be agreed? — KJV Amos 3:3
두 사람이 의합意合하지 못하고야 어찌 동행하겠으며,

〔어휘와 표현〕 walk together: 동행하다. 함께 걷다. except: 여기서는 고어체로 쓰여 unless(~이 아니라면)의 의미를 지님. except they be agreed: unless they have agreed to do so(의견이 일치하지 않는 한). 예: You must not give compliments except(=unless) you mean them(진심에서 나온 칭찬이 아니라면 그런 칭찬을 해서는 안 된다). them은 '칭찬'을 가리킴.

〔원문과 성서내용〕 아모스Amos는 호세아 및 이사야 선지자와는 달리 평범한 신분의 농부이며 목자이다. 주전(BC) 8세기 예루살렘의 남 유다에 있는 고향 마을인 드고아Tekoa를 떠나 유다와 적대관계에 있던 이스라엘로 갔으며, 머지않아 멸망할 이스라엘 북왕국의 왕 여로보암 2세Jeroboam II 및 유다의 왕 웃시아Uzziah의 통치시기에 하나님께 순종할 것을 선포하였으며, 그의 입을 통해 '여호와의 날'(the Day of the Lord)을 맨 처음 사용한 최초의 예언자였다.

　　당시 이스라엘은 풍요와 번영을 누렸으나 빈부의 차가 극심했고

사치와 타락이 그에 못지않게 높
았다. 아모스는 이런 분위기에서
수사적인 질문을 던지며 이스라엘
의 사회적 정의social justice와 하
나님의 심판을 예언하였다. 위에
인용한 원문은 이러한 그의 수사
적인 질문의 하나이다. '두 사람이
의합하지 못하고야'는 하나님과 아
모스의 뜻이 일치했음을 암시하는
문장으로, 그가 한 말의 권위가 하
나님의 입을 통해 나온 것임을 함
축하고 있다.

그림 64 구스타프 도레의 판화 아모스.
도레는 1865년 성경 판화를 출판했다.

　따라서 이 책의 중심 사상은 이스라엘과 유다조차도 우상과 부정
의injustice로 말미암아 하나님의 심판에서 예외일 수 없다는 것이다.
하나님은 아모스의 입을 빌어 각 나라가 하나님의 율법에서 벗어나
영적인 은혜를 상실하고 도덕적, 사회적인 정의를 잃어버린 것을 한
탄하면서 이스라엘의 죄악을 폭로하고 다가올 '여호와의 날'에 하나
님의 심판이 있을 것을 예언하고 있다.

〔참고자료〕 원문의 질문에 대한 대답은 당연히 '아니오, 그렇지 않습니
다'(No, of course not)이다. 하나님과 선지자의 외침이 일치하지 않
는다면 각자 다른 길을 갈 것이요, 그 길은 곧 파멸에 이르는 길이
될 것이기 때문이다. 이 문장은 현대에 와서 결혼에 관련된 책의 주
제로 널리 쓰였다. 부부가 의견이 일치하지disagree 않으면 화해

reconciliation와 평화 그리고 합쳐질 수 있는unity 방법을 모색하는 것 또한 필요하기 때문이다. 부부가 서로 다른 견해를 가진 것으로 일치할 경우 두 사람은 함께 할 수 있는 여지餘地가 남아 있다는 역설이 성립된다는 것이다.

47. Do as you would be done by

For the day the Lord is near upon all the heathen; as thou hast done, it shall be done upon thee: thy reward shall return upon thine own head.   – KJV Obadiah 1:15

여호와의 만국을 벌할 날이 가까왔나니 너의 행한 대로 너도 받을 것인즉, 너의 행한 것이 네 머리로 돌아갈 것이라.

[어휘와 표현] all the heathen: the godless nations(이교도 국가들). as thou hast done: as you have done to Israel(너희가 이스라엘에 행한 대로). as ~, so 의 구문으로 해석함. it shall ~ 앞에 so를 넣어 의미를 생각할 것. '너가 행한 대로 너에게 (벌이) 내려질 것이다' thy reward: 네가 받을 응보, 벌. thine own head: your own head. return upon ~: fall back on(your own head).

원문에 인용한 구절은 이른바 '황금률golden rule'로 알려진 문장으로서 거의 모든 주요 종교와 윤리 규범에 등장하는 근본 원리이다. 여기서는 특히 기독교 윤리의 중심 교리로 쓰이는 개념을 언급하고

" And cast lots upon Jerusalem."—*Obadiah* i. 11.

그림 65 오바댜의 환상vision(작가 미상)

있다. 이것은 심리학, 철학, 사회학, 경제학 등 여러 분야에서도 흔히 쓰이는 개념이다.

　황금률은 긍정적인 면(~하라)과 부정적인 면(~하지 말라)의 두 가지 명령적 격언injunctive maxim을 포함하고 있는데, 여기 소개한 구절 '에돔의 교만과 악한 행동에 대해 하나님의 심판을 받을 것이다'는 부정적인 격언에 해당한다. 이와는 달리 이 구절이 긍정적인 격언으로 쓰이는 예는 신약성서에서 찾을 수 있는데, 마태 7:12와 누가 6:31에서는 이 개념을 긍정적이면서도 앞을 내다보는 권면勸勉의 내용으로 기록하고 있다: '무엇이든지 남에게 대접을 받고자 하는 대로 너희도 남을 대접하라'(whatsoever ye would that men should do to you, do ye even so to them. 마태 7:12).

〔원문과 성서내용〕 구약성서에서 한 장으로 이루어진 가장 짧은 책인 오바댜서Obadiah의 앞부분(1-16절)에서는 에돔인들Edomites을 책망하

고 그 죄로 에돔이 멸망할 것이라는 내용이 기록되어 있다. 그 가운데 한 구절이 위에 인용한 부분이다.

유다와 인접하고 있던 에돔 왕국the King of Edom은 이삭의 장자요 아브라함의 장손이며 '에돔'으로도 알려져 온(창세기 36:1), 에서 Esau의 후손이 세운 나라이다. 왕국의 거민들은 아브라함의 후손들이었다. 에돔은 바벨론이 유다를 공략했을 때 바벨론과 공모하였는데 오바댜가 에돔을 향해 경고하는 구절이 곧 위에 인용한 내용이다: '너희가 지금까지 행하여 온 대로 너희도 받을 것이다'. 구약성서에 따르면 에돔과 이스라엘의 반목은 이스라엘이 가나안에 정착한 뒤에도 오래 계속되어 선지자들은 에돔을 비난하였고, 하나님이 에돔을 심판하리라는 예언은 이사야서(63장 1-6절)에 이미 잘 묘사되어 있다. 이사야서(63:1)에 언급된 에돔의 도시인 보스라Bozrah와 〈인디아나 존스〉라는 영화에 등장하여 우리에게도 잘 알려진 페트라(Petra: 요르단 남부의 고대 도시. '바위'라는 뜻)는 오늘날 한낱 돌무더기로 남아 있다.

 48. Better to die than to live

Therefore now, O Lord, take, I beseech thee, my life from me; for it is better for me to die than to live. ⋯ And the sun beat upon the head of Jonah, that he fainted, and wished in himself to die, and said, it is better for me to die than to live.

　　　　　　　　　　　　　　　－ KJV　Jonah 4:3; 4:8

여호와여 원컨대 이제 내 생명을 취하소서. 사는 것보다 죽는 것
이 내게 나음이니이다 … 해가 요나의 머리 위에 쬐매 요나가 혼
곤하여 스스로 죽기를 구하여 가로되 사는 것보다 죽는 것이 내게
나으니이다.

[어휘와 표현] take my life: 내 생명을 취하다, 즉 죽음을 택하다.
beseech: 간청하다. better ~ than: … 보다 ~하는 것이 더 낫다.
beat upon: ~ : beat down on(비, 햇빛이) 심하게 내리쬐다. faint:
기절하다, 실신하다. in himself(=for himself): 스스로

인용한 구절, '사는 것보다 죽는 것이 낫다'라는 표현에 숨어 있는
뜻은 수치스럽거나 비겁하게 사는 것보다는 차라리 죽음을 택하겠다
는 의미가 함축되어 있다. 20세기 초 멕시코에서 일어난 농민혁명의
선봉이자 주역이었던 혁명가 에밀리아노 사파타(Emiliano Zapata,
1879-1919)가 선언한 '무릎을 꿇고 사느니 차라리 자유롭게 죽겠다'
는 유명한 말 속에 이 표현의 의미가 녹아 있다.

[원문과 성서내용] 흠정역성서에 기록된 성서 가운데 불과 네 장으로 이
루어진 요나서Book of Jonah는 서사시epic에 비견되는 극적이고 생생
한 이야기이다.

선지자 요나는 사악한 이방국인 고대 초강대국 앗수르의 수도인
니느웨Nineveh로 가서 앗수르의 멸망에 대해 예언하라는 하나님의
사명을 받게 된다. 당시 앗수르는 이스라엘의 잔인한 적이었다. 요나
는 예언자가 되는 것을 거부하고 하나님의 명령에 불복종한 다음 니느
웨와 다른 방향에 있는 다시스Tarshish로 가는 배를 타고 항해하였다.

그림 66 피에터 라스트맨 작(1621) 요나와 거대한 고래

배가 거의 전복할 위험에 처하고 요나는 거대한 바다 물고기 뱃속에서 삼일 삼야(three days and three nights)를 지내다가 결국 니느웨에 도착하였다: '여호와께서 그 물고기에게 명하시매 요나를 육지에 토하니라(2장 10절).' 요나가 니느웨에서 선포한 메시지(3:4)는 '사십 일이 지나면 니느웨가 무너지리라'(Yet forty days, and Nineveh shall be overthrown)였다.

요나의 짧은 예언에도 불구하고 니느웨 백성이 놀랍게도 하나님을 믿고 금식을 선포하고 회개하자 요나는 '심히 싫어하고 노하여(4:1)' 하나님께 '이제 내 생명을 취하소서. 사는 것보다 죽는 것이 나음이 니라'고 교만과 완악한 마음을 나타냈다.

요나는 니느웨 동쪽으로 가서 니느웨의 운명을 지켜보며 기다렸다. 이때 여호와 하나님은 긍휼의 표현으로 박넝쿨gourd을 자라게 하여 요나에게 그늘을 예비하셨다. 그 다음에 하나님은 벌레worm를 예비하시어 그 넝쿨의 뿌리를 갉아먹게 하셨다.

　하나님은 그 넝쿨이 시들어 죽게 되자 요나에게 '뜨거운 동풍(a vehement east wind)'을 예비하셨다. 한여름의 해가 요나의 머리에 쪼이자 요나는 타는 듯한 열기 속에서 혼곤昏困하여 다시 한 번 죽기를 구하게 된다(4:8). 인용한 원문의 4장 3절과 8절은 이런 요나의 심정을 기록한 것이다. 요나의 이야기는 '심판'과 '은혜'의 하나님, 인간을 '자비'와 '긍휼'로 대하시는 하나님으로 부각시키고 있다(4:2): '주께서는 은혜로우시고 자비로우시며 노하기를 더디 하시고 인애가 크사'(thou art a gracious God, and merciful, slow to anger, and of great kindness).

　신약성서(마태 12:39-41)에는 예수가 3일 만에 죽음에서 부활하여 제자들에게 나타난 것을 기록하면서 악하고 음란한 세대가 표적을 구하나 요나의 표적(the sign of the prophet of Jonas)밖에는 보일 것이 없다(12:39)고 기록하고 있다. 예수는 이어서 '요나가 밤낮 사흘을 큰 물고기 뱃속에 있었던 것 같이 인자도 밤낮 사흘을 땅속에 있으리라'고 말하여 3일 만에 부활할 것을 예언하였다.

49. Swords into plowshares

they shall beat their swords into plowshares, and their spears into pruninghooks: nation shall not lift up a sword against nation, neither shall they learn war any more.　　　　　－ KJV　Micah 4:3

무리가 그 칼을 쳐서 보습을 만들고 창을 쳐서 낫을 만들 것이며 이 나라와 저 나라가 다시는 칼을 들고 서로 치지 아니하며 다시는 전쟁을 연습하지 아니할 것이라.

〔어휘와 표현〕 beat one's swords into plowshares: 칼을 다듬어 쟁깃날을 만들다. 칼은 '전쟁'을, 보습(쟁깃날)은 '평화'를 상징함. pruning hook: 전지용剪枝用 낫. 긴 자루 끝에 갈고리 모양의 낫이 붙어 있음. not ~ neither: 상관접속사에 의한 부정구문. neither 이하의 문장은 they shall not learn war any more로 고쳐 생각할 것. learn war: 전쟁을 연습하다. they는 앞에 나온 두 개의 서로 다른 나라 nation를 지칭함. not ~ any more: 더 이상 ~하지 않다. neither에 부정의 뜻이 있음에 유의.

〔참고〕 이사야서 2장 4절에도 본문과 똑같은 문장이 나옴.

〔원문과 성서내용〕 미가서Book of Micah는 사마리아(북이스라엘)와 남유다에 대한 하나님의 심판을 기록한 예언서이다. 이 책은 주전 8세기 말로 거슬러 올라가며 히브리 성서에 엿보이는 대부분의 익숙한 구절의 일부 내용을 포함하고 있다.

선지자 미가는 이사야 및 호세아 선지자와 동시대 인물로서 유다왕 히스기야Hezekiah 시대에 예루살렘의 성전이 파괴될 것을 예언하였다(예레미야 26:18). 그는 가난한 자를 억압하는 부자들, 공의를 타락시키는 역적 지도자들, 탐욕스럽고 욕심 많은 지배자들의 죄악에 침묵하는 거짓 선지자들을 비난하였다.

미가는 '여호와께서 네게 구하는 것이 오직 공의를 행하고 인자仁

慈를 사랑하며 겸손히 네 하나님과 함께 행하는 것이 아니냐'(to do justly, and to love mercy, and to walk humbly with thy God. 6:8)라고 하여 하나님이 기뻐하시는 길이 어떤 것인가를 제시하고 있다.

그러나 미가서에는 하나님의 심판에 대해서만 예언하지 않고 심판이 임할 때 야곱(이스라엘)의 '남은 자'remnants들은 구원을 받게 될 것을 선포하고 있다. 그리하여 장차 유다 족속 중에 이스라엘을 다스릴 자가 나와서 여호와의 능력으로 땅끝까지 다스릴 것이라고 예언 (5:2-5)하고 있다: 'out of thee shall he come forth unto me that is to be ruler in Israel. And this man shall be the peace.' 이 구절은 신약성서에 나오는 예수의 탄생을 예언한 구절이다. 미가서의 마지막 (7:19-20) 구절에서 하나님은 먼 옛적 선조들에게 약속하신 대로 '다시 우리를 긍휼히 여기셔서'(God will have compassion upon us) 아브라함에게 인애(仁愛 mercy)를 더하여 주실 것을 약속하셨다.

〔참고〕 원문에 인용한 내용은 선지자 미가를 통해 '율법이 시온에서부터 나올 것이요, 여호와의 말씀이 예루살렘에서부터 나올 것임이라'(for the law shall go forth of Zion, and the word of the Lord from Jerusalem)며 모든 민족이 장차 하나님의 율법을 배우고 세상은 변화될 것이라는 예언을 하고 있다. 즉, 전쟁의 도구들이 필요 없는 평화가 와서 백성들이 '그 칼을 쳐서 보습(쟁기)을 만들게 되리라'는 것이다. 이 과정에서 나온 원문 내용의 의미는 전쟁의 무기(칼)가 평화의 도구(쟁기)로 바뀐다는 메타포가 함의되어 있다.

〔참고자료〕 swords into ploughshares(칼을 보습으로)라는 구절은 대중문화 및 정치가들에게 전쟁으로 황폐해진 세계에서 미래에 찾아올 평화에 대한 예언으로 널리 쓰여 왔다. 그 예로 미국의 역대 대통령

그림 67 '칼을 다듬어 쟁기로' 조각상.
유엔 아트컬렉션 소장

가운데 아이젠하워와 레이건 대통령이 연설에서 이 표현을 즐겨 사용하였다.

1959년 전쟁 무기를 평화적인 도구로 대체하려는 인간의 욕구를 상징하기 위해 구소련이 유엔에 보낸 청동 조형물에 새긴 글귀가 곧 '칼을 쳐서 보습으로'(Let Us Beat *Swords into Plowshares*)라는 것이었다. 한편 1981년 영국 버크셔주에 위치한 영국 공군 기지인 그리넘 커먼(RAF Greenham Common)에 설치되는 크루즈 미사일 등 핵무기 설치를 영국 정부가 허용한 것에 항의하기 위해 여성 평화캠프가 설립되었고, 이듬해 여성 평화캠프가 노래책을 발간했는데 이 책에도 '칼을 쳐서 보습을'이 등장한다. 이들의 주장은 '친화형 핵실험이라고 할지라도 모든 인류에 치명적인 결과를 초래한다'는 것이었다. 여성평화캠프 운동이 시작된 지 37년이 흘렀음에도 현재 북한의 핵무기 개발이 전 세계의 평화를 위협하고 있는 오늘날의 상황과도 전혀 무관하지 않다.

마이크 펜스Mike Pence 미국 부통령(2016-)이 2018년 10월 4일 허드슨 연구소에서 행한 연설은 중국과 무역전쟁을 진행하고 있는 상황에서 공개적으로 중국을 비난한 내용이었다. 그 연설의 내용 가운데 '중국 공산당이 미국에서 훔친 기술을 이용하여 대규모로 쟁기를 칼로 바꾸어 놓고 있다'(And using that stolen technology, the Chinese Communist Party is turning plowshares into swords on a massive scale)고 하여 '쟁기를 칼로' 바꾸어 놓고 있다는 미가서의 말씀이 언급되어 있다.

그림 68 마이크 펜스 미국 부통령

50. Slow to anger

The Lord is slow to anger, and great in power, and will not at all acquit the wicked.　　　　　　　　　　　- KJV　Nahum 1:3

여호와는 노하기를 더디 하시며 권능이 크시며 죄인을 결코 사하지 아니하시느니라.

〔어휘와 표현〕 slow to anger: (누군가를) 화나게 하기를 더디게 하다. 「형용사＋부정사」 구문. 이 구문은 The Lord is slow to anger someone으로 바꾸어 쓸 수 있음. 형용사에 따라 문장의 의미가 달라지는 경우가 있으므로 유의. cf. John is *eager* to please(=John is eager to please someone). / John is *easy* to please(=It is easy for someone to please John). great in power: (여호와의) 권능이 큰. not at all: 전혀(결코) ~ 아니다. acquit: 죄가 없음을 선언하다, 석방하다, (남을) ~로부터 면제하다.

[원문과 성서내용] 구약성서 가운데 하나인 나훔서Book of Nahum는 앗수르의 수도인 니느웨Nineveh의 멸망을 예언한 책이다. 니느웨는 고대 세계에서 가장 잔인하고 무자비한 국가였던 앗수르의 수도였다. 앗수르는 역사에서 아시리아Assyria로 불리며 주전 612년에 바벨론의 느부갓네살왕에 의해 멸망하였다.

나훔 선지자는 니느웨의 멸망을 예언하면서 앗수르인들의 잔인함 tyranny, 부패corruption 및 사악함wickedness을 비난하고, 열방과 그들의 운명에 만군의 여호와 하나님의 권능이 임할 것을 선포하였다 (1:6): '누가 능히 그 분노하신 앞에 서며 누가 능히 그 진노를 감당하랴?'(Who can stand before his indignation? and who can abide in the fierceness of his anger?)

그러나 이 책은 한편으로 하나님의 무한한 능력과 세상을 향한 정의로운 목적에 거슬리는 니느웨의 악행을 만물의 상징으로 부각시키면서 우주적인 관점에서 관찰할 수 있게 해 주고 있다. 선지자 나훔은 전능하신 하나님을 '노하기를 더디 하시는'slow to anger 여호와로 바라본다. '여호와는 선하시며 환란患亂 날에 산성이시라. 그는 자기에게 의뢰하는 자들을 아시느니라'(The Lord is good, a stronghold in the day of trouble; and he knoweth them that trust in him).

이 책은 이사야서(52:7)에 나오는 장차 나타날 구세주에 대한 예언(1:15)도 포함하고 있다: '볼지어다, 아름다운 소식을 보報하고 화평을 전하는 자의 발이 산 위에 있도다'(Behold upon the mountains the feet of him that bringeth good tidings, that publisheth peace!).

원문에 인용한 '노하기를 더디 하다'slow to anger란 표현은 구약성서에 하나님의 속성으로 8번이나 등장한다. 느헤미야서, 잠언과 요 나서에 나오는 예를 인용한다.

1. Thou art a God ready to pardon, gracious and merciful, *slow to anger*, and of great kindness, and forsookest them not.

— KJV Nehemiah 9:17

주는 사유赦宥하시는 하나님이시라. 은혜로우시며 긍휼히 여기시고 더 디 노하시며 인자仁慈가 풍부하시므로 저희를 버리지 아니하셨나이다.

[참고] thou art: you are의 고어체. a God: 흠정역성서에는 부정관사(a)를 붙여 표현하고 있음. ready to: ~할 준비가 되어 있는. pardon: 용서하다, 사면하다. gracious: 관대한, 자비로운. merciful: 자비로운, 인정 많은. of great kindness: 인자가 큰, kindness는 고어체에서 '사랑'이란 의미를 지님. 새번역성경에서는 kindness를 '사랑'으로 번역하여 '사랑이 한없는 분'으로 본문을 우리말로 옮기고 있음. forsookest=forsakes: 버리다. 원래 forsook는 forsake의 과거형이나 여기서는 현재형으로 쓰임. forsakes them not = (God) doesn't forsake them. 하나님이 저들을 버리지 아니하다.

2. He that is *slow to wrath* is of great understanding: but he that is hasty of spirit exalteth folly. — KJV Proverbs 14:29

노하기를 더디 하는 자는 크게 명철하여도 마음이 조급한 자는 어 리석음을 나타내느니라.

[참고] he that is slow to wrath: 분노하기를 더디 하는 자. wrath: 분노, 격 노, 천벌. of great understanding: (he) understands greatly; 크게 깨닫다. hasty of spirit: 마음이 조급한. exalteth = exalts: 높이다, 우쭐하게 하다. folly: 우매愚昧, 어리석음.

3. Thou art a gracious God, and merciful, *slow to anger*, and of great kindness, and repentest thee of the evil.   – KJV Jonah 4:2

주께서는 은혜로우시며 자비로우시고 노하기를 더디 하시며 인애가 크시사 재앙을 내리지 아니하시니

〔참고〕 thou art = you are의 고어체. a gracious God: 은혜로우신 하나님. repentest = repents: 후회하다, 참회하다. of the evil: 재앙에서(from the calamity). repents of the evil: relents from sending calamity(재앙을 내리지 않다). 다른 영역성경에서는 '(하나님이) 뜻을 돌이켜 (백성에게) 재앙을 내리지 아니하시다'(cancel plans for destroying these people)로 번역하고 있음.

51. Swifter than leopards

Their horses also are swifter than the leopards, and are more fierce than the evening wolves   – KJV Habakkuk 1:8

그 말은 표범보다 빠르고 저녁 이리보다 사나우며

〔어휘와 표현〕 their horses: 강한 공격력을 발휘하는 바벨론인(갈대아인)의 기병이 타는 군마軍馬를 일컬음. leopard:[lépərd]. 표범. wolves: wolf의 복수형. fierce: 난폭한, 사나운.

〔원문과 성서내용〕 하박국 선지자는 예레미야와 동시대인으로 유다왕 요시야Josiah 통치 시기인 주전 7세기 말에 살았다. 그는 생전에 자신의 예언이 실현되는 것을 지켜보았을 수도 있었으나, 불행히도 바벨

론(바빌로니아인)의 유다 침공으로 말미암아 자신이 예언한 것은 생전에 목격하지 못하였다.

하박국서Book of Habakkuk의 앞부분의 절반은 하박국 선지자와 하나님과의 대화가 등장한다. 하박국 선지자는 공의롭고 전능하신 하나님이 선택된 이스라엘 백성 가운데 있는 악인에 대해 심판하지 않으며 기도에 응답하지 않는다는 질문이었다. 이에 대한 하나님의 대답 가운데 나오는 '그 말은 표범보다 빠르고 저녁 이리보다 사나우며'란 구절이 위에 인용한 표현이다. 이어지는 구절에서 하나님은

그림 69 페르시아 아케메네스 왕조 시기 바빌로니아 병사(470년 BC)

극악무도한 바벨론인(갈대아인)들의 죄악을 열거(1:5-11)하고 이들을 통해 악한 유다를 심판하겠다고 응답하셨다.

하박국 선지자의 두 번째 질문은 2장 13절에 잘 나타나 있다: '주께서는 눈이 정결하시므로 악을 차마 보지 못하시며 … 악인이 자기보다 의로운 사람을 삼키되 잠잠하시나이까'(Thou art of purer eyes than to behold evil, an and canst not look on iniquity … and holdest thy tongue when the wicked devoureth the man that is more righteous than he?).

갈대아와 인근국가들

그림 70 갈대아와 인근 국가들 지도

[참고] Thou art: you are. 여기서 thou(you)는 주님을 일컫는 말임. of purer eyes than: ~보다 더 정결한 눈을 가진. purer는 pure의 비교급. behold evil: 악을 바라보다. canst not: cannot. iniquity: 심한 부정, 나쁜 짓, 사악. holdest thy tongue: hold your tongue(잠잠하다). the wicked: 악인. devoureth: devour(게걸스럽게 먹다, 삼키다). more righteous than he: 그보다 더 의로운. 여기서 he는 악인the wicked.

하박국의 질문에 대한 하나님의 응답은, 바벨론이 교만과 방자함 그리고 잔인함 때문에 멸망할 것(2:14)을 예언하시고 '의인은 그 믿음으로 말미암아 살리라'(but the just shall live by his faith)고 하신 것(2:4)이다.

하박국서의 3장은 기도의 형식으로 되어 있으며, 하박국을 통해 내리신 하나님의 묵시에 대해 음악에 맞춰 찬양과 기도로 끝나며 하나님의 자비와 위대한 권능 그리고 주의 영광을 간구하고 있다: '주 여호와는 나의 힘이시라. 나의 발을 사슴과 같게 하사 나로 나의 높은 곳에 다니게 하시리로다'(The Lord God is my strength, and he will make my feet like hinds' feet, and he will make me to walk upon mine high places. 3:19).

〔참고〕 Lord God: 주 여호와. make my feet like hinds: 나의 두 발을 사슴과 같게 하다. hind는 3살 이상된 암사슴을 일컬음. 참고로 수사슴은 stag, hart, buck 등 여러 명칭으로 나타냄. hinds'는 복수명사의 소유격으로 Charles' friend, Moses' law에서처럼 's'로 끝난 복수명사의 소유격에는 's'를 붙이지 않는다.

〔참고자료〕 원문에 인용한 구절에 나오는 표범leopards은 고양이과 포유동물로 오늘날 그 수가 점점 희귀해져 가고 있으나, '표범의 재빠름'(swiftness of the leopard)은 표범이 생존하는 지역(아프리카)에서는 널리 알려져 있다. 표범의 속도는 시속 60마일로서 가장 빠른 동물인 치타의 속도(70마일)보다는 조금 느리다. 스코틀랜드 자유교회 목사를 지낸 알렉산더 히스롭(Alexander Hislop, 1807-1865)은 로마가톨릭교회를 비판한 인물로 잘 알려져 있는데, 그가 쓴 《두 개의 바빌론》(*The Two Babylons*, 1903)에 기독교인 역사가인 오로시우스(Paulus Orosius, c375-420)가 '포르투갈 왕이 로마 교황에게 표범을 보냈는데 표범이 사슴과 야생 수퇘지를 앞질러 죽일 정도로 그 속도에 엄청나게 놀랐다'고 쓴 내용이 있다.

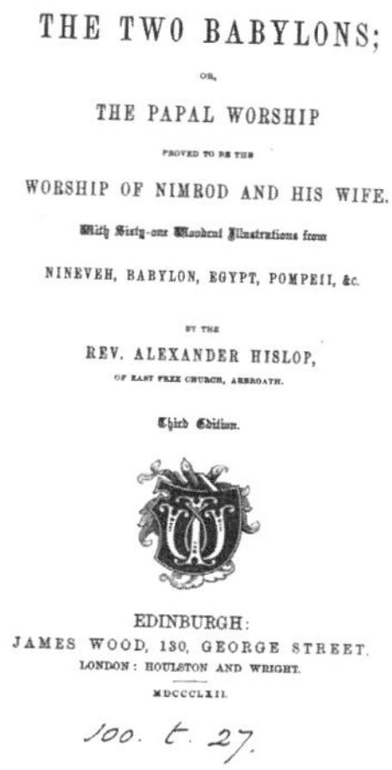

THE TWO BABYLONS;

OR,

THE PAPAL WORSHIP

PROVED TO BE THE

WORSHIP OF NIMROD AND HIS WIFE.

With Sixty-one Woodcut Illustrations from

NINEVEH, BABYLON, EGYPT, POMPEII, &c.

BY THE

REV. ALEXANDER HISLOP,

OF EAST FREE CHURCH, ARBROATH.

Third Edition.

EDINBURGH:

JAMES WOOD, 130, GEORGE STREET.

LONDON : HOULSTON AND WRIGHT.

MDCCCLXII.

100. t. 27.

그림 71 《두 개의 바빌론》
3판

52. Put to shame

I will get them praise and fame in every land where they have been put to shame. — KJV Zephaniah 3:19

그때에 내가 온 세상에서 수욕羞辱받는 자로 칭찬과 명성을 얻게 하리라.

[어휘와 표현] praise : 칭찬하다, 찬양하다. fame : 동사로 쓰여 명성을 넓히다, 유명하게 하다. put ~ to shame : (남을) 부끄럽게 하다, 무안을 주다. be put to shame : 수동구문으로 '수치를 당하다'란 뜻.

그림 72 왕족의 후손이었던
선지자 스바냐.
작가 미상의 17세기 초상화

[원문과 성서내용] 스바냐서Book of Zephaniah는 하박국서 및 나훔서와 마찬가지로 주전 7세기 말에 쓰여진 것으로 알려져 있다. 다른 선지자들과 달리 스바냐는 왕족의 후손으로 유다 왕 요시야의 통치시대에 활동한 선지자이다. 그는 하나님의 심판을 선포하면서 예루살렘 신전을 더럽힌 제사장들, 우상을 숭배한 백성 및 자만심으로 가득한 권력자(왕자와 왕들)를 비판하였다. 왕족 출신인 그가 부유층과 특별히 권력층에 있던 자들에 대해 맹공격을 한 것은 매우 의미 있는 일

이었다.

스바냐는 예루살렘과 유다와 열방이 벌을 받게 될 것이고 '여호와의 날'(day of the Lord)에 모든 피조물과 모든 것이 갑작스럽고 끔찍한 종말을 맞게 될 것이며 부와 권력은 그들을 구하지 못할 것이라고 예언하였다. 그리하여 스바냐는 겸손한 자들에게 '공의와 겸손을 구하라. 너희가 혹시 여호와의 분노의 날에 숨김을 얻으리라.'(Seek righteousness, seek meekness: it may be ye shall be hid in the day of the Lord's anger 2:3)고 권고하고 있다.

〔참고〕 seek: 구하라(명령문). righteousness: 공의公義. meekness: 겸손, 유순, 온화함. it may be: it may be that ~. Maybe, Perhaps(아마 ~일 것이다). ye: 2인칭 복수형 '너희'란 뜻. hid: hide의 과거형. 숨다. in the day of: ~의 날에. the Lord's anger: 여호와의 분노.

스바냐는 3장 19절에서 이스라엘의 '남은 자'the remnants들이 구원받을 것이며 하나님은 '온 세상에서 수욕받는 자로 칭찬과 명성을 얻게 하리라'고 하여 유다의 남은 자들에게 기쁨의 노래를 부르라는 축복을 하셨다. 이 구절이 원문에 나오는 내용이다.

〔참고자료〕 '수치나 모욕을 느끼게 하다'put to shame란 어구는 카버데일성서(Coverdale Bible, 1535)에 13번이나 쓰이고 있고 흠정역성서에서는 사사기(Book of Judges, 18:7), 이사야서(Book of the Prophet Isaiah, 54:4)에 이 어구가 등장하며 시편Book of Psalms에는 7번, 잠언the Proverbs에는 2번이나 쓰이고 있다. '그 땅에는 권세 잡은 자가 없어서 무슨 일에든지 괴롭게 함이 없고'(and there was no magistrate

in the land, that might *put* them *to shame* in any thing. 사사기 18:7).

그림 73 군중에게 설교하는 선지자 스바냐. 16세기 프랑스 성서에 나오는 작가 미상의 그림

그럼에도 셰익스피어의 작품에 이 구절이 쓰이지 않은 것으로 미루어 셰익스피어 당시만 해도 널리 쓰이는 어구는 아니었던 것으로 짐작할 수 있다. 그러나 그로부터 수 세기가 흐른 뒤 1978년에 영어로 완역된 신국제역성경(NIV)에는 위에 인용한 표현이 무려 50번이나 쓰였으며, 흠정역성서에 나온 고어체 영어를 현대영어로 새롭게 고쳐 나온 영어표준역성경(ESV)에는 70번 넘게 쓰이고 있다. 이것은 영어로 번역된 성서에 일상 영어 표현이 쓰이게 되고 세월이 흐름에 따라 이런 표현이나 어구가 점차 널리 쓰이게 된 대표적인 사례라고 할 수 있다.

(ex) Mary was *put to shame* when her boy friend behaved harshly in front of the elderly people.
메리는 그의 남자 친구가 어르신들 앞에서 거칠게 행동해서 수치를 느꼈다.

53. A bag with holes

and he that earneth wages earneth wages to put it into a bag with holes.   – KJV Haggai 1:6

일꾼이 삯을 받아도 그것을 구멍 뚫어진 전대繼袋에 넣음이 되느니라.

〔어휘와 표현〕 earn wages: 삯을 받다. he that earneth wages: he who earns wages. he의 동사는 두 번째 나온 earneth(=earns)임. to put it into ~: '삯을 ~에 넣다' it는 '품삯'을 말함.

위에 인용한 어구 '구멍 난 전대'란 표현은 바벨론의 유배생활에서 돌아온 유다 백성들이 성전 짓기를 소홀히 한 것에 대해 여호와가 선지자 학개의 입을 빌어 '이 전殿이 황무하였거늘 너희가 이때에 판 벽板璧한 집에 거하는 것이 가하냐'(Is it time for you, O ye, to dwell in your cieled houses, and this house lie waste?)라고 꾸짖는 장면에 이어서 나오는 구절이다.

〔참고〕 it is for ~ to의 구문. you와 O ye는 동격. dwell: 거주하다. cieled: paneled(판벽한). 새번역성경에는 '잘 꾸민'으로 번역하고 있음. lie waste: lie in ruins(무너져 내린). 황무한. he that earneth wages: he who earns wages (품삯을 받는 일꾼). he의 동사는 두 번째 나오는 earneth임.

〔원문과 성서내용〕 오바댜서(1장)에 이어 구약성서에서 두 번째로 짧은 학개서(Haggai 2장)는 바사(페르시아) 왕 다리오의 통치 시기와 대체로 일치하는 주전 520년 무렵에 쓰였다. 페르시아인들은 다리오왕 시기에 이미 예루살렘 성전 재건에 대한 허락을 받았다. 이에 대해 학개 선지자는 성전을 황폐한 채로 두고 그들 자신의 안전을 위해 집을 지으려는 자신의 백성을 질책하였다.

유다 백성은 '많이 뿌릴지라도 수입이 적으며'(sowing much but reaping little), '삯을 받아도 그것을 구멍 뚫어진 전대에 넣는 것처럼' 노력을 허비하고 있다고 하였다. 따라서 학개 선지자는 이기적이고 심란하며 만족하지 못한 유다 백성의 생활방식에서 벗어나 하나님의 삶을 우선순위에 두는 신앙을 회복할 것을 권면하였다.

학개서에 나오는 다음 주제는 유다 백성의 순종에 따르는 하나님의 축복blessing이다. '내가 너희와 언약한 말과 나의 신이 너희와 머물러 있나니'(God will keep his Covenant, his spirit will remain with his people. 2:5). 그리고 그의 집이 메시아의 오심으로 평강과 영광으로 가득찰 것을 축복하셨다: '조금 있으면 하늘과 땅 … 그리고 만국을 진동시킬 것이며 … 만국의 보배가 이르리니'(it is little while, and I will shake the heavens, and the earth, … and all nations, … the desire of all nations shall come 2:6-7).

학개서는 이교도 국가들에 대해 하나님께서 미리 예언하신 심판으로 끝맺는다: '내가 열국의 보좌를 엎을 것이요, 열방의 세력을 멸할 것이요, 그 병거들과 그 탄 자를 엎드러뜨리리니'(I will overthrow the throne of kingdoms, and I will destroy the strength of the kingdoms of the heathen; and I will overthrow the chariots, and those that ride in them. 2:22).

[참고] overthrow: 굴복시키다, (권력의 자리에서) 끌어내리다, 뒤엎다. throne of kingdoms: 열국의 보좌, 여러 왕국의 왕좌. destroy: 파괴하다, 깨뜨리다, 멸하다. strength: 세력, 권세. kingdoms of the heathen: 이교도 민족이 세운 왕국. chariot: 병거, 전차. those that ride in them: 병거에 탄 자들. them은 병거 chariots를 가리킴.

[참고자료] 성서에서는 '구멍 난 전대'란 표현이 도덕상의 교훈이나 권면을 나타내는 하나의 메타포로 쓰였다. 현대영어에서는 악마의 속임수devil's deceit에 빠진 어리석은 행위를 지칭하거나 또는 '헛된 의도'wasted purpose를 뜻하는 수사적인 질문rhetoric questions의 형식에서 종종 쓰이고 있다.

(ex1) Does your *bag* have *holes*?

전대에 구멍이 났나요? 헛수고하고 있는 것은 아닌가요?란 뜻

(ex2) Does the *bag* of your life have a *hole* in the bottom?

인생의 주머니가 그 밑바닥에 구멍이 나 있나요? 곧 인생을 무의미하게 지내온 것은 아닌가요?란 뜻

54. The ends of the earth

and his dominion shall be from sea even to sea, and from the river even to the ends of the earth.　　　　　－ KJV Zechariah 9:10

그의 정권은 바다에서 바다까지 이르고 유브라데강에서 땅끝까지 이르리라.

[어휘와 표현] 원문의 the river는 오늘날 유프라테스강Euphrates을 뜻함. 티그리스강과 함께 메소포타미아문명을 이룬 강임.

'세상(땅) 끝'(*the end/s of the earth*)이란 표현은 흠정역성서에는 40번 이상 반복해서 등장하고 있는데 특히 욥기, 시편, 이사야서 및 예레미야서에서 찾아볼 수 있다. 메시야의 구원이 '땅끝'까지 이른다

그림 74 계시록에 나오는 네 마리의 말이 끄는 스가랴의 환상을 형상화한 그림

는 선포는 구약성서(이사야 49:6; 52:10)뿐만 아니라 신약성서(사도
행전 13:47)에도 기록되어 있다. 다음에 인용한 이사야서(A)와 사도
행전(B)은 일종의 거울 이미지mirror image 패턴, 즉 동전의 앞과 뒤
가 같은 패턴을 지닌 문장 구조로 되어 있다.

(A) I will also give thee for a light to the Gentiles, that thou

mayest be my salvation unto *the end of the earth*(49:6).
내가 또 너로 이방의 빛을 삼아 나의 구원을 베풀어서 땅끝까지 이르게 하리라.

(B) I have set thee to be a light of the Gentiles, that thou shouldest be for salvation unto *the ends of the earth*(13:47).
내가 너를 이방의 빛을 삼아 너로 땅끝까지 구원하게 하리라.

[원문과 성서내용] 학개 선지자와 동시대인이었던 스가랴(Zechariah, 520 BC) 선지자는 제사장이며 예언자였다. 에스라서(Ezra 6:15)에 기록된 대로 성전 재건이 완성된 것은 바로 이 시기(주전 516년)였다. 스가랴서의 내용은 환상visions과 메시아의 오심, 예루살렘의 약탈 그리고 세상의 끝을 지적한 예언으로 이루어져 있다.

무엇보다도 이 책의 중심이 되는 메시지는 원문에 인용한 대로 하나님이 이방 사람에게 화평peace을 전할 것이며 '바다에서 바다까지 이르고 땅끝까지 이르리라'는 예언에 담겨 있다.

이 책에서 특별히 관심을 끄는 예언상의 구절은 (1) 많은 백성과 강대한 나라들이 예루살렘에서 '만군의 여호와'Lord of hosts를 찾고 여호와께 은혜를 구하리라(8:21–23) (2) 장차 이 땅에 오실 왕은 겸손하여서 나귀를 타고 오실 왕(9:9) (3) 토기장이에게 지불할 은 삼십(11:12–13) 그리고 (4) 목자shepherd를 쳐서 양을 흩어지게 하다(13:7)라는 구절들이다. 특히 (3)에 나오는 메시지는 은혜를 감사해야 할 유다 백성(양떼)이 목자(하나님)의 수고를 인정하지 않고 은 삼십이라는 모욕을 하나님께 가하는 행위를 한 것으로 신약성서에서 가롯 유다가 예수를 '은 삼십'에 팔 것이라는 예언을 담고 있다. 그리고 (4)에 담긴 메시지는 신약성서에서 목자(예수)가 자기 양떼(백성)의 죄를 짊어지고 십자가에 달릴 것이라는 예언에 대한 상징이다.

그림 75 《황금 전설》 표지

[참고자료] 이탈리아 제노아의 대주교로 연대기 작가이기도 했던 드 파지오 (Jacopo De Fazio, c.1230－1298)가 중세 교회의 위대한 성인들의 전설적인 생애를 모아 《황금 전설》(*Golden Legend*, 1493)이라는 책을 집필했다. 15세기 후반 영국에 유럽의 인쇄술을 처음으로 도입한 윌리엄 캑스턴(William Caxton, c.1422－1491)이 그것을 영어로 번역한 책에 '세상 끝'Ends of the earth이란 구절이 등장한다. 그러나 흠정역성서가 나온 이후에도 성서에 나오는 다른 많은 구절이 현대영어에서 흔히 쓰인 것과는 달리 이 표현은 셰익스피어의 작품에는 쓰이지 않았다.

55. Refiner's fire

and who shall stand when he appeareth? for he is like a refiner's fire, and like fullers' soap.   – KJV   Malachi 3:2

그의 나타나는 때에 누가 능히 서리요 그는 금을 연단練鍛하는 자의 불과 표백하는 자의 잿물과 같을 것이라.

appeareth=appears. 나타나다. be like ~ : '~와 같다' refine: 정제하다, 불순물을 제거하다; refiner: 정제하는 자. fuller= launderer 세탁(표백)하는 자

[참고] fuller는 14세기 말쯤 쓰인 어휘로 fuller's earth는 산성백토酸性白土란 뜻으로 쓰임. 중세영어로는 *fulleres erthe*로 씀.

[원문과 성서내용] 말라기서Book of Malachi는 흠정역성서의 구약성서 마지막에 나오는 성서로 소선지서小先知書 가운데 열두 번째에 해당한다. 이 책은 역대기, 시편 및 잠언과 같은 성서를 한데 모아 기록한 때보다 앞선 시기에 쓰여진 것으로, 말라기는 주전 5세기 중반 느헤미야와 동시대인일 것으로 추정된다.

말라기 선지자는 일련의 도전적인 질문을 청중에게 제시하고 각 질문에 대해 하나님의 간결하고 명쾌한 예언적인 주제의 답변을 제시하고 있다. 그 가운데 기본이 되는 두 개의 주제는 우선 하나님과 백성 사이에 맺은 언약에 나타나는 사랑love과 순종obedience이며, 다음으로는 두 사람 사이에 맺은 결혼 계약이었다.

바벨론에서 귀환한 이스라엘 백성이 기근과 흉작으로 고통스러운 나날을 보

그림 76 선지자 말라기

내면서 하나님의 사랑을 의심하자 하나님이 그들에게 '내가 너희를 사랑하였노라'(I have loved you. 1:2)고 말씀하셨다. 백성들이 젊어서 맞은 아내를 버리고 이방 여인과 결혼한 것에 대해 하나님은 '그러므로 네 심령을 삼가 지켜 어려서 취한 아내에게 궤사를 행치 말지니라'(Therefore take heed to your spirit, and let none deal treacherously against the wife of his youth)고 하여 회개할 것을 촉구(2:15)하였다.

[참고] therefore: 그러므로. take heed to: ~에 유의(주의)하다, 따르다, 지키다. let none deal: 어느 누구와도 거래하지 말아라. deal에는 '처신하다, 행동하다'란 의미가 있다. treacherously: 배신(배반)하여, 딴 마음을 품어. let none deal treacherously against는 do not let anyone be faithless to(어느 누구도 ~에게 불충실하게 하지 말라)는 뜻. the wife of his youth: 젊어서 결혼한 아내. '궤사를 행치 말라'는 '배신하지 말라'는 뜻.

하나님은 장차 언약의 사자messenger of the covenant 곧 '여호와의 천사'가 임할 것을 위에 인용한 원문과 같은 질문과 함께 예언하고 있다: '그가 나타날 때에 누가 능히 서리요? 그는 금 제련사의 불과 같을 것이라.' 그리스도인들은 이 사자使者를 신약성서에 나오는 오직 한 분이신 하나님의 화신化身, '예수 그리스도'로 이해하고 있다. 사도 베드로는 이에 대해 예수 그리스도의 부활을 언급하고 있다(베드로전서 1:7).

so that the trial of your faith, being much more precious than of gold that perisheth, though it be tried with fire, might be found unto praise and honour and glory at the appearing of Jesus Christ.

녀희 믿음의 시련이 불로 연단하여도 없어질 금보다 더 귀하여 예수 그리스도가 나타나실 때에 칭찬과 영광과 존귀를 얻게 하려 함이라

[참고자료] 바로크 시대의 작곡가 헨델(George F. Handel, 1685-1759)이 만든 교회 음악인 메시야 (*Messiah*, 1741)는 흠정역 성서의 성경 구절과 주기도문(Book of Common Prayer), 그리고 시편의 구절에 곡을 붙인 유명한

그림 77 헨델의 메시야 악보(1741년 작곡)

오라토리오oratorio이다. 1741년에 작곡하고 다음 해 더블린에서 초연하였으며 그로부터 일 년 뒤 런던에서 공연되어 호평을 받은 작품이다. 원문에 인용한 구절인 '연단하는 자의 불'은 메시야 1부(예수 탄생에 대한 예언)에 포함되어 아리아의 타이틀로 사용되었다.

■ 구약성서 이후 예수 그리스도의 탄생까지의 유럽 상황

구약성서의 마지막에 나온 선지자 말라기Malachi의 성서 예언과
예수 그리스도가 탄생하기까지 동부 지중해와 중동의 상황은 어떠했
을까? 당시는 알렉산더 대왕(Alexander the Great, 356-323 BC)이
나타나서 페르시아제국과 이집트, 시리아를 정복하고 수많은 도시를
건설하며 한때 인도까지 정복하려고 했던 시기이다. 그의 지역 팽창
으로 말미암아 헬레니즘 문화가 번성하면서 지중해와 중동의 많은
지역에서 행정과 문화를 나타내는 주요 언어가 그리스어Greek로 확
립되는 변화가 일어난 시기이기도 하였다.

유대인들에게는 반독립semi-independence을 허용한 알렉산더 대왕
은 예루살렘에서 성전예배를 계속할 수 있도록 하였다. 그러나 그의
사후 그가 생전에 이룩한 광대한 제국은 여러 갈래로 분열되었고, 그
가 이룩한 제국의 한 끝은 마케도니아의 셀레우코스제국Seleucid
Empire의 그리스 왕이었던 안티오쿠스 4세(Antiochus IV Epiphanes
c., 215-164 BC)가 다스렸다.

안티오쿠스왕은 기이하고 변덕스러운 행동 때문에 동시대인들에게
서 그의 왕명 Epiphanes(God Manifest '신의 출현'이란 뜻)를 비꼬아
만든 Epimanes('미친 자'란 뜻)라는 명칭이 붙을 정도로 온갖 기행츙

行을 일삼았다.

안티오쿠스왕은 헬레니즘을 받아들인 그리스의 유대인들에게 그들의 전통과 종교 의식을 무시하고 고대 그리스의 최고 신인 제우스신Zeus을 숭배할 것을 명령하였으나 유대인들이 거절하자, 예루살렘 도시를 파괴하고 대량으로 보복 학살을 자행하였을 뿐만 아니라 예루살렘에 아크라Acra라는 그리스의 군사 성채를 세웠다. 그로 말미암아 유대 지도자의 일족인 마카베인Maccabees의 반란이 일어나게 되었다. 오늘날 마카베서

그림 78 안티오쿠스 4세의 흉상
베를린 알테스 박물관 소장

書는 로마가톨릭에서는 정경正經, 개신교에서는 외경外經으로 다루고 있다.

주전 155년 마침내 평화 협상이 이루어지고 권력은 로마인에게 넘어갔으나 유다는 독립된 영역으로 남아 있게 되었다. 유대인들은 무역상으로 왕성하게 활동하였으며 지중해 일대와 오늘날 터키 지역에 정착지와 유대교 회당을 세웠다. 이 지역에 거주한 사람들 상당수는 일신교의 신앙을 받아들여 유대교 개종자가 되었다.

폭군으로 악명이 높았던 헤롯왕(Herod the Great, 74/3 - c.4 BC/1 AD)은 유대교 개종 출신 자손으로 주전 37년부터 그가 죽은 주전 4년까지 유다왕국을 다스렸다. 그는 로마의 비위를 맞추면서 로마제국으로부터 '유대인의 왕'King of the Jews으로 임명되었다. 주전 37년 그는 예루살렘을 장악하고 이스라엘 북서부의 고대 항구도시로

그림 79 헤롯왕

로마의 해군기지가 된 가이사라Caesarea 항구와 예루살렘 제2 성전
(헤롯 성전)을 확장하는 대규모 건설 계획을 세워 자신의 통치를 강
화하였다. 예루살렘에 건축한 저지대 헤로디움Lower Herodium으로
알려진 왕궁은 고대에 지어진 가장 큰 건축물이었다. 신약성서에는
헤롯이 어린 예수를 죽이기 위해 그와 비슷한 시기에 태어난 베들레
헴의 갓난아기를 모두 죽이라는 이야기가 나오는데 이것은 그의 성
격을 그대로 말해 주는 대목이기도 하다.

　당시 이 지역에서 쓰인 주요 일상생활 언어는 셈어의 하위 어족에
속하는 아람어Aramaic였다. 구약시대에 팔레스타인 남부를 차지한 유
다 왕국Judah은 후에 남유다Judea 및 북이스라엘Galilee 지방으로 나
누어졌다. 예수가 유년시절을 보낸 북이스라엘의 갈릴리 지방은 유대
의 어느 지역보다도 로마 문화에 개방적이었으며 동서를 잇는 교역
의 중심지였다. 이것이 곧 주전 6세기 즈음에 일어난 예수 그리스도
의 탄생에 관련된 유럽의 상황으로, 헤롯왕의 죽음은 그로부터 2년
뒤인 주전 4년에 일어나게 된다.

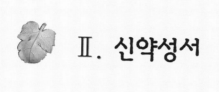

Ⅱ. 신약성서

구약성서가 장차 '오실' 예수 그리스도에 대해 수백 년에 걸쳐 쓰여진 책이라고 하면, 신약성서는 이 땅에 '오신' 예수 그리스도에 대해 1세기가 채 되지 않은 시기에 쓰여진 책이다. 예수 그리스도가 이 땅의 왕으로서뿐만 아니라 하나님의 영원한 왕국eternal kingdom의 왕으로 오셔서 인간의 모든 일상사에 하나님이 간섭하여 증거하는 놀라운 생명의 말씀이 기록된 책이 곧 신약성서이기도 하다.

신약성서의 맨 처음에 나오는 4복음서(four Gospels: 마태복음, 마가복음, 누가복음, 요한복음)는 예수의 생애와 가르침 그리고 사역의 역사적인 사실뿐만 아니라 그의 죽음과 부활에 대한 상세한 기록을 제공하고 있다. 복음서는 예수 그리스도를 단순히 위대한 스승으로 보는 것이 아니라 부활하시고 살아 계신 인격이며 주님Lord으로 기록하고 있다.

요한복음의 저자인 요한은 사람들이 예수 그리스도를 더 잘 알게 하기 위해 기록했다고 썼다. '오직 이것을 기록함은 너희로 예수께서 하나님의 아들 그리스도임을 믿게 하려 함이요 또 너희로 믿고 그 이름을 힘입어 생명을 얻게 하려 함이라'(but these are written that you may believe that Jesus is the Christ, the Son of God, and that believing you may have life in His name. NKIV John 20:31).

4복음서 다음에 나오는 사도행전Acts of the Apostles은 누가복음의 연속으로 초대교회의 여러 사건과 사도들의 행적을 기록한 역사서이며 하나의 문학 작품이다. 이 복음서를 기록한 누가Luke는 이 책에서 바울 사도Paul the Apostle를 소개하고 있다. 바울은 예루살렘에서 로마에 이르는 일련의 기나긴 선교 여행에서 그리스어가 쓰이는 세계에 그리스도교 신앙을 전파하는 임무를 띠고 전도의 사명을 수행하게 된다.

신약성서에는 로마서에서 빌레몬서에 이르는 이른바 '바울의 서신 서'the Letters of St Paul라고 하는 13권의 서신서가 포함되어 있다. 이들을 서신서the letters라고 부르는 것은 오늘날처럼 다양한 통신수 단이 없던 고대 세계의 초기 교회에서 사적 또는 공적인 의사소통 수단으로 사용된 흔한 방법이 '서신'이었기 때문이었다. 초기 기독교 교회가 빠르게 성장함에 따라 로마제국의 여러 곳에 흩어져 있던 교 회의 신자들과 접촉을 위해 서신은 신축성 있고 저렴하면서도 신속 한 통신수단이 되었다.

13권의 서신서 가운데 로마서, 고린도 전후서 및 갈라디아서 등 4 권은 복음 서신으로 바울의 3차 전도 여행 도중에 기록된 것이다. 바울의 옥중서신으로 분류되는 책은 에베소서, 빌립보서, 골로새서 및 빌레몬서등 4권이며 데살로니가전후서의 두 권에는 그의 서신 전 체에서 예외적으로 1인칭 복수인 '우리'가 주어로 쓰이고 있다. 목회 서신에 속하는 디모데 전후서 및 디도서는 이른바 가명假名 서신으 로 분류된다.

신약성서의 맨 마지막은 영광의 하나님과 함께 예수 그리스도를 드러내면서도 인간이 이해할 수 있는 한계를 뛰어넘어 강한 환상을 제시한 요한계시록the Revelation of St John the Divine이다. 요한계 시록은 또 다른 영어로 the Apocalypse라고 하는데, 이 말은 '계시' 또는 '묵시'를 뜻하는 그리스어(apokálypsis)에서 생겨난 것으로 1200 년 무렵 중세영어(1100-1500)로 써진 성서 텍스트에 나타나고 있다. 묵시적인 성격이 강하게 나타난 구약성서로는 다니엘서the Book of Daniel를 꼽을 수 있다.

1. Man does not live by bread alone

But he answered and said, It is written, Man shall not live by bread alone, but by every word that proceedeth out of the mouth of God.
— KJV St. Matthew 4:4

예수께서 대답하여 가라사대 기록되었으되 사람이 떡으로만 살 것이 아니요, 하나님의 입으로 나오는 모든 말씀으로 살 것이라.

〔어휘와 표현〕 by bread alone: 빵(떡)에 의해서만. bread는 원래 '양식'이란 뜻. proceedeth; proceeds. proceed는 '(~에서) 생기다, 나오다'란 뜻. out of the mouth: ~입에서.

'사람이 떡(빵)으로만 사는 것이 아니다'란 구절은 현대영어에서는 '육체적인 욕구를 만족시키거나 또는 물질적인 이득을 추구하는 것 이상의 더 나은 삶이 있다'는 의미로 쓰인다. 즉 물질(재물)보다는 정신적(문화생활)인 삶에 무게를 둔 표현이다.

(ex) I know that your business classes will help you get a good job, but you should learn about art and music, too. Man doesn't live by bread alone.
나는 당신이 실무반에 참여함에 따라 좋은 직장을 얻을 수 있을 것이라는 것을 알고 있는데, 예술(미술, 음악)에 관해서도 배워 두어야 해. 사람은 빵만으로는 살 수 없는 법이거든.

〔원문과 성서내용〕 마태복음에는 예수가 사역을 시작하면서 광야에서 사

그림 ㅣ 로마대성당에 있는
성 마태 조각상

십 일을 밤낮으로 금식fast하였다는 기록이 있다. 금식이 끝난 후 예수는 배가 고팠고 예수를 시험하는 자 곧 사탄Satan은 하나님의 계획을 돌려놓기 위하여 예수를 유혹하려고 시험하였다. 사탄의 세 가지 시험 가운데 첫 번째 시험: "네가 만일 하나님의 아들이어든 명하여 이 돌들이 떡덩이가 되게 하라"(If thou be the Son of God, command that these stones be made bread)에 대한 예수의 대답이 위의 표현이다. 인용한 원문에서 예수는 하나님의 뜻 안에서 사는 것이 인간에게 가장 필요한 일이라고 사탄의 시험을 일축하였다.

[참고] if thou be: if you are. thou는 2인칭 단수형으로 '예수'를 지칭함. command that: 명령문. ~를 명하라. these stones be made bread: 수동구문. 주어는 '예수'. be made = should be made(=you should make ~). that 이하의 문장은 you should make bread with these stones.로 고쳐 생각할 것.

1. Man does not live by bread alone   195

예수는 모세의 말을 인용하여 하나님께서 이스라엘 백성이 40일 동안 광야에 있을 때 그들을 시험한 것에 대해 말씀하신 부분이 위 내용에 반영되어 있다. 이 부분을 뉴킹제임스역 성서에서 인용한다.

So he humbled you, allowed you to hunger, and fed you with manna which you did not know nor did your fathers know, that He might have you know that man shall not live by bread alone; but man lives by every word that proceeds from the mouth of the Lord (신명기 8:3).

너를 낮추시며 너로 주리게 하시며 또 너도 알지 못하며 네 열조도 알지 못하던 만나를 네게 먹이신 것은 사람이 떡으로만 사는 것이 아니요, 여호와의 입에서 나오는 모든 말씀으로 사는 줄을 너로 알게 하려 하심이니라.

〔참고〕 humble: (동사로 쓰여) 겸허하게 하다, ~를 낮추다. (형용사인 경우) 겸손한, 자기를 낮추는, 교만하지 않은. allow: 허락(허용, 허가)하다. allow ~ to hunger: ~로 굶주리게 하다. hunger는 동사로 쓰임. fed: feed(음식, 먹이를 주다)의 과거형. manna: 옛 이스라엘인이 하나님에게서 받은 것으로 전해진 음식. 하늘이 주신 양식. 출애굽기 16:1-36 참조. your fathers: 당신들의 조상, 열조烈祖. not ~ but 구문. '사람이 떡으로만 사는 것이 아니라, ~에서 나오는 모든 말씀으로 사는'. by every word: 모든 말씀. proceed: ~에서 비롯되다, 생기다, 나오다(from, out of ~).

2. Salt of the earth

Ye are the salt of the earth: but if the salt have lost his savour,

그림 2 칼 블로크(1834-1890)의 산상설교(1489년 무렵)

wherewith shall it be salted? it is thenceforth good for nothing, but to be cast out, and to be trodden under foot of men.

- KJV St. Matthew 5:13

너희는 세상의 소금이니 소금이 만일 그 맛을 잃으면 무엇으로 짜게 하리요. 후에는 아무 쓸데없어 다만 밖에 버리워 사람에게 밟힐 뿐이니라.

[어휘와 표현] ye: 복수 2인칭으로 '너희'란 뜻. salt of the earth: 세상의 소금. lost: lose(잃다)의 과거형. savour: 맛, 향기, 풍미. savor는 미국식 영어 철자. wherewith: 고어체에서 의문사로 쓰여 '무엇에 의하여, 무엇을 가지고'란 뜻. salt: 동사로 쓰이면 '(음식물에) 소금을 치다, 짜게 하다, 소금에 절이다'란 뜻. thenceforth: 문어체에서 '그때부터, 그곳부터'란 뜻. good for nothing: 아무 쓸모없는. cast out: (밖에) 내다 버리다. 던져 버리다. trodden: tread(밟다)의 과거분사. tread-trod-trodden. under foot of men: 사람들의 발 아래. cf. 현대 영어에서는 under the foot of men으로 씀.

〔원문과 성서내용〕마태복음 5장에는 우리에게 잘 알려진 예수의 산상설교(山上說敎 The Sermon on the Mount 5:1-12)가 나온다. 이른바 팔복八福이라고 불리는 것으로 하나님 나라의 실제적인 삶의 성격과 천국에 대한 언급으로 자주 인용되고 있다.

이 설교에 이어서 '세상의 소금'과 '세상의 빛'에 대한 예수 그리스도의 언급이 등장한다. 이 가운데 원문에 인용한 '세상의 소금'은 기독교를 믿지 않는 사람들도 익히 알고 있는 구절이다. 예수가 살던 당시에는 소금은 귀한 것으로 여겨져서 음식을 보존하거나 향을 첨가하는 용도로 쓰였다. 랍비는 소금을 지혜의 상징으로 사용했다고 하는데, '소금이 그 맛을 잃는다'는 것은 '어리석게 되다'란 뜻을 함축하고 있다. 예수가 무리와 제자들에게 이 말을 한 것은 소금의 기능과 같이 그리스도인들은 모범된 생활을 하며 세상의 온갖 부패를 막는 성도로서의 역할을 해야 한다는 의미가 포함되어 있다.

〔참고〕현대영어에서는 이 어구가 '믿을 만한reliable, 열심히 일하는 hard-working 사람(들)'이란 의미로 쓰이는 경우가 많다. 때로는 수식어로도 쓰여 salt-of-the-earth와 같이 단어 사이에 하이픈을 넣어 쓰이기도 한다.

(ex) John's friends are regular, *salt-of-the-earth* people.
존의 친구들은 정규적으로 열심히 일하는 이들이다.

〔참고자료〕'세상의 소금'이란 주제는 롤링스톤즈Rolling Stones가 1968년에 낸 앨범의 마지막에 나오는 노래 제목이다. 이 앨범은 믹 재거 Mick Jagger와 키스 리차드Keith Richards가 작사한 Beggars Banquet 이라는 앨범에 들어 있다. 롤링스톤즈는 1962년 런던에서 결성된 록

그림 3 1965년 북미투어 때의
롤링스톤스 멤버들

밴드Rock band로, 비슷한 무렵에 데뷔한 비틀즈의 이미지와 달리 자유로운 의상과 머리로 록 밴드들의 스타일에 큰 영향을 주었다.

 ## 3. No man can serve two masters

No man can serve two masters: for either he will hate the one, and love the other; or else he will hold to the one, and despise the other. Ye cannot serve God and mammon.   – KJV St. Matthew 6:24

한 사람이 두 주인을 섬기지 못할 것이니 혹 이를 미워하며 저를 사랑하거나 혹 이를 중히 여기며 저를 경히 여김이라. 너희가 하나님과 재물을 겸하여 섬기지 못하느니라.

〔어휘와 표현〕 serve: 섬기다, 봉사하다, 복종하다. master: 주인, 고용주. either ~ or: 둘 중의 하나를 택할 때 쓰이는 상관접속사. hold to: ~에 꼭 달라붙다, 중히 여기다. despise: 멸시하다, 경멸하다, 얕보다. mammon: 부富, 재물. the one ~ the other: 두 주인을 각각 이르는 표현임.

〔원문과 성서내용〕 예수는 마태복음 6장 후반부에서 무리들과 제자들에게 재물에 대한 교훈을 다양하게 언급하고 있다. '너희를 위하여 보물을 땅에 두지 말고 하늘에 쌓아 두라. 네 보물 있는 그 곳에는 네 마음도 있느니라(Lay not up for yourselves treasures upon earth, but lay up for yourselves treasures in heaven. For where your treasure is, there will your heart be also. 6:19-21ff).

〔참고〕 lay up: 쌓다. treasure: 보물, 보화, 재물. where ~ there will be: ~가 있는 곳에 ~가 있을 것이다. there will your heart be: there will be your heart.

　그리고 이어서 마태복음(6:24)에 기록된 '두 주인'은 다름 아닌 '하나님'과 '재물'을 가리킨다. 재물money은 흠정역성서에서는 아람어 Aramaic에서 유래한 mammon으로 나오는데 부(富 riches)를 의미한다. 아람어는 예수가 살던 당시 유대인들이 쓰던 일상 언어로 mammon이란 말은 물질적인 소유를 일컫는 일반적인 용어였다. 오늘날 mammon은 '부패를 초래하는 재물'이란 의미를 지닌다.

미국의 세계적인 복음 선교사인 빌리 그레이엄 (Billy Graham, 1918-2018) 목사가 세상을 떠나기 몇 년 전에 행한 설교 가운데 '성서는 돈의 노예가 되거나 예수 그리스도가 아닌 돈을 주인으로 섬기는 것을 경고하고 있다'고 하면서 '한 사람이 두 주인을 섬기지 못할 것이니, 너희가 하나님과 재물을 겸하

그림 4 세계적인 부흥설교목사
빌리 그레이엄(1955)

여 섬기지 못하느니라'는 위의 성서(마태복음) 구절을 인용하였다.

성서는 우리에게 재물에 대해 두 가지 다른 문제를 제기하고 있다. 즉, 원문에 나오는 '미워하며 사랑하거나'라는 구절은 '하나님이냐, 세상이냐'의 선택의 문제를, '중히 여기고 경히 여기며'는 하나님께 받은 재물의 지혜에 관한 문제이다. 성서에서는 이런 문제에 대해 하나님을 섬기는 데 불성실하지 말며 재물에 집착하지 말라고 강조하고 있다. 재물에 집착하는 사람은 하나님을 진정으로 섬길 수 없다는 의미로 해석된다.

〔참고〕 누가복음(16장 13절)에도 원문에 나오는 구절과 똑같은 표현이 있음.

원문에 나오는 표현이 현대영어에서는 '서로 다른 두 가지 목표를 한꺼번에 따르는 것은 불가능하다'란 의미로 쓰인다.

(ex) My friend wants to become a famous pop singer, but he also wants to make a lot of money in a short time. I don't think he can do both. *No man can serve two masters.*

내 친구는 유명한 대중음악 가수가 되려고 하고 단기간에 돈을 많이 벌려고도 해. 난 그가 두 가지를 한꺼번에 할 수 있으리라고는 여기지 않아. 한 사람이 두 주인(명예와 재물)을 동시에 섬길 수는 없으니까.

4. Cast pearls before swine

Give not that which is holy unto the dogs, neither cast ye your pearls before swine, lest they trample them under their feet, and turn again and rend you.　　　　　　　　－ KJV　St. Matthew 7:6

거룩한 것을 개에게 주지 말며 너희 진주를 돼지 앞에 던지지 말라. 저희가 그것을 발로 밟고 돌이켜 너희를 찢어 상할까 염려하라.

〔어휘와 표현〕 give not that which: do not give what ~. that which는 현대영어에서 what으로 쓰임. neither는 앞에 부정어(not)가 왔으므로 뒤에 오는 문장도 부정문이 되어 Do not cast your pearls ~로 됨. ye는 강조하기 위해 들어간 대명사임. cast: 던지다. before swine: 돼지 앞에. swine은 문어체에서 집합적으로 쓰이는 '돼지'란 뜻. 복수형도 swine임. lest: 접속사로 쓰여 '~하기를 두려워하여'란 뜻. trample: (발로) 짓밟다, 밟아 뭉개다. turn again: 다시 돌이키다. rend: 잡아찢다, 분열시키다.

현대영어에서 위에 인용한 표현은 '감사할 줄 모르는 이에게 귀한 것을 전해 주지 말라'란 의미로 쓰인다.

(ex) It would be a waste of time to show your recent invention to the company. As they are close-minded, it would be *casting pearls before swine*.
네가 최근에 만든 창작품을 그 회사에 내놓는 건 시간 낭비야. 그들은 편협해서 돼지 앞에 진주를 던지는 격이지.

〔원문과 성서내용〕 마태복음서는 가버나움의 유대인 세리(稅吏 tax collector)로 예수의 제자가 된 그리스도인 지도자인 마태가 기록한 것으로, 그의 모국어는 아람어Aramaic 및 히브리어였을 가능성이 높다. 그러나 이 복음서가 마태의 기록을 사용하여 그리스어Greek로 쓰여졌을 것으로 보는 일부 학자들도 있다.

이 복음서가 지닌 뚜렷한 특징은 히브리 성서에 등장한 여러 예언자들이 이미 예언한 대로 예수를 왕으로서의 그리스도시며 메시아Messiah로, 이스라엘의 메시아에 그치지 않고 모든 인류의 메시아임을 강조하고 있다는 점이다.

마태는 이 복음서에서 제자들에게 엄격한 순종을 유도하면서도 다른 이들에게는 그들 자신이 지닌 흠결이 있는 태도에는 눈을 감은 채 모세의 율법을 따르려는 이들의 위선을 경고하는 철저한 선생으로 묘사된다. 예수가 제자들에게 행한 일련의 가르침 가운데 하나가 여기에 인용한 표현이다. 진주처럼 값지고 귀한 하나님의 말씀을 개와 돼지와 같은 값싼 것으로 다루지 말라는 의미가 이 표현 안에 담겨 있다.

예수의 생애와 죽음 및 부활에 대한 마태 저자의 복음서는 마가 Mark의 복음서로 이어지고 '모든 족속으로 제자를 삼아 아버지와 아들과 성령의 이름으로 세례를 주는'(28:19) 위대한 사명으로 끝난다.

그림 5 〈돼지에게 진주를〉이라는 제목의 만화

〔참고자료〕 '돼지에게 진주를'pearls before swine이란 널리 알려진 메타포는 현대 시기에 들어와서 음악, 앨범, 노래는 물론 연재만화comic strip, 뮤지컬, 소설 등 다양한 분야에서 널리 쓰이고 있다. 1965년 고교 친구들로 구성된 미국의 유명한 사이키델릭 민속밴드의 명칭이 *Pearls Before Swine*이다. '귀한 것을 이해하거나 감사할 줄 모르는 이들에게 주지 말라'는 말 그대로 이 밴드는 미국에서 큰 성공을 거두었으나 재물에는 욕심을 내지 않았다. 이 밴드의 리더인 톰 랩Tom Rapp은 2018년에 사망했다.

*Pearls Before Swine*이란 제목으로 미국에서 성공을 거둔 연재만화(*Pearls*로 알려짐)가 있다. 스테판 패스티스(Stephan T. Pastis 1968년생./ˈstɛfən ˈpæstɪs/로 발음)가 동물(돼지 쥐, 악어, 염소 등)을 등장시켜 만든 만화로 2000년에 웹사이트로 시작하다가 워싱턴 포스트*The Washington Post*라는 신문에 연재하면서 인기를 얻게 되면서 현재 전 세계 750개 신문에 연재되고 있다. 패스티스는 원래 캘리포니아에서 변호사로 활동하다가 이에 싫증을 느껴 쥐rat를 대상으로 이야

기를 넣어 그림을 그리다가 Rat라는 제목으로 본격적인 연재만화를 그렸고, 그의 잠재력을 알아 본 회사(United Media)의 편집자에 의해 웹사이트에 그의 만화가 연재되면서 제목을 *Rat*에서 *Pearls Before Swine*으로 변경하였고 그 후 *Pearls*로 널리 알려지게 되었다.

5. Straight and narrow

Enter ye in at the strait gate: for wide is the gate, and broad is the way, that leadeth to destruction, and many there be which go in thereat: Because strait is the gate, and narrow is the way, which leadeth unto life, and few there be that find it.

- KJV　St. Matthew 7:13-14

좁은 문으로 들어가라 멸망으로 인도引導하는 문은 크고 그 길이 넓어 그리로 들어가는 자가 많고 생명으로 인도하는 문은 좁고 길이 협착狹窄하여 찾는 이가 적음이니라.

[어휘와 표현] strait: 좁은narrow. for 이하의 구문은 도치구문으로 현대영어에서는 the gate that leads to ~ is wide, the way is broad로 고쳐 쓸 수 있다. 주어를 꾸며주는 부분(that 이하)이 길 경우에 흔히 도치가 일어남. many there be which: there will be many ~로 고쳐 쓸 수 있음. thereat: 고어체에 주로 쓰이는 부사로 '그곳에서, 거기서'란 뜻. leadeth: leads. unto life: 생명으로. few there be that find it: there will be few (people) who find it으로 고쳐 생각할 것. it은

생명으로 인도하는 문을 가리킴.

[원문과 성서내용] 오늘날 널리 알려진 표현 가운데 하나인 위의 표현은 예수가 제자들에게 하나님의 길을 따르는 것이 가장 좋은 길이나 결코 쉬운 길이 아님을 가르친 내용이다. 누가복음서(13장 24절)에도 '좁은 문으로 들어가기를 힘쓰라'(Strive to enter in at the strait gate)는 예수의 말씀이 기록되어 있다.

[참고] 흠정역성서는 17세기 초에 쓰인 영어, 즉 초기 현대영어 시기에 쓰인 영어로 우리가 현재 쓰고 있는 영어 철자와 그 의미가 다른 경우가 있다. 본문에 나온 strait는 현대영어로는 straight로 고쳐 쓰고 있으나 이 두 단어는 철자가 다른 것 이외에도 의미 또한 다르게 쓰였다. 즉, 흠정역성서에 쓰인 strait는 '좁은, 한정된, 빠듯한'(narrow, confined, strict)이란 의미를 지니고 현재에는 흔하게 쓰이지는 않으나, strait jacket(양 팔을 묶는 천 조각), strait-laced(코르셋처럼 끈으로 꽉 조인)과 같이 특별한 어구에 쓰이고 있다. 이와는 달리 straight는 현대영어에서 '곧은, 구부러지지 않은'(not crooked)이란 의미 이외에 여러 의미로도 쓰이고 있다.

그림 6 《좁은 문》
영어판

[참고자료] 프랑스의 지성인 앙드레 지드(André Gide, 1869-1951)가 쓴 《좁은 문》(La porte étroite)은 1909년 출간되어 많은 논쟁을 불러일으킨 소설이다. 뉴욕타임즈 란에 게재된 부고(訃告 obituary)는 1949년 노벨문학상을 수상한 지드를 '프랑스가 낳은 당대 가장 위대한 지성'(France's greatest comtemporary man of letters)으로 극찬하였다.

6. Wolf in sheep's clothing

Beware of false prophets, which come to you in sheep's clothing, but inwardly they are ravening wolves.   – KJV St. Matthew 7:15

거짓 선지자들을 삼가라 양의 옷을 입고 너희에게 나아오나 속에는 노략질하는 이리(늑대)라.

[어휘와 표현] beware of: ~을 주의(조심)하다. false: 그릇된, 속임수의, 부정직한. prophet: 선지자, 예언자. in sheep's clothing: 양의 옷을 입고. clothing: (집합적으로) 의류, 옷. inwardly: 내부에서는, 마음속 깊이. raven: 동사로 쓰여 '약탈하다'의 뜻. cf. 명사로 쓰이면 '까마귀'란 뜻. wolves: wolf(늑대)의 복수형.

이것과 같은 맥락에서 원문에 인용한 '양의 옷을 입은 늑대' 또는 '양의 탈을 쓴 이리'라는 표현은 마음에 품고 있는 생각과 겉으로 드러난 행동이 전혀 다른 인간, 즉 '부드러움과 온화함으로 자신의 흉악한 의도를 숨기는 인간' 또는 '위선자'를 빗대어 말할 때 흔히 사용된다. 현대영어에서는 '남을 이용하거나 헐뜯으려는 사람들(늑대)을 대하는 순진무구한 이들(양)'을 지칭하는 의미로 쓰이고 있다.

(ex) He is always saying what he believes is right but his behaviour makes me think of *a wolf in sheep's clothing.*

그는 항상 자신이 옳다고 믿는 것을 말하지만, 그의 행동을 보면 마치 양의 탈을 쓴 늑대와 같다는 생각이 들어.

그림 7 프랑시스 발로우 1687년 작
양의 탈을 쓴 늑대의 최후

[원문과 성서내용] 마태복음서(7장)에 나오는 예수의 산상설교 가운데 '양의 옷을 입은 늑대(이리)'라는 표현은 오늘날 영어에서 널리 쓰이는 메타포가 되고 있다. 예수가 살던 당시의 갈릴리에서는 양sheep은 생활의 중요한 일부분으로 양의 무리를 경건한 동물로 여기는 메타포는 신구약성서에서는 흔히 나타난다. 반면에 이리(늑대)는 욕심이 많고 사악한 포식동물로 죄 없는 청순한 사람들에게는 위협이 되었다.

'이리 메타포'는 성서의 다른 여러 곳에서도 나타나고 있다. 누가복음서에는 예수가 칠십 인을 세워 각처로 둘 씩 앞서 보내며 하신 말씀 가운데 다음과 같은 구절이 나온다. '갈지어다. 내가 너희를 보냄이 어린 양을 이리 가운데로 보냄과 같도다.'(Go your way: behold, I send you forth as lambs among wolves. St. Luke 10:3)

이 복음서에 나오는 '이리 가운데 양'이란 어구는 복음 전도의 현장에 나가는 제자들의 사명을 좌절시키려는 굶주린 늑대 떼 가운데로 나아가는 제자들의 양과 같은 선량함을 강조한 말이다.

7. Fall by the wayside

And when he sowed, some seeds fell by the wayside, and the fowls came and devoured them up. − KJV St. Matthew 13:4

뿌릴새 더러는 길가에 떨어지매 새들이 와서 먹어 버렸고

〔어휘와 표현〕 sow: (씨를) 뿌리다, 심다. sow−sowed−sown. sow는 [soʊ]로 발음. cf. sow[saʊ]로 발음하면 '(성숙한) 암돼지'라는 뜻. fell: fall의 과거형. fall−fell−fallen. wayside: 길가, 길옆. fowl: 고어체로 쓰여 '새birds'란 뜻. 중세영어에서는 '날짐승'을 뜻하는 말로 쓰였으나 현대영어에 와서 (집합적인 의미로) '가금류'를 뜻하는 말로 의미가 변화하였음. devour: 게걸스럽게 먹다.

위에 인용한 '길가에 떨어지다'fall by the wayside라는 표현은 현대영어에서 fall along the path로도 번역하기도 하고 때로는 drop by the wayside, go by the wayside 등 다양하게 나타낸다. 이 표현의 현대적인 의미는 '중도에서 포기하다'란 뜻으로 흔히 쓰인다.

(ex) All of his plans for making money *fell by the wayside* when he found out that he had cancer.
그는 암癌이 있다는 것을 알고 돈을 벌려고 했던 자신의 모든 계획을 중도에 단념하였다.

〔원문과 성서내용〕 마태복음서 13장(1−23)에 나오는 '씨 뿌리는 자의 비유' 가운데 한 구절을 인용한 것이다. 이 비유parable는 '길가'wayside, '돌밭'stony places 그리고 '가시떨기'thorns 등 세 부분으로 나누어져

있는데, 각각의 비유는 물론 '천국'에 관한 것이다. 이들 비유에 대한 예수의 설명이 19-23절에 나와 있다.

예수의 비유에는 네 가지의 흙, 즉 굳은 흙hard soil, 돌투성이의 흙rocky soil, 가시떨기가 묻은 흙thorny soil 그리고 양질의 흙(沃土 good soil)이 등장한다. 예수의 설명에 따르면 길옆에 뿌려져 있는 '굳은 흙'은 천국 말씀을 듣고 깨닫지 못한 '굳어버린 마음'을 지닌 사람들을 나타낸다. '돌투성이의 흙'은 예수의 말씀을 듣고 기쁨으로 받았으나 그 속에 뿌리가 없어 잠시 견디다가 말씀으로 말미암아 환난이나 핍박이 일어나는 때에는 천국에 대한 회의懷疑가 생겨 곧 넘어지는 사람들을 나타낸다. '가시떨기가 묻은 흙'은 말씀을 들으나 천국보다는 세상의 염려와 재리財利의 유혹에 말씀이 막혀 결실을 맺지 못하는 사람들을 나타낸다. 마지막으로 양질의 흙, 곧 '옥토'는 예수의 말씀을 듣고 깨달으며 믿는 사람들을 나타낸다.

8. Blind leading the blind

Let them alone: they be blind leaders of the blind. And if the blind lead the blind, both shall fall into the ditch.

- KJV St. Matthew 15:14

그냥 두어라, 저희는 소경이 되어 소경을 인도하는 자로다. 만일 소경이 소경을 인도하면 둘이 다 구덩이에 빠지리라.

〔어휘와 표현〕 let ~ alone: ~를 그대로 내버려 두어라. blind leader:

소경이 된 인도자(인도자 자신이 소경이라는 뜻). the blind: the blind people. 「the+형용사」 구문. fall into the ditch: 구덩이로 떨어지다. ditch: 구덩이, 도랑, 배수구.

'소경이 소경을 인도하다'란 표현이 현대영어에 쓰이는 경우는 충분한 기술이나 지식이 없이 다른 이들을 이끌어 결국 모든 이들에게 재앙災殃만 가져다주는 사람들을 뜻하는 의미로 쓰인다.

(ex) I heard that John is teaching the Chinese language although he spent only a month in China. Sounds me like a case of *the blind leading the blind.*
소문에 들으니 존은 중국에서 기껏해야 한 달밖에 있지 않았는데도 학생들에게 중국어를 가르치고 있다는 소식을 들었어. 이것은 마치 소경이 소경을 이끄는 격인 것 같네.

〔원문과 성서내용〕 위에 인용한 구절은 마태복음서(15장) 이외에 누가복음서(6:39)에도 등장한다. 마태복음서에 따르면 바리새인과 서기관들이 예수와 그의 제자들이 어찌하여 선조들의 전통〔유전遺傳〕을 깨뜨렸느냐고 불평하여 물었다. 그 유전이란 것이 이를테면 예수를 따르는 이들이 식사할 때 영적으로 깨끗함을 상징하기 위해 손을 씻지 않았다는 것이다.

이에 대해 예수가 무리에게 이르는 말씀(마태 15:10-14)을 현대영어로 번역한 성서(NIV)에서 인용하면 다음과 같다.

Listen and understand. What goes into a man's mouth does not make him 'unclean,' but what comes out of his mouth, that is what

그림 8 피터 브뤼헐 1568년 작 Blind leading the blind

makes him 'unclean.' Then the disciples came to him and said, "Do you know that the Pharisees heard this saying they were offended?" And he replied, "Every plant that my heavenly Father did not plant will be unrooted. Leave them; they are blind guides. If a blind man leads a blind man, both will fall into a pit."

듣고 깨달으라. 입에 들어가는 것이 사람을 더럽게 하는 것이 아니라 입에서 나오는 그것이 사람을 더럽게 하는 것이니라. 이에 제자들이 나아와 가로되 바리새인들이 이 말씀을 듣고 걸림이 된 줄 아시나이까. 예수께서 가라사대 심은 것마다 내 아버지께서 심으시지 않은 것은 뽑힐 것이니 그냥 두어라! 저희는 소경이 되어 소경을 인도하는 자로다. 만일 소경이 소경을 인도하면 둘이 다 구덩이에 빠지리라.

〔참고〕 What goes into a man's mouth(사람의 입으로 들어가는 것)이 주어임. that(바로 그것)이 다음에 나오는 what comes out of his mouth(사람의 입에서 나오는 것)을 받는 대명사 역할을 함. Pharisees: 바리새인들. '바리

새인들이 걸림이 되었다'는 것은 '바리새인들이 분개하고 있다'는 뜻이다. offend: 화를 내다, 분개하다. unroot: 뿌리채 뽑다. fall into a pit: 구덩이 에 빠지다. pit: 구덩이, (땅의) 구멍.

　'먹을 때 손을 씻는' 규율을 지키지 않은 것에 대해 하나님의 계 명을 제쳐놓고 유전遺傳을 주장하는 바리새인과 서기관들을 향해 역 공을 가한 예수의 반응을 상징적인 비유로 나타낸 구절이다. 예수는 '부정不淨'이 먹는 것에서 생기는 것이 아니라 내면으로부터 나오는 것임을 우리에게 상기시키고 있다. 즉, 외형적인 깨끗함이 중요하다 면 내면적인 것은 훨씬 더 중요함을 바리새인과 서기관들에게 일깨 워주는 것이다.

　'사랑을 받는 의원醫員'(Colossians 4:14)으로 골로새서에 기록된 누가St. Luke는 사도 바울의 제자로 누가복음서와 더불어 사도행전 Acts of the Apostles의 저자이기도 하다. 누가는 예수를 유대인의 메 시아Jewish Messiah로 소개하면서도 자신이 연구한 역사歷史에서 하 나님이 어떻게 역사役事하고 계신지를 그리스인과 로마인들에게 적 극 알려 주려고 하였다.

　누가는 예수를 전혀 알지 못했으며 마가St. Mark의 이야기에 마태 복음서의 이야기를 추가적인 자료로 삼아 기록한 것이 그의 이야기 의 출발점이었다. 그는 세례 요한과 예수의 탄생 및 예수의 어린 시 절에 이르는 사건들에 관한 추가 자료를 포함시키고 있다. 이를테면 마태복음서에서 인용한 별개의 텍스트를 위의 비유로 결합시켜 기록 한다: '또 비유로 말씀하시되 소경이 소경을 인도할 수 있느냐 둘이 다 구덩이에 빠지지 아니하겠느냐'(And he spake a parable into them,

'Can the *blind lead the blind*? Shall they not both fall into the ditch?' Luke 6:39)

〔참고〕 spake: speak의 과거형으로 고어체임. parable: 우화, 비유. into them: 현대영어에서는 to them. both: 두 명의 소경(two blind men)을 가리킴. ditch: 구덩이, 도랑.

그림 9 조지 파쿠아

그림 10 파쿠아 작품을 상연하는 판화 미셸 구흐트 작(1711)

〔참고자료〕 소경에 관한 메타포는 그 기원이 고대로 거슬러 올라간다. 예수는 아마도 청중이 금방 알아들을 수 있도록 이미 널리 쓰이고 있던 기존의 표현을 이용했을 가능성이 있다. 주전 4세기 고대 인도의 힌두교 성전聖典에 담긴 교훈서로 알려진 카샤 우파니샤드Katha Upanishad에 '소경'에 관한 기록이 나오는데, 이것이 예수의 소경 이야기에 영향을 끼쳤을 가능성은 높지 않다.

아일랜드의 극작가 조지 파쿠아(George Farquhar, 1677-1707)가 쓴 희곡 〈사랑과 주전자〉(*Love and a Bottle*, 1698)에는 다음과 같은 대목이 나온다: '소경이 소경을 인도하면 둘은 결혼에 빠지게 되는 것은 당연한 일'(When the blind lead the blind, no wonder they both fall into matrimony. 5막 1장).

9. Sign(s) of the times

And in the morning, It will be foul weather to day: for the sky is
red and lowering. O ye hypocrites, ye can discern the face of the
sky; but can ye not discern the signs of the times?

– KJV   St. Matthew 16:3

아침에 하늘이 붉고 흐리면 오늘은 날이 궂겠다 하나니, 아 너희
위선자들아, 너희가 천기天氣는 분별할 줄 알면서 시대의 표적은
분별할 수 없느냐.

[어휘와 표현] foul: (날씨가) 나
쁜. to day: 흠정역성서에 쓰
인 철자. 대체로 today로 씀.
lowering: (하늘이) 험악한, 찌
푸린. hypocrite: 위선자. ye:
복수 2인칭으로 '너희'란 뜻.
discern: 분간(분별)하다. face
of the sky: 하늘의 얼굴 즉,
천기天氣. can ye not discern

그림 11 프린스의 9집 앨범 시대의 표적(1987)

~: Can't you discern ~으로
고쳐 '~를 분별할 수 없는가'란 뜻. 반어법. signs of the times: 시대
의 표적(징표).

　　성서에서 인용한 '시대의 표적'이란 어구는 현대영어에서는 그 시

대의 사회가 어떤 모습으로 되어 왔는지, 특히 대체로 불길한 일들 bad things이 어떠한 것인지를 보여주려는 경우에 쓰인다.

> (ex) Now that the Korean economy is gradually failing, lone line of people looking for work seems to me *a sign of the times*.
> 한국 경제가 점차 실패하고 있는 상황에서 일자리를 구하는 사람들이 긴 행렬을 이루고 있는 것은 마치 시대를 반영하는 징표로 여겨진다.

[원문과 성서내용] 인용한 구절은 당시 완고하고 위선적인 바리새인과 기회주의적이고 현세의 물질주의에 젖은 사두개인Sadducees과 같은 유대인들이 예수를 시험하고자 하늘에서 오는 표적과 같은 기적을 보여 달라는 요구에 예수가 그들을 꾸짖으며 대답한 내용의 일부이다. 예수는 이들 유대인이 날씨의 변화는 분별하면서도 자신이 행하는 이적異蹟 및 천국의 도래到來와 같은 예언은 깨닫지 못함을 질책하였다. '악하고 음란한 세대가 표적을 구하나 요나의 표적밖에는 보여줄 것이 없느니라'(A wicked and adulterous generation seeketh after a sign; and there shall no sign be given unto it, but the sign of the prophet Jonas.)

[참고] wicked: 사악한. adulterous: 음란한, 부정한. 명사형은 adultery(간음, 간통). seeketh: seeks. 추구하다. a sign: 표적. no sign be given unto it: 아무런 표적도 구할 수가 없다. it은 (악하고 음란한) 세대를 가리킴. but = except(~이외에는, 제외하고). sign of the prophet Jonas: 선지자 요나의 표적.

요나Jonah는 요나서에 나오는 예언자로, 하나님의 말씀을 거부하고

그림 12 바리새인과 사두개인이 예수를 시험하러 오다.
프랑스 화가 제임스 티소(1836-1902)의 작품으로 브루클린 미술관 소장.

다시스Tharshish로 가는 배를 탔다가 폭풍우를 만나 큰 물고기가 그를 삼켰으나 3일 뒤에 물고기가 토해 내는 일이 벌어졌다(구약성서 48번 참조). 사람들은 당시 요나서에 나오는 이 이야기를 이해하지 못하였으나, 예수는 요나의 이야기를 통해 예수 사후에 일어날 일을 보여주려고 한 것이었다.

10. Eleventh hour

And about the eleventh hour he went out, and found others

standing idle, and saith unto them, Why stand ye here all the day idle?　　　　　　　　　　　　　　　　　　- KJV　St. Matthew 20:6

제십일시에도 나가 보니 한가하게 서 있는 사람들이 또 있는지라 가로되 너희는 어찌하여 종일토록 놀고 여기 섰느뇨?

〔어휘와 표현〕 the eleventh hour: 제십일시. stand idle: 놀고 있는, 한가한. stand idle: 한가하게 서 있다. why stand ye ~: why do you stand ~. 어찌하여 서 있는가. all the day: 온종일. idle은 형용사로 '온종일 한가한 채로'로 번역하는 것이 옳음.

제십일시는 현대영어에서 '마지막 기회' 또는 '마지막 순간'the last possible moment을 의미하는 어구로 쓰이고 있다.

(ex) Most of the students wasted their time and waited until the *eleventh hour* to study for the test.
학생들은 대부분 시험을 치르기 위해 마지막 순간까지 시간을 낭비하면서 기다렸다.

인용한 구절의 뒷부분에 포함된 표현: the last shall be first and the first shall be last(나중 된 자가 먼저 되고 먼저 된 자가 나중 되리라)는 오늘날 영어에서 '상황에 따라 그 결과가 완전히 반대로 나타나는 현상'(the outcome will show a complete reversal of circumstances)을 의미하는 경우에 쓰인다.

〔원문과 성서내용〕 위 구절은 마태복음서(20장)에 나오는 포도원 주인의 비유 가운데 한 구절이다. 당시 유대인의 노동 시간은 일출 때부터 일몰 때까지 열두 시간이었다. 위 구절에 나오는 제십일시eleven hour는 오늘날의 시간으로 따지면 오후 5시에 해당한다.

성서에 나오는 유대인들에게 제십일시는 평일의 마지막 시간인 동시에 달력 일의 마지막 시간이었다. 유대인의 하루 24시는 일출이 아닌 일몰시日沒時인 오후 6시 무렵에 시작하였기 때문이다. 그런 다음 낮daylight에 해당하는 부분은 12시간으로 나누어 대략 오전 6시 (7시가 첫 번째 시간)에 시작하여 오후 6시쯤, 즉 열두 번째 시간에 끝났다. 그리하여 유대인들에게 제십일시는 오후 약 5시에 해당하였다. 포도원에서는 일할 수 있는 마지막 시간이 오후 5시가 되는 셈이었다.

포도원의 비유에는 오후 5시에 와서 1시간만 일한 사람이 하루 전체의 품삯(a denarius, a silver coin)을 받자, 먼저 온 사람들이 그보다 더 많은 품삯을 받을 것으로 기대하였으나 '똑같이 대우'받은 것에 주인을 원망하고 불평을 토로하였다. 예수는 이 비유를 통해 하나님이 주시는 선물은 우리의 자격으로 받을 수 있는 것을 훨씬 넘어선다는 교훈을 전하면서 천국이 마치 그와 같다고 하였다. '이와 같이 나중 된 자로서 먼저 되고 먼저 된 자로서 나중 되리라. 청함을 받은 자는 많되 택함을 입은 자는 적으니라.'(So the last shall be first, and the first last: for many be called, but few chosen. 20:16)

[참고] 흠정역성서에는 '청함을 받은 자는 많되 택함을 입은 자는 적으니라'는 구절이 20장 16절에 포함되어 기록되었으나, 다른 여러 영역성서에는 이 구절이 16절에는 빠져 있고 혼인 잔치의 비유를 기록한 22장 14절에 기록되어 있다.

〔참고자료〕 제십일시는 마지막 때를 의미하는 표현이다. The 11th Hour는 지구온난화global warming에 의한 지구 자연환경의 상태와 이로 인한 인간의 미래가 위험에 처해 있다는 것을 알리기 위해 영화배우인 레오나르도 디카프리오Leonardo DiCaprio가 제작, 해설한 환경 다큐멘터리다. 2007년 칸느 영화제에 출품되어 상영되었다.

그림 13 자연환경 다큐멘터리 The 11th Hour(2007) 포스터

11. Render into Caesar what is Caesar's

They say unto him, Cæsar's. Then saith he unto them, Render therefore unto Cæsar the things which are Cæsar's; and unto God the things that are God's.   – KJV St Matthew 22:21

가로되 가이사의 것이니이다. 이에 가라사대 그런즉 가이사의 것은 가이사에게, 하나님의 것은 하나님께 바치라 하시니,

〔어휘와 표현〕 Cæsar: 가이사, 가이사는 '시저'로 알려진 로마의 장군. Caesar로도 씀. him: 예수를 가리킴. Cæsar's: 그(가이사)의 것. saith: says. saith he unto = he said to. render: 지불하다, 납부하다. the things that are God's: 하나님에게 속한 것들.

인용문에 나오는 render라는 말은 오늘날 '세금을 납부하다pay taxes'라는 의미로 흔히 쓰이고 있지는 않다. '가이사에게 지불하다'render unto Cæsar는 특히 고대 로마 정부의 뜻에 따를 수밖에 없는 상황에서 세금을 내야 할 시기를 언급할 때 쓰는 표현이었다. 따라서 오늘날 이 표현은 '정부에 대해 우리의 의무를 다하다'란 의미로 쓰인다.

> (ex) I don't like paying taxes, but I have to *render unto Caesar what is Caesar's*.
> 세금을 내고 싶지 않지만 정부에 내는 것이니 의무를 다 해야지.

〔원문과 성서내용〕 마태복음서 22장에는 세 가지 주제가 등장하는데, 그 가운데 두 번째 주제가 '로마의 과세'에 관한 바리새인과 예수의 문답(22:15-22) 내용이다. 바리새인들은 다시 한 번 예수를 말의 올무에 걸리게 하는(entangle him in *his* talk) 로마의 인두세에 대해 시험하였다. 이들은 헤롯과 그 가족에게 충성하는 헤롯당원과 합세하여 예수에게 나아와 말하였다. '당신의 생각에는 어떠한지 우리에게 이르소서. 가이사에게 세稅를 바치는 것이 가하니이까

그림 14 야첵 말체프스키(1854-1929) 작품
〈가이사에게 바치라〉

그림 15 기원전 44년 줄리어스 시저가 그려진
로마의 은화 데나리온

불가하니이까'(Tell us therefore, What thinkest thou? Is it lawful to give tribute unto Cæsar, or not?)

역사적으로는 주후 6년 당시 로마의 황제였던 옥타비아누스 아우구스투스(Octavianus Augustus, 63 BC – 14 AD)가 유대와 사마리아 지방의 초대 총독으로 코포니우스Coponius를 임명하였으나, 그가 통치하던 기간(6-9 AD)에 주민세를 거두기 시작하면서 갈릴리 유대인의 반란이 일어났다. 후에 코포니우스는 로마로 소환되고 후임으로 주후 9년에 마르쿠스 암비불루스Marcus Ambivulus가 임명되어 주후 13년까지 유다와 사마리아 지방을 다스렸다.

주민세는 로마 황제의 흉상과 글귀가 새겨진 로마 은화인 '데나리온'으로 바쳐야 했는데, 바리새인들은 예수가 세금을 내야 한다고 하면 유대민족의 반역자로, 납세를 거부한다고 하면 로마 당국에 고발하려는 속셈을 지니고 있었다. 예수는 그들의 이러한 계략을 알아차리고 한 데나리온을 가져오라고 하여 그들이 '외식하는 자'(Why do you test Me, you hypocrites? –NIV)임을 폭로하였다. 유대인은 우상숭배가 되는 황제의 형상이 새겨진 동전을 가지고 다녀서는 안 되기 때문이었다.

12. Strain at a gnat and swallow a camel

Ye blind guides, which strain at a gnat, and swallow a camel.

- KJV St. Matthew 23:24

소경된 인도자여 하루살이는 걸러내고 약대는 삼키는도다.

[어휘와 표현] ye: 여기서는 복수 2인칭으로 뒤에 나온 blind guides(소경이 된 인도자)를 가리키는 말이며 '너희'란 뜻. gnat: 하루살이. 각다귀. swallow: 삼키다, 들이키다. camel: 약대, 낙타. 흠정역성서에 나오는 strain at '걸러내다, 제거하다'라는 어구는 영어의 옛 어형으로 현대영어에서는 strain out이라는 표현을 쓴다. '하루살이를 걸러내다'(strain out a gnat)라는 표현은 무엇을 의미하는 것일까?

당시 유대인들은 그들이 마시는 잔에 빠질 수도 있는 하루살이와 같은 작은 곤충insects을 걸러내기 위해 잔 위에 천cloth을 대고 와인을 마셨다. 곤충을 삼키지 않기 위해서였다. 예수는 유대인들이 이처럼 작은 일에 얽매이게 되면 더 큰 죄sins를 저지를 수도 있음을 경고한 것이다. 여기서 나온 원문의 표현이 오늘날에 와서 '사소한 일에 구애를 받아 더 큰일을 소홀히 하다(더 큰 과오를 범하다)'란 의미로 발전하였다.

(ex) My girlfriend doesn't eat candy, but she smokes cigarettes every day. I guess she's willing to *strain out a gnat and swallow a camel.*
내 여친은 사탕은 싫어하면서도 매일 흡연은 빼놓지 않는다. 그녀가 작은 일에는 관심을 가지면서도 정작 더 중요한 일에는 무관심한 것 같아 보이네.

[원문과 성서내용] 마태복음서에는 예수가 바리새인과 서기관들의 해서는 안 될 위선적인 행동에 대해 자주 언급하였다. 이를테면 그들이 채소밭의 박하에 대한 십일조tithe에 대해서는 꼼꼼하게 따지면서 '의와 인과 신'(justice and mercy and faith)은 망각하는 위선을 지적한 것이었다. 즉 과거의 선지자들이 의식儀式에만 초점을 맞추어 실제로 중요한 일은 잊어버리는 우愚를 범하는 것을 예수는 지적하고 있다.

구약성서 율법에는 먹어서는 안 되는 동물의 목록이 들어 있다. 예수는 이들 동물 가운데 두 가지를 언급하고 있는데 그것이 곧 위에 인용한 구절에 나오는 하루살이gnat 및 약대camel이다. 예수가 이 두 동물에 대해 언급한 구절이 위에 인용한 원문이다.

Woe unto you, scribes and Pharisees, hypocrites! for ye pay tithe of mint and anise and cummin, and have omitted the weightier matter of the law, judgment, mercy, and faith: these ought ye to have done, and not to leave the other undone.   – KJV   23:23
화있을진저, 외식하는 서기관들과 바리새인들이여. 너희가 박하와 회향과 근채의 십일조를 드리되 율법의 더 중한바 의와 인과 신은 버렸도다. 그러나 이것도 행하고 저것도 버리지 말아야 할지니라.

[참고] woe unto you: 너희에게 화禍 있기를. scribe: 서기관. hypocrite: 위선자. tithe: 십일조. mint: 박하. anise: 아니스(미나리과의 1년초); 그 열매. cummin: cumin(근채, 그 열매). omit: 빠뜨리다. weightier matter: 더 중요한 문제. weightier: weighty(중요한)의 비교급. these ought ye to have done: ye ought to have done these. 목적어(these)를 앞에 둔 도치구문. these는 앞에 열거한 세 가지(인, 의, 신)를 가리킴. not to leave ~: ye ought not to leave ~(~를 버리지 말아야 한다).

13. Divide(Separate) the sheep from the goats

And before him shall be gathered all nations: and he shall separate them one from another, as a shepherd divideth his sheep from the goats.   – KJV St. Matthew 25:32

모든 민족을 그 앞에 모으고 각각 분별하기를 목자가 양과 염소를 분별하는 것같이 하여,

〔어휘와 표현〕 before him: 그 앞에. 그(him)는 인자(the Son of Man) 곧 예수 그리스도를 일컬음. shall 이하는 도치구문으로 all (the) nations shall be gathered(모든 민족이 그리스도 앞에 모이게 될 것이다)의 뜻. separate: 구별하다, 분별하다. one from another: 서로. 각각. divideth: divides. '양과 염소를 구별하다'란 영어 표현(separate/divide the sheep from the goats)은 흔히 시험이나 경쟁을 통해 한 무리를 '좋은 것'과 '나쁜 것,' '적합한 것'과 '적합하지 않은 것' 또는 '능숙한 것'과 '능숙하지 않은 것'으로 나눌 때 쓴다.

(ex) Now that the auditions have been completed, it is time for the judges to make their decisions and *divide the sheep from the goats.*
오디션이 이제 끝났으므로 시험관들이 잘한 쪽과 그렇지 않은 쪽을 나누어 결정해야 할 때이다.

'양과 염소를 구별하다'와 유사한 뜻을 갖는 표현으로 separate the wheat from the chaff(알곡과 쭉정이를 구별하다, 좋고 나쁜 것을 가리

그림 16 초기 르네상스 이탈리아 화가 프라 안젤리코의 1432년 작 〈양과 염소를 구분하다〉

다)라는 구절이 있다. chaff는 수확할 때 알곡과 함께 거두어들이는 쓸모없는 깍지와 줄기(husks and stalks)를 일컫는다. 성서시대에는 키질하는 도구를 써서 알곡wheat과 왕겨chaff를 분리하였다. 세례 요한은 장차 다가올 그리스도의 최후 심판의 날을 묘사하면서 의righteousness와 불의unrighteousness를 구별하는 것을 알곡과 왕겨를 가르는 과정에 비유하여 언급하였다(마태 3:12). 알곡과 왕겨(쭉정이)는 성서에서 참된 성도와 악인을 각각 상징한다.

> Whose fan is in his hand, and he will throughly purge his floor, and gather his wheat into the garner; but he will burn up the chaff with unquenchable fire(KJV).
> 손에 키를 들고 자기의 타작 마당을 淨하게 하사 알곡은 모아 곳간에 들이고 쭉정이는 꺼지지 않는 불에 태우시리라.

〔참고〕 whose fan: 예수의 키fan, fork. throughly: 고어체로 현대영어에서는 thoroughly(철저하게, 완전히)라는 철자로 쓰임. 발음(/θʌrəli/)에 유의.

purge: 깨끗이 하다, 정화淨化하다. 예: Try to purge away the greed from your heart(탐욕스런 마음을 털어 버리도록 애써라). floor(=threshing floor): 타작마당. wheat: 알곡. garner: 곳간(=barn). burn up: 태워버리다. chaff: 왕겨, 쭉정이. unquenchable: 꺼지지 않는(=that cannot be put out) 예: unquenchable enthusiasm(꺼지지 않는 열정).

위 구절은 현대영어로 번역한 성서(NIV 1999)에서는 다음과 같이 쉬운 영어로 표현되어 있다.

His winnowing fork is in his hand, and he will clear his threshing floor, gathering his wheat into the barn and burning up the chaff with unquenchable fire.

〔원문과 성서내용〕 유대인들은 그리스도가 유대인의 왕으로 와서 로마인의 통치에서 그들을 벗어나게 해 줄 것을 기대하였다. 그러나 예수는 이 세상에 다시 올 때까지는 왕으로서의 자신의 진정한 힘을 보여주지 않을 것을 유대인들에게 가르쳤다.

마태복음서 25장 31−46절에 나오는 이야기는 최후의 심판 때에 일어나는 광경을 기록한 것이다. 이것은 앞의 장(16:27)에서 예수가 이미 예언한 바 있다. '인자가 아버지의 영광으로 그 천사들과 함께 오리니 그때에 각 사람의 행한 대로 갚으리라'(For the Son of man shall come in the glory of his Father with his angels; and then he shall reward every man according to his works.)

이 구절은 25장 31−32절에서 다시 반복되어 나타나는데 위에 인용한 구절을 포함하여 다음과 같이 기록되어 있다.

13. Divide(Separate) the sheep from the goats 227

When the Son of man shall come in his glory, and all the holy
angels with him, then shall he sit upon the throne of his glory:
And before him shall be gathered all nations: and he shall separate
them one from another, as *shepherd divideth his sheep from the*
goats: And he shall set the sheep on his right hand, but the goats
on the left.

인자가 자기 영광으로 모든 천사와 함께 올 때에 자기 영광의 보
좌에 앉으리니 모든 민족을 그 앞에 모으고 각각 분별하기를 목자
가 양과 염소를 분별하는 것같이 하여 양은 그 오른편에, 염소는
왼편에 두리라.

유다에서는 양과 염소를 낮에는 함께 두지만 밤에는 따로 갈라놓
는다. 성서에서 양의 흰 털은 의(義 justice)의 상징으로, 염소는 흔히
악evil과 연관지어 나타낸다. 유대인은 오른편을 왼편보다 더 존귀하
고 선한 곳으로 여겼다.

14. The spirit is willing but the flesh is weak

Watch and pray, that ye enter not into temptation: the spirit indeed
is willing but the flesh is weak.   – KJV St. Matthew 26:41

시험에 들지 않게 깨어 있어 기도하라. 마음에는 원이로되 육신이
약하도다.

[어휘와 표현] watch and pray: 깨어 있어 기도하라. that = so that(~
하도록). ye = you. 복수 2인칭 대명사로 '너희'의 뜻. 제자들을 가리

그림 17 오늘날의 겟세마네 동산. 그리스어로 쓰인 흠정역성서의 마태복음서(26:36)와 마가복음서(14:32)에 나오는 명칭으로 예수 당시의 아람어Aramaic에서 유래한다.

킴. enter not into temptation: do not enter into ~: 유혹에 빠지지 않도록. temptation: 유혹. spirit is willing: 마음은 원하고 있다. indeed: 참으로, 정말로. flesh: 육신, 몸body.

원문에 인용한 표현(마음에는 원이로되 육신이 약하도다)은 현대영어에서는 누군가 어떤 것을 원하나 기술과 에너지 그리고 어려움을 헤쳐 나갈 힘이 부족한 경우에 자주 활용된다.

(ex) I'd love to play tennis with you, but my 60-year-old body doesn't agree. I guess *the spirit is willing, but the flesh is weak.* 너와 테니스를 치고 싶은데 나이가 60세가 되니 내 마음 같아서는 치고 싶지만 몸이 따라주지 못해.

[원문과 성서내용] 이 구절 앞의 성서 내용(26:36-40)은 예수께서 다가올 자신의 십자가의 고통과 죽음을 예견하고 제자들과 함께 겟세마네Gethsemane라고 하는 곳에 가서 기도하는 모습이다.

예수가 핏방울 같은 땀을 흘리며 기도한 겟세마네는 현대영어에서 일반 명사로 쓰여 '큰 고통의 시기 또는 장소'(a time or place of great suffering)란 뜻을 지닌다. '내가 기도하는 동안에 너희들은 여기 있으라'(Sit ye here, while I go and pray yonder). 예수는 베드로Peter 와 세베대의 두 아들을 데리고 가시면서 '고민하고 힘든'(sorrowful and very heavy) 모습(26:37)을 보이셨다.

'고민하고 슬퍼하사'라는 흠정역성서의 표현은 뉴킹제임스역 (sorrowful and deeply distressed - NKJV), 신국제역(sorrowful and troubled - NIV) 및 신개정표준역(grieved and agitated - NRSV) 등 예수의 처절한 심경을 각각 다른 영어 표현으로 나타내고 있다.

성서의 앞 배경 내용으로 보면 예수는 단순히 '고민하고 슬퍼하는' 모습이라기보다는 '괴로워하고 비통하게'(in anguish and distress)라는 영어 표현이 더 낫지 않을까 한다. 예수가 몇 시간 남지 않은 십자 가의 고통과 죽음, 겟세마네 동산에서 제자 가운데 하나가 자신을 배 반하고 체포되는 순간을 앞두고 제자들도 깨어 있지 않은 채 자고 있는 상태에서 홀로 비통하게 기도하는 모습에 알맞은 영어표현을 여러 가지로 상상해 볼 수 있다.

예수는 제자들에게 '내 마음이 심히 고민하여 죽게 되었으니 너희 는 여기 머물러 나와 함께 깨어 있으라'(My soul is exceedingly sorrowful, even unto death: tarry ye here, and watch with me.)고 한 다음 조금 나아가 얼굴을 땅에 대고 엎드려 간절히 기도하였다. '내 아버지여 만일 할 만하시거든 이 잔을 내게서 지나가게 하옵소서. 그 러나 나의 원대로 마옵시고 아버지의 원대로 하옵소서.'(26:39). 누가

복음서(22:44)에는 예수의 이 기도가 한층 더 생생하게 기록되어 있다: '예수께서 힘쓰고 애써 간절히 기도하시니 땀이 땅에 떨어지는 피방울같이 되더라'(And being in an agony he prayed more earnestly: and his sweat was as it were great drops of blood falling down to the ground.)

[참²] exceedingly: 대단히, 몹시. sorrowful: 비탄에 잠긴, 슬픔에 잠긴. even unto death: 죽음으로까지 (이르다). tarry: (고어체에서) 어떤 상태에 머무르다. 원래 이 단어는 '지체하다, 기다리다'란 뜻. tarry ye here는 you stay here(여기에 너희는 머물러 있어라)는 뜻. ye는 2인칭 복수형으로 '너희'란 뜻. watch: 지켜보다, 살펴보다, 자지 않고 있다(깨어 있다). being in an agony: 괴로워하다가. agony: 고통, 몸부림. pray more earnestly: 한층 더 간절히 기도하다. earnestly: 간절하게, 진지하게. sweat: 땀. as it were great drops of blood: 마치 거대한 피방울처럼. it: sweat을 가리킴. fall down to the ground: 땅에 떨어지다.

예수가 제자들에게 오니 그들이 자는 것을 보고 베드로에게 말씀하시되 '너희가 나와 함께 한 시 동안도 깨어 있을 수 없더냐'하고 한탄한 다음 시험에 들지 않게 깨어 있어 기도하라고 하였다. '마음에는 원이로되 육신이 약하도다'란 구절은 육신으로 태어난 인간은 하나님의 영적인 힘spiritual strength을 의지해야 비로소 강해질 수 있다는 뜻을 함축하고 있다.

15. Live by the sword, die by the sword

Then said Jesus unto him, Put up again thy sword into his place:
for all they that take the sword shall perish with the sword.

– KJV St. Matthew 26:52

이에 예수께서 이르시되 네 검을 도로 집에 꽂으라. 검을 가지는
자는 다 검으로 망하느니라.

〔어휘와 표현〕 put up: 고어체에서 쓰는 표현으로 '칼을 칼집에 넣다'란
뜻. '싸움을 그치다'란 의미도 있음. thy: your. sword: 검劍. 발음에
유의. [sɔːɾd]. put up A into his place: A를 칼집(his place)에 넣다.
his는 it의 소유격. for = because. all they = all of them. that take
the sword = who take the sword. 선행사는 all they(=all of them).
perish: 멸망하다. with the sword는 현대영어에서 by the sword로 쓰임.

　'검을 가진 자는 검으로 망하느니라'는 표현은 '다른 사람에게 위
해危害를 가하면 그와 똑같은 식으로 해를 입게 된다'는 뜻이다. '폭
력을 행사하는 이는 폭력으로 당하게 되다'라는 의미와 유사하다.

(ex) My uncle used to steal supplies from his office at work. Now
that he owns his own business, he says that his biggest problem is
theft by employees. You *live by the sword, you die by the sword.*
삼촌이 자신이 일하는 일터에서 물자를 훔치곤 했지. 그런데 지금
그가 사업을 운영해 보니 고용인들이 물건을 훔쳐가는 일이 일어
나서 가장 큰 문제가 되고 있단 말이야. 칼을 쓰는 자는 칼로 망
하는 법.

이 표현은 현대영어에서 sword(검, 칼)이란 어휘 대신에 다른 어휘나 어구로 대체하여 쓰이기도 한다. 예를 들면 야구경기에서 타자a baseball pitcher에 관해 다음과 같이 쓸 수 있다: He lives by the fastball and dies by fastball(타자는 속구速球에 살고 속구에 죽는다). 이 표현은 '(타자의) 타구가 제대로 성공할 수 없다고 해도 전략戰略에 따라 해야 한다'는 의미를 지닌다.

〔원문과 성서내용〕 예수가 체포되었을 때 제자 가운데 한 사람인 베드로가 예수를 방어하려고 시도하면서 검을 빼내어 병사들과 함께 온 한 남자의 귀를 떨어뜨렸다. 이를 본 예수는 베드로를 꾸짖으며 그 무기를 도로 집어넣으라고 말하였다. '검을 가지는 자는 다 검으로 망하느니라'. 이어서 예수는 유다가 겟세마네에 데리고 온 이들을 막을 힘이 없던 것이 아니라 성서Scriptures가 성취될 수 있게 하기 위함이라고 하였다.

Thinkest thou that I cannot now pray to my Father, and he shall presently give me more than twelve legions of angels? But how then shall the scriptures be fulfilled, that thus it must be?(KJV St. Matthew 26:53–54)
너는 내가 내 아버지께 구하여 지금 열두 영 더 되는 천사를 보내시게 할 수 없는 줄 아느냐. 내가 만일 그렇게 하면 이런 일이 있으리라 한 성경이 어떻게 이루어지리요 하시더라.

〔참고〕 Thinkest thou that ~?: Do you think that ~? presently: 곧soon. 지금now. 고어체에서는 '즉시, 당장'이란 의미로 씀. more than twelve legions of angels: 열두 군단 이상의 천사들(새번역성경). legion은 고대 로

마의 군단을 일컫는 어휘로 당시 3~6천 명의 보병으로 편성되었다고 함. 성서에서는 열두 영(營 legion)이 매우 많은 수를 뜻하는 말로 쓰인다. scripture: 성서, 성경. 복수로 씀. But 이하의 구절을 현대영어로 쉽게 영역한 성서(NRSV) 문장을 소개한다.

But how then would the scriptures be fulfilled, which say it must happen in this way?
이런 일이 반드시 일어나야 한다고 한 성경 말씀이 어떻게 이루어지겠느냐?

그림 18 백악관 앞에 있는 구호
'폭탄을 가지는 자 폭탄으로 망한다'

예수는 자신을 잡으러 온 '큰 무리'에게 저항하지 않고 잡아가게 허락하였다. 이렇게 함으로써 구약성서 가운데 '그리스도가 자기 영혼을 버려 사망에 이르게 하며 범죄자 가운데 하나로 헤아림을 입었음이라. 그러나 실상은 그가 많은 사람의 죄를 지며 범죄자를 위하여 기도하였느니라'(because he hath poured out his soul into death: and he was numbered with the transgressors; and he bare the sin of many, and made intercession for the transgressors. KJV)고 한 선지자 이사야의 예언(Isaiah 53:12)을 이루려 한 것이다.

〔참고〕 hath: has. pour out: 쏟아내다, 여기서는 '영혼을 아낌없이 쏟아내어

죽음에 이르게 하다'란 의미로 쓰였음. number: (동사로 쓰여) ~를 세다, ~을 열거하다. transgressor: (종교, 도덕상의) 죄인, 위반자, 범죄자. bare: 고어체로 쓰인 bear의 과거형. '짊어지다'. sin of many: 많은 사람의 죄. intercession: 기도에 대한 주선, 대도代禱. make (an) intercession for: ~를 대신 기도해 주다.

16. Thirty pieces of silver

Then Judas, which had betrayed him, when he saw that he was codemned, repented himself, and brought again the thirty pieces of silver to the chief priests and elders,   – KJV St. Matthew 27:3

그때에 예수를 판 유다가 그의 정죄됨을 보고 스스로 뉘우쳐 그 은 삼십을 대제사장들과 장로들에게 도로 갖다주며,

〔어휘와 표현〕 원문에 나오는 '은 삼십'은 현대영어에서 '배반의 댓가로 얻은 돈'money paid for a betrayal이란 나쁜 의미로 쓰이고 있다.

(ex) I heard that you sold the company's secret files to China a few years ago. Are you happy now that you have your *thirty pieces of silver?*

자네가 몇 년 전에 회사의 기밀문서를 중국에 팔아넘겼다는 소문을 들었네. 이제 은 삼십 냥을 받았으니 기쁜가?

위에 인용한 성서 구절 가운데 *it is* not lawful *for to* put them

그림 19 예수를 배반한 대가로 은 삼십을 받는 유다.
마티아 프레티 1640년 작

into the treasury(은 삼십을 성전고에 넣어 둠이 옳지 않다)라는 구절
(27장 6절)은 「it is ~ to ~」라는 부정사 구문으로, 현대영어와 달리
12세기 이후 흠정역성서가 나온 17세기 초까지만 해도 「it is ~ for
to ~」와 같은 구문으로 쓰였다.

〔원문과 성서내용〕 마태복음서 27장(1-66절)에는 예수가 로마 총독(빌라
도 Pilate)에게 이관되어 로마 법정에 서게 되고 십자가에 못 박혀 죽
은 후 장사葬事되는 과정이 상세하게 기록되어 있다. 이때 등장한 예
수의 제자 가운데 한 사람인 유다Judas의 죽음과 관련된 이야기가
3-5절에 기록되어 있다.

　　예수 제자의 배신(背信 betrayal)에 관해서는 26장 마지막 부분에
예수를 세 번 부인한 베드로의 이야기(70-75절)가 나오는데, 여기서
는 '유다의 배신'에 대한 이야기를 확인할 수 있다. 그러나 이 배신
은 베드로의 배신과는 대조적이다. 베드로는 예수를 부인한 후 눈물

의 회개로 끝난 반면 유다는 참된 회개 대신 절망과 자살로 끝을 맺는다.

유다가 잘못을 뉘우치고 은 삼십을 도로 내주며 다음과 같이 말하는 인상적인 구절을 인용한다.

Saying, I have sinned in that I have betrayed the innocent blood. and they said, What is that to us? see thou to that. And he cast down *the pieces of silver* in the temple, and departed, and went and hanged himself. And the chief priests took the silver pieces, and said, It is not lawful for to put them into the treasury, because it is the price of blood. And they took counsel, and bought with them the potter's field, to bury strangers in. Wherefore that field was called, The field of blood, unto this day(KJV St. Matthew 27:4-8).

가로되 내가 무죄한 피를 팔고 죄를 범하였도다 하니 저희가 가로되 그것이 우리에게 무슨 상관이 있느냐 네가 당하라 하거늘, 유다가 은을 성소에 던져 넣고 물러가서 스스로 목매어 죽은지라. 대제사장들이 그 은을 거두며 가로되 이것은 피값이라 성전고聖殿庫에 넣어 둠이 옳지 않다 하고 의논한 후 이것으로 토기장이의 밭을 사서 나그네의 묘지를 삼았으니 그러므로 오늘날까지 그 밭을 피밭이라 일컫느니라.

〔참고〕 sin : 죄를 짓다. 과거(분사)는 sinned. betray : 배반(배신)하다. innocent : 무죄인, 결백한. What is that to us? : 그것이 우리와 무슨 상관이냐? that은 유다가 한 행위를 가리킴. See thou to that : 그러한 행위에 대해 너를 돌아보아라. 현대영역성서에서는 See to it yourself 또는 That's your problem으로 표현하고 있음. cast down : 던져 버리다. depart : 떠나다. hang himself : 스스로 목을 매다, 자살하다. chief priest : 대제사장. not lawful for to put them into : ~에 넣어 두는 것이 옳지 않다. treasury : 성

전고. the price of blood: 피값. 유다가 예수를 판 삼십을 가리킴. buy the potter's field: 토기장이의 밭을 사다. wherefore: (관계부사) 그렇기 때문에, 그러므로. unto this day: 오늘날까지.

유다의 배신은 마가복음서(14:10-11) 및 누가복음서(22:3-6)에도 기록되어 있다. 인용한 마태복음서에 나오는 '은 삼십'은 구약성서의 출애굽기(21:32)에 그 용도가 이미 기록되어 있다: '소가 만일 남종이나 여종을 받으면 소 임자가 은 삼십 세겔을 그 상전에게 줄 것이요, 소는 돌에 맞아 죽을지니라'(If the ox shall push a man-servant or a maidservant; he shall give unto their master *thirty shekels of silver*, and the ox shall be stoned. - KJV)

위 문장에서 '은 삼십'은 구약 당시의 종들을 위한 표준 금액이었다. 유다는 예수를 판 피값blood money으로 은 삼십 세겔(342g)을 받은 것이다. 구약성서의 스가랴서(Zechariah 11:12-13)에 따르면 이스라엘 백성이 그들을 보호하고 먹이신 목자(하나님)의 수고로 종을 살 수 있는 고가雇價 품삯에 해당하는 '은 삼십'을 달라는 말을 하나님이 아시고, 노하신 후에 '은 삼십'을 여호와의 전殿에서 토기장이에게 던지는 장면이 등장한다. 하나님의 이 예언은 예수 그리스도 시기에 와서 유다가 예수를 은 삼십에 팔아넘겼을 때 성취되게 된다.

〔참고자료〕 기독교 문헌에서 '은 삼십'이란 표현은 예수를 배반한 댓가로 종종 쓰이는데, 오래전에 영국의 작가인 윌리엄 블래인(William Blane, 1750-1835)이 〈은 삼십〉(*Thirty Pieces of Silver*)이란 시에서 쓴 구절을 인용하면 다음과 같다(*The Silent Land other Poems*, London: E. Stock, 2001:68).

그림 20 렘브란트 1629년 작 은 30을 돌려주는 유다

"*Thirty pieces (of) silver*"
Burns on the traitor's brain.
"Thirty pieces of silver!
Oh! it is hellish gain!"
은 삼십 냥이
배반자의 머리에서 이글거리네.
은 삼십 냥이라!
오! 가증할 소득이어라!

러시아의 작가인 도스토예프스키(Fyodor Dostoyevsky, 1821–1881)
가 쓰고 우리에게 영화로도 널리 알려진 소설 《죄와 벌》(*Crime and
Punishment*)에는 매춘부 소냐Sonia가 자신을 팔아 생계를 유지한 대
가로 얻은 삼십 루불roubles에 대한 이야기가 나온다.

한편 셰익스피어의 희곡인 〈헨리 4세〉(*Henry IV, Part 2, Act 2 Scene 1*)에는 주점의 여주인mistress이 익살꾼Falstaff에게 장황하게 늘어놓는 말 가운데 다음과 같은 대사가 나온다:

And didst thou not kiss me and bid me fetch *three thirty shillings*? I put thee now to thy book-oath: deny it, if thou canst.
그리고 내게 키스하고 나선, 삼십 실링만 갖다 달라고 하지 않았어? 자, 성서聖書에 두고 대답해 봐. 그렇지 않다고 할 수 있거든 어디 해봐.

[참고] didst thou not kiss ~: didn't you kiss ~(입맞추지 않았는가). bid me fetch ~: ~을 갖다 달라고 지시(명령)하다. 앞의 문장과 연결되어 didn't kiss ~ and bid ~ ?: 입맞추고 (~를 가져와 달라고) 지시하지 않았느냐?란 뜻. bid(지시하다) - bade - bidden. if thou canst = if you can deny it. it은 30 실링을 갖다 달라고 한 사실을 가리킴. deny: 부인(부정)

셰익스피어 당시에는 '삼십'을 three thirty와 같이 표현하였다. 이보다 훨씬 이전인 중세영어 시기에 쓰인 영어(예: 초서의 《캔터베리 이야기》)에도 '29명'을 nine and twenty와 같이 표현하고 있다. book-oath는 oath on the Bible(성서에 대고 맹서하다)란 뜻임.

 17. Wash one's hands of something

When Pilate saw that he could prevail nothing, but that rather a

tumult was made, he took water, and washed his hands before the
multitude, saying, I am innocent of the blood of this just person:
see ye to it.   - KJV St. Matthew 27:24

빌라도가 아무 효험도 없이 민란이 나려는 것을 보고 물을 가져다
가 무리 앞에서 손을 씻으며 가로되 이 사람의 피에 대하여 나는
무죄하니 너희가 당하라.

[어휘와 표현] Pilate: 로마 총독 빌라도를 가리킴. prevail nothing: 아
무 효험이 없다, 효과가 없다. rather: 오히려. tumult: a riot(소동,
폭동, 민란民亂). before the multitude: 군중, 무리(the crowd) 앞에서.
this just person: 바로 이 사람. just는 '바로'란 뜻. 예: He is just
the man I've been looking for(그는 바로 내가 찾고 있던 사람이다).
see ye to it: see to it yourselves(너희들이 당하라, 너희들의 문제다).
27장 4절에 나온 표현과 동일함. wash one's hands of ~(에서 손을
씻다)라는 표현은 오늘날 '~ 과의 관계를 끊다', '어떤 상황에 대해
책임을 지지 않으려 하다'는 뜻으로 쓰인다.

  (ex) When we found out that he had wasted all our funds, we
       decided to *wash our hands of* the relationship of him.
       우리는 그가 우리 자금을 몽땅 써 버린 사실을 알고 그와의
       관계를 끊기로 결심하였다.

[원문과 성서내용] 이 장면은 예수가 붙잡혀서 빌라도 총독의 로마 법정
에 선 모습을 기록한 것이다. 유대 지도자들은 '하나님의 아들 그리
스도'라고 한 예수의 말을 근거로 로마에 반란을 기도했다는 날조된
죄목으로 로마 법정에 고소하였으므로, 로마 총독인 빌라도가 공식적

그림 21 로마 총독 빌라도 앞에 선 예수. 헝가리 화가 미할리 문카치 1881년 작

으로 예수에 대한 판결을 내려야 한다고 여겼다. 그런데 빌라도는 예수에게 사형을 내리기를 주저하고 그를 놓아주려고 하였다.

　유대인들은 유월절the Passover을 지내면서 죄수 한 사람을 놓아주는 전례前例가 있었다. 빌라도 총독은 유대 당국자(대제사장과 장로들)의 시기(猜忌 envy)로 예수를 로마 법정에 넘겨준 것을 알고 'Whom will ye that I release unto you? Barabbas, or Jesus which is called Christ?'(내가 누구를 너희에게 놓아 주기를 원하느냐 바라바냐 그리스도라 하는 예수냐? –KJV 27:17)라고 하니 유대 당국자들은 바라바를 놓아주고 예수를 십자가에 못 박으라고 소리를 질렀다.

〔참고〕 Whom will ye that ~?＝ Whom do you want ~?: 너희는 (내가) 누구를 ~하기를 원하느냐? Which one do you want me to release to you?

로 바꿔 생각할 것. which one이라고 한 것은 십자가에 못 박힌 두 사람 가운데 '어느 누구'란 뜻.

원문에 인용한 내용에서처럼 빌라도는 그들 앞에서 두 손을 씻음으로써 예수의 처형에 대한 책임을 면하고 그 책임을 무리에게 떠넘기려고 하였으나 결국 빌라도는 백성의 요구에 따르게 된다. 이 장면이 27장 26절에 기록되어 있다: 'Then released he Barabbas unto them: and when he had scourged Jesus, he delivered him to be crucified.'(이에 바라바는 저희에게 놓아 주고 예수는 채찍질하고 십자가에 못 박히게 넘겨 주니라)

〔참고〕 Then released he ~: Then he released ~. 앞에 부사가 와서 도치된 구문으로 쓰임. scourage: 매질(채찍질)하다. 명사로 쓰이면 '회초리, 매, 징벌'이란 뜻. deliver him to: ~에게 넘겨주다. him to be crucified: 그(예수)가 십자가에 못 박히도록. 뒤에 by Roman soldiers(로마 병사들에 의해)를 넣으면 의미가 더 명확해짐.

18. Measure for measure

And he said unto them, Take heed what ye hear: with what measure ye mete, it shall be measured to you: and unto you that hear shall more be given.   – KJV St. Mark 4:24
또 가라사대 너희가 무엇을 듣는가 스스로 삼가라. 너희의 헤아리는 그 헤아림으로 너희가 헤아림을 받을 것이요 또 더 받으리니,

〔어휘와 표현〕ye: 원문에 나오는 ye는 모두 복수 2인칭 대명사로 '너희'란 뜻. take heed (of) ~ : ~에 주의하다. 원문에 인용한 measure '재다, 측정하다, 헤아리다, 되질하다'가 나오는 구절인 measure for measure는 마태복음서(7장 1-5절 참조)에도 나온다. '너희가 심판하는 그대로 너희도 심판받고 너희가 되질하는 바로 그 되로 너희도 받을 것이다.' 또는 '지은 죄는 지은 대로 갚게 하라'는 의미로도 쓰인다.

〔원문과 성서내용〕마가복음서는 요한 마가John Mark가 기록한 것으로 전해지고 있다. 마가는 성性으로 이름은 요한이다. 그는 예수의 제자는 아니었지만, 시몬 베드로Simon Peter의 제자로 알려진 마가는 바울과 바나바Barnabas를 따라 안티옥Antioch으로 갔다가 나중에 예루살렘으로 돌아간 청년이었다(사도행전 12:12, 25).

And Barnabas and Saul returned from Jerusalem, when they had fulfilled their ministry, and took with them John, whom surname was Mark.
바나바와 사울이 부조扶助의 일을 마치고 마가라고 하는 요한을 데리고 예루살렘으로 돌아오니라.

몇 년이 지난 후 마가는 베드로와 같은 시기에 로마에 있었는데(베드로전서 5:13), 마가복음서는 상당 부분 예수를 '하나님의 아들'로 묘사하고 예수의 마지막 수난passion에 대한 생생한 증언이 특징을 이루고 있다. 그러므로 그는 아마도 그곳에서 장차 세계를 변화시킬 사역과 예수 그리스도의 말씀을 전하는 베드로의 생생한 증언을 담은 구술(口述 oral accounts)을 충실히 기록한 것으로 전해진다.

마가복음서는 이방인 그리스도인들(a Gentile audience)을 위해 그리스어로 기록되었다. 이 책은 복음서 가운데 가장 짧고 역사상의 예수를 조명한 시기에 가장 근접한 것으로서 기독교 역사를 개관한 복음서로 읽기에도 손색이 없다. '하나님의 아들'인 예수의 가르침, 수난과 죽음 그리고 부활이 이 복음서의 주제이다.

원문에 인용한 구절은 예수가 제자들에게 비유로 말한 가르침 가운데 하나님 나라가 어느 날 모든 사람에게 드러날 것임을 등불의 비유로 하신 말씀이다. 등불은 빛을 감추기 위한 것이 아니라 빛을 주기 위해 존재한다. 이 비유의 최종 목표는 진리는 감추는 것이 아닌 드러내는 것임을 시사해 준다. '너희가 되질하여 주는 만큼 너희에게 되질하여 주실 것이요, 덤으로 더 주실 것이다.'(새번역성경 4:24절).

마가는 이처럼 예수의 가르침과 복음서 이야기에 나오는 여러 사건을 세심하게 구성하였고 예수가 요단강에서 세례를 받고 난 다음 하늘이 갈라진 것(1:10-11)과 예수가 운명殞命한 뒤 성소 휘장 Temple curtain이 둘로 갈라진 것(15:37-38) 사이에 예수의 가르침과 사건들을 짜임새 있게 배치해 놓은 것이다. 그리하여 하나님의 화신(化身 incarnation)으로 오신 예수의 생애는 하늘과 땅 사이, 그리고 성소(聖所 Temple sanctuary)와 백성 사이에 막혔던 장벽을 무너뜨렸다.

[참고자료] 마가복음서에 나오는 measure for measure란 표현은 셰익스피어의 희극喜劇 가운데 하나인 *Measure for Measure*로 우리에게 널리 알려져 있다. 이 어구는 '말은 말로, 되는 되로, 준 대로 받은 대

로' 또는 '피장파장'
이라는 의미에 비견
되고 이척보척以尺報
尺이란 한자로도 번
역되어 쓰인다.

이 극에서 엄격한
법치주의자인 엔젤
로Angelo는 비엔나
의 공작 빈센티오
Vincentio의 부재중
대리관으로 혼전에
약혼자를 임신시킨
죄로 청년 신사인
클로디오Claudio에게
사형을 선고한다. 클

그림 22 엔젤로에게 선처를 구하는 이사벨라
윌리엄 해밀턴 1793년 작

로디오의 여동생 이사벨라Isabella는 엔젤로를 찾아가 오빠의 죄를 선처해 달라고 간청한다. 그러나 엔젤로는 그녀의 순결과 오빠의 사면을 바꾸자는 제안을 하게 되고 이 모든 진실을 알게 된 빈센티오 공작은 꾀trick를 내어 엔젤로에게 자비를 본분으로 하는 국법(mercy of the law)을 들어 다음과 같이 경고한다.

An Angelo for Claudio, death for death!
Haste still pays haste, and leisure answers leisure,
Like doth quit like, and *Measure still for Measure.*

클로디오를 보상하는 데 엔젤로써 하라!
죽음을 갚는 데 죽음으로써 하라!
급急을 갚는 데는 급으로써 하고
완緩에는 완으로 응하고
유類에는 유로써 대하고
자[尺]에는 자로써 대하기 마련이다.

〔참고〕 still: always. doth: does. quit: repay. measure: retribution(보복),
judgement(심판).

공작은 클로디오를 참수한 그 단두대로 엔젤로를 지체 없이 보내
겠다고 위협하나 결국 마지막에 가서 클로디오를 살려내고 대중 앞
에서 엔젤로의 파렴치한 면모를 파헤치게 된다는 것이 줄거리이다.

세익스피어의 희극 *Measure for Measure*에서는 '법law'으로 대변되는 정의와 '용서와 화해'를 구하는 자비mercy의 문제, 권력자의 올바른 자질을 논하고 인간의 행동에 대한 법적, 도덕적 판단이 갖고 있는 맹점盲點 등의 문제를 희화적으로 다루고 있다.

그림 23 세익스피어 작(1623)
Meaure for Measure의 첫 장

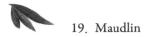

19. Maudlin

And certain woman, which had been healed of evil spirits and infirmities, Mary called Magdalene, out of whom went seven devils,
　　　　　　　　　　　　　　　　　　　　　- KJV　St. Luke 8:2

또한 악귀를 쫓아내심과 병 고침을 받은 어떤 여자, 곧 일곱 귀신이 나간 자 막달라인이라 하는 마리아와

[어휘와 표현] heal: 고치다. evil spirit '악령'. '악귀'. infirmity '병病.' 마리아는 영어로 Mary로 쓰고 막달라Magdala라는 곳에서 왔으므로 막달라인(Magdaline[mǽgdəlìːn]으로 발음)이라고 불렀음. 막달라는 팔

레스타인 북부의 한 읍으로 막달라 마리아의 탄생지로 알려져 있음. 흠정역 성서 원문에는 단수형 명사인 certain woman으로 기록되어 있으나, 한영해설성경(NIV)을 비롯하여 우리말로 번역된 여러 한영 대역성경에는 certain women, some women이란 복수형 명사로 번역되어 있다.

[참고] 중세영어 철자로 쓰인 Magdaline은 시간이 변하면서 Magdelene으로 변하고 중세영어 시기 이후에는 maudlin([mɔːdlin]) 이란 철자로 변했다. 영국 옥스퍼드대학의

그림 24 옥스퍼드대학의 모들린
칼리지

여러 단과대학 가운데 가장 부유한 대학의 하나인 모들린 칼리지Magdalen College가 있고 영국 캠브리지대학에도 모들린 칼리지Magdalene College가 있다. 두 대학의 '모들린' 철자는 서로 다르게 쓰이나 발음은 동일하다.

그림 25 캠브리지대학의 모들린 칼리지

maudlin이란 어휘는 현대영어에서 '어리석게도 마음이 여리고 눈물을 잘 흘리는' 또는 '지나치게 감성적인'이란 뜻으로 쓰인다.

(ex) When John drinks too much, he is a *maudlin* drunk.
존은 과음하면 지나칠 정도로 감성적이 된 채 취한다.

[원문과 성서내용] 누가복음서의 저자는 예수의 발에 향유를 부어 예수에 대한 헌신을 보여준 한 여인의 이야기를 들려주고 있다(7:37 – 38). 새번역성경(NIV)에서 옮겨 싣는다.

When a woman who had lived a sinful life in that town learned that Jesus was eating at the Pharisee's house, she brought an alabaster jar of perfume, and as she stood behind him at his feet weeping, she began to wet his feet with her tears. Then she wiped them with her hair, kissed them and poured perfume on them.
그 동네에 죄인인 한 여자가 있어 예수께서 바리새인의 집에 앉으셨음을 알고 향유 담은 옥합을 가지고 와서 예수의 뒤로 그 발 곁에 서서 울며 눈물로 그 발을 적시고 자기 머리털로 씻고 그

그림 26 막달라 마리아에게서 일곱 귀신을 쫓아내는 예수
파올로 베로니스 1548년 작

발에 입맞추고 향유를 부으니

〔참고〕 live a sinful life: 죄 많은 인생을 살다. alabaster jar of perfume: 향유
를 담은 옥합. alabaster: 백색 반투명한 조각재료(설화석고). jar: 단지. (아
가리가 넓은) 병瓶. wet one's feet: ~의 발을 적시다. wipe: 가볍게 문지르
다, 닦다. wiped 다음의 them은 예수의 두 발을 일컬음. pour perfume on
them: 향유를 발에 붓다. them은 Jesus' feet을 가리킴.

앞에 인용한 구절에 나온 '죄 많은 여인'은 이름이 언급되지 않았
으나 막달라 마리아Mary Magdalene로 알려져 있다. 누가복음서의 저
자는 8장(1-3절)에서 원문에 인용한 대로 예수의 열 두 제자와 함께
여행한 여인 가운데 한 사람으로 기록하고 있다.

〔참고〕 성서에서 막달라 마리아라는 여인이 눈물로 예수의 발을 씻었기 때문
에 오늘날 '막달라'라는 말에서 파생되어 나온 maudlin이 '눈물이 헤픈, 지
나칠 만큼 감성적인'이란 뜻으로 쓰이게 된 것임.

20. Walk on water

and about the fourth watch of the night he cometh unto them, walking upon the sea, and would have passed by them.

- KJV St. Mark 6:48

밤 사경 즈음에 바다 위로 걸어서 저희에게 오사 지나가려고 하시매

〔어휘와 표현〕 about the fourth watch of the night: 밤 사경 즈음. 로마인들은 오후 6시 – 오전 6시까지의 밤 시간을 4등분하였음. 밤 사경은 새벽 3-6시 사이의 시간을 뜻함. pass by ~: 지나가다. would have passed by ~: ~를 지나치려고 했을 것이다.

　제목에 인용한 '물 위를 걷다'(walk on water)라는 표현은 현대영어에서 '비난의 여지가 없는', '신과 같은 능력을 지닌'이란 의미로 쓰이고 있다.

(ex) Mary never agrees with her father. She thinks he *walks on water*.
메리는 아버지와 의견이 전혀 맞지 않는다. 아버지가 신과 같은 능력의 소유자라고 생각하니까.

〔원문과 성서내용〕 마가복음서 6장에는 예수가 바다 위를 걸어 제자들에게 오시는 장면(45-51절)이 나온다. 예수는 사람들을 돕고 자신의 능력을 그들에게 보여주기 위해 많은 이적(異蹟 miracle)을 행하였다. 예수가 행한 유명한 이적 가운데 하나는 갈릴리 바다 위를 걷는 것이었다.

그림 27 〈물 위를 걷는 예수〉 이반 알바조프스키 1888년 작

　예수는 즉시 제자들을 재촉하여 배에 오르게 하고 자신보다 앞서
건너편 벳세다(Bethsaida: 이스라엘 북부 갈릴리호 북안北岸의 고대 소
도시)로 그들을 보내는 한편 그들과 작별한 후 기도하러 산으로 올
라갔다. 저녁이 오자 배는 갈릴리 바다 한가운데 있었고 예수는 홀로
뭍land에 있게 되었다. 바람이 제자들에게 거세게 불고 있었기 때문
에 예수는 그들이 힘들게 노를 젓고 있는 것을 보았다. 밤이 끝나갈
무렵(새벽 3-6시 사이), 예수는 제자들을 지나가려고 바다 위를 걸어

서 그들에게 다가왔다. 제자들은 예수가 바다 위로 걸어오는 모습을 보고 혹시 유령ghost이 아닌가 생각하였으나 예수임을 알아차리고 놀라 소리를 질렀다.

예수는 즉시 그들에게 말하였다: '안심하라 나이니 두려워 말라'(Be of good cheer: it is I; be not afraid.) 그런 다음 그들과 함께 배에 올라가니 바람이 그쳤고 제자들은 몹시 놀라움을 금치 못하였다.

〔참고〕 '안심하라 나이니 두려워 말라'라는 영어 표현은 새로 수정한 표준성서(NRSV)에서는 Take heart, it is I; do not be afraid.와 같이 영역하고 있다. 현대영어에서 it is I는 구어체에서 it is me로 표현됨.

〔참고자료〕 흠정역성서(1611)에 나오는 It is I. 라는 표현은 역사상 문법학자들 사이에 많은 논쟁이 되어 온 표현이다. 1300년 무렵까지만 해도 고대영어에서 사용해 온 Ic hit eom(=I it am)이란 표현이 쓰였고 1300-1400년 즈음까지는 It am I.로 쓰이다가 1400년 이후에는 초서, 셰익스피어의 작품에 It is I.라는 표현으로 바뀌었다.

It is I.를 I am here.로 옮긴 영역성서(NLT 2001)도 있어서 의미상 지나친 점이 있으나 현대영어의 구어체spoken English에서 대체로 It is me로 쓰고 있다. 흠정역성서에는 현대영어 이전의 고어체 표현이 주로 사용되었는데, 그 예로, 마태복음서 14장 27절과 누가복음서 24장 39절에서 흠정역성서에 쓰인 구절을 인용한다.

But straightway Jesus spake unto them, saying, Be of good cheer; it is I; be not afraid.   - St Matthew 14:27
예수께서 즉시 일러 가라사대 안심하라 내니 두려워 말라.

Behold my hands and my feet, that it is I myself: handle me, and see; for a spirit hath not flesh and bones, as ye see me have.

- St. Luke 24:39

내 손과 발을 보고 나인 줄 알라 또 나를 만져보라. 영은 살과 뼈가 없으되 너희 보는 바와 같이 나는 있느니라.

[참고] handle me: 나를 만져보라. handle은 '~에 손을 대다, 손으로 만지다' 란 뜻. spirit: 영(靈 ghost), hath = has. as ye see have: as you see that I have.(너희가 보는 대로 나는 있다). have는 '살과 뼈가 있다'는 뜻.

21. To whom much is given, much is required

For unto whomsoever much is given, of him shall be much required: and to whom men have committed much, of him they will ask the more.

- KJV St. Luke 12:48b

무릇 많이 받은 자에게는 많이 찾을 것이요, 많이 맡은 자에게는 많이 달라 할 것이니라.

[어휘와 표현] to whomsoever: to whomever. ~하는 자에게는 누구에게나. much is given: 많이 받은. much required of him: 더 많은 것을 그에게서 요구하는. required of:~에게 요구하는. commit much: 많은 것을 맡다(=entrust much). ask the more of him: 그에게서 더 많은 것을 요구하다.

　'받은 것이 많으면 그만큼 더 많은 것을 찾게 되다'란 위 표현은 현대영어에서 '재능이나 소유 또는 기회가 많은 사람일수록 다른 사람을 위해 더 많은 책임을 지고 이런 것들을 사용해야 한다'는 의미를 지니고 쓰인다.

(ex) I told my son that he could not ignore his talent as a violinist. He has a responsibility to play for other's enjoyment. I believe that *to whom much is given, much is required*.
나는 내 아들에게 바이올린 연주자로서의 재능을 소홀히 하지 말라고 했다. 다른 이들을 즐겁게 할 책임이 있으니까. 그가 재능을 받았으니 다른 사람을 위해 그 재능을 아낌없이 사용하리라고 믿는다.

현대영어에서 이 표현이 쓰인 예로 가장 유명한 어법은 아마도 미국의 35대 대통령이었던 케네디(John F. Kennedy, 1917-1963)가 암살당하기 전인 1961년에 '무릇 많이 받은 자에게는 많이 찾을 것이요'(For of those to whom much is given, much is required)라는 성서 구절을 인용하여 연설한 기록이 있다. 요즘 영어로는 to whom much is given, much is required가 옳은 어법으로 흔히 쓰이고 있다.

〔원문과 성서내용〕 예수는 인자가 하늘과 땅의 왕으로 다시 올 때를 예비할 것을 자신을 따르는 제자들에게 말하면서 이들은 주인이 외출하고 있는 동안에도 주인에게 순종하는 청지기steward처럼 되어야 한다고 말하였다.
예수는 주인이 돌아왔을 때 준비되지 아니한 두 명의 순종치 아니한 종servants을 비유로 들면서 말하였다: 이 둘은 모두 잘못을 저질렀다. 첫 번째 종은 주인의 뜻을 알고도 준비하지도 않고 그 뜻대로 행하지 않았으므로 많이 맞을 것이요, 두 번째 종은 주인의 뜻을 알지 못하고 매맞을 일을 행하였으므로 벌을 받았지만 그 벌이 심하지 않았다.

인용한 성서 구절이 나오는 누가복음서의 내용(42-48절)은 예수의 제자들이 늘 주인의 복귀를 준비하는 종처럼 부지런히 하나님을 섬겨 재림再臨에 대한 대비를 해야 함을 비유로 말씀하신 기록이다.

그림 28 버나드 킨지 가족

[참고자료] 미국의 박애주의자이며 사업가로 로스엔젤레스LA에서 활동한 버나드 킨지(Bernard Kinsey, 1943-)는 19-20세기의 아프리카-아메리카 역사와 예술에 대한 열정을 지닌 인물이다. 사랑과 존경 그리고 친구와 가족관계를 중요하게 여기고 실천해 온 그는 아내인 셜리Shirley와 함께 자선단체와 교육기관 및 그의 모교에 평생 기부를 해왔으며 LA에서 가장 존경받고 추앙받는 한 쌍의 부부로 불리어 왔다. 이들이 그렇게 추앙을 받아 온 이유는 일생을 살아오면서 두 가지 인생의 원칙을 지켜왔기 때문이다. 그것은 원문의 표제로 인용한 '받은 것이 많으면 더 많은 것을 찾게 된다'(To whom much is give much is required)는 것과 '후회 없는 인생을 살아야 한다'(To live a life of no regrets)는 두 가지 삶의 원칙이다.

22. Cast the first stone

So when they continued asking him, he lifted up himself, and said unto him, He that is without sin among you, let him first cast a stone at her.　　　　　　　　－ KJV　St. John 8:7

저희가 묻기를 마지 아니하는지라. 이에 일어나 가라사대 너희 중에 죄 없는 자가 먼저 돌로 치라 하시고,

〔어휘와 표현〕 lift up: 들어 올리다. He that is ~: 현대영어 이전 시기에 쓰인 영어는 he that(=he who)와 같은 표현이 자주 쓰였음. let him first cast ~: '먼저 쳐라' him은 '죄없는 자'를 가리킴. first는 이 경우 부사로 쓰임. cast a stone at her: 그 여자에게 돌을 던지다.

현대영어에서는 원문에 나온 the first가 다른 위치로 이동하여 쓰이고 있으나 의미는 동일하다. cf. Let him throw a stone at her first. '먼저 돌로 쳐라'는 표현은 오늘날 '공평치 못하게 또는 너무 빨리 판단하다, 책망하다'란 의미로 쓰인다.

Whenever a government official is caught breaking the law, the local journalists seem perfectly happy to *cast the first stone*.

정부 관리가 법을 위반할 때마다 지방의 언론인들은 이것을 절호의 기회로 여겨 공평치 못한 비판을 하기 마련이다.

〔원문과 성서내용〕 신약성서 가운데 마태, 마가 및 누가복음서 등 세 복음서는 공통된 관점의 이야기를 기록하고 있으므로 '공관복음서'라는 명칭을 붙인다. 4복음서 가운데 가장 늦게 쓰여진 또 하나의 복음서

인 요한복음서St. John's Gospel를 기록한 저자는 세베대의 아들son of Zebedee로 예수의 열두 제자 가운데의 한 사람인 요한이다. 복음서의 마지막 장(21:24)에 '이 일을 증거하고 이 일을 기록한 제자가 이 사람이라. 우리는 그의 증거가 참인 줄 아노라.'(This is the disciple which testifieth of these things, and wrote these things: and we know that his testimony is true.)고 기록하고 있어서 예수의 두 제자 (베드로와 사도 요한) 가운데 사도 요한이 저자임을 알려주고 있기 때문이다. 그는 요한 1-3서 및 요한계시록의 저자이기도 하다.

위에 인용한 표현이 나오는 성서 내용은 간음하다가 잡힌 여인과 관련된 구절이다. 어느 날 바리새인들과 율법사들이 간음adultery하다가 붙잡힌 여인을 예수에게 데리고 왔다. 이들은 예수에게 말했다: '모세는 율법에 이러한 여자를 돌로 치라 명하였거니와 선생은 어떻게 말하겠나이까'(Now Moses in the law commanded us, that such should be stoned: but what sayest thou?)

이야기의 핵심은 모세 율법에 대한 예수의 태도였다. 바리새인과 율법사(서기관)들의 의도는 예수로 하여금 법에 저촉되게 만들어서 당국자의 손아귀에 꼼짝없이 잡히도록 올무를 놓으려는 것이었다.

예수가 간음한 여자를 정죄하고 모세 율법을 치켜세울 것인가 아니면 예수가 그 쟁점을 회피함으로써 그 여인의 죄를 묵과할 것인가? 라는 것이 원문 내용의 핵심이다. 그러자 예수는 허리를 굽히고 마치 그들의 말을 듣지 못한 듯(as though he heard them not) 손가락으로 땅에 글씨를 썼다. 그들이 다시 예수가 대답하기를 재촉하자 예수는 굽혔던 허리를 들어 그들에게 말했다: '너희 중에 죄 없는 자가 이 여인을 돌로 치라' 예수가 일어나 보니 여자 외에 아무도 없는 것을 보고 이르되: '나도 너를 정죄하지 아니하노니 가서 다시는 죄를 범치 말라'(Neither do I condemn thee: go, and sin no more). 간음한 여인에게 세상의 빛 앞에 서서 자유로운 삶을 허락해준 예수는 정죄의 도덕성morality을 허물고 용서forgiveness와 함께 공의justice를 세우기 위한 새로운 기초를 확립시켰다고 할 수 있다.

> I am the light of the world: he that followeth me shall not walk in darkness, but shall have the light of life.
>
> 나는 세상의 빛이니 나를 따르는 자는 어두움에 다니지 아니하고 생명의 빛을 얻으리라(요한 8:12).

〔참고자료〕 '먼저 돌로 치라'(Cast the first stone)는 성서의 표현은 잡지와 정기간행물, 서적 및 대중음악 앨범에 이르기까지 광범위한 미디어에서 쓰이고 있다. 가령 1957년 머터와 해리스(Murtagh & Harris)가 작성한 미국 매춘실태 보고서의 제목이 곧 이 표현을 타이틀로 삼았다. 오늘날 '돌로 치는 행위'Stoning란 말은 고문의 한 형태로서 인간의 권리와 국제법을 위반하고 있음에도 많은 나라에서 사형capital punishment의 법적 수단으로 남아 쓰이고 있다.

23. The truth shall make you free

> And ye shall know the truth, and the truth shall make you free.
>   — KJV St. John 8:32
>
> 진리를 알지니 진리가 너희를 자유케 하리라.

〔**어휘와 표현**〕 우리말로 번역된 성경에는 대부분 원문이 Then you will know the truth, and the truth will set you free라고 되어 있다. 흠정 역성서에서 shall로 쓴 부분이 현대영어에서는 will로 바뀌어 있는 것이 특징이다. 주어(ye=you: the truth)의 미래에 대한 확고한 의지를 나타내기 위한 현대영어의 어법에 맞춘 것으로 보인다.

'진리가 너희를 자유케 하리라'란 표현은 오늘날 '지식이 우리에게 힘power을 가져다주다'란 의미로도 쓰인다.

Over the entrance to the new building is a plague that reads: "*The Truth Shall Make You Free.*"
신관으로 통하는 입구 위에 다음과 같은 글귀가 쓰여 있다. "진리 가 너희를 자유케 하리라." 즉 '지식은 힘'이란 뜻

〔**원문과 성서내용**〕 요한복음서 8장 31-36절에는 진리와 자유의 성격을 말해 주는 예수의 유명한 가르침이 기록되어 있다. 예수는 자기를 믿 는 유대인들에게 이렇게 말했다. '너희가 내 말에 거하면 참 내 제자 가 되고 진리를 알지니 진리가 너희를 자유케 하리라.'(Then said Jesus to those Jews which believed on him, If ye continue in my word, then are ye my disciples indeed; And ye shall know the truth, and the truth shall make you free.)

〔**참고**〕 are ye my disciples = you are my disciples(ye는 2인칭 복수형으로 '너희'란 뜻).

예수의 가르침에도 불구하고 유대인들은 자신들에게 자유가 필요

하다고 느끼지 않았다. 다른 이들은 그들의 가르침 때문에 짐을 지고 있었으나, 그들은 자기들의 복잡한 규칙들의 체계가 속박으로 이끌고 있음을 깨닫지 못하였다(33절). '저희가 대답하되 우리가 아브라함의 자손이라 남의 종이 된 적이 없거늘 어찌하여 우리가 자유케 되리라 하느냐'(They answered him, We be Abraham's seed, and were never in bondage to any man: how sayest thou, Ye shall be made free?)

〔참고〕 We be = We are. seed: 씨앗, 혈통, 자손. be never in bodage to ~: ~에 결코 매어 있지 않다. Ye shall be made free = (How do you say) you shall be made free?(당신은 어찌하여 우리가 자유롭게 될 것이라고 말합니까?)

유대인들은 자기들이 아브라함의 혈통이라는 점에 호소함으로써 아브라함의 자손이라는 개념에 도덕적 내용이 결여되어 있음을 보여 주었다. 예수는 이들에게 자유의 참된 성격을 강조하기 위해 도덕적인 노예 상태의 진실을 지적하였다(34-35절). '진실로 진실로 너희에게 이르노니 죄를 범하는 자마다 죄의 종이라. 종은 영원히 집에 거하지 못하되 아들은 영원히 거하나니'(Verily, verily I say unto you, Whosoever committeth sin is the servant of sin. And the servant abideth not in the house for ever; but the Son abideth ever.)

〔참고〕 verily: 고어체古語體로 '정말로, 진실로'. 현대영어에서는 거의 쓰이지 않음. committeth sin: commits sin(죄를 범하다). abideth not in ~: = does not abide in ~ '~에 거주하지 않다' the Son: 예수 그리스도를 지칭.

그림 29 'Veritas vos liberabit'가 있는 존스홉킨스대, 오타와대, 캔터베리선교대 문장

아무도 죄짓는 일에서 면제되어 있지 않기 때문에 모든 사람이 죄의 노예나 다름없다. 이 사실은 아브라함의 후손에 속하는 그들, 유대인에게도 적용된다는 것이다. 35절은 예속과 자유의 격차를 부각시켜주고 있다. '너희가 참으로 자유하리라'(If the Son therefore shall make you free, ye shall be free indeed. 36절)라는 구절에서 예수의 가르침은, 곧 진정한 자유는 그 아들을 통해서만 올 수 있음을 보여준다.

〔참고자료〕 '진리가 너희를 자유케 하리라'는 라틴어로 Veritas vos liberabit로 나타내며 전 세계 많은 나라의 대학과 교육기관에서 모토 motto로 사용한다. 이들 가운데 존스 홉킨스대(Johns Hopkins Univ. 미국) 및 오타와대학(Ottawa Univ. 캐나다)의 문장(紋章 Seal)에는 라틴어 구절이 그대로 들어가 있다. 캔터베리 그리스도 교회대학(Canterbury Christ Church Univ. 켄트, 영국)은 1962년에 설립된 이후 '선교대학missionry university'으로 널리 알려진 곳으로, 이 대학의 모토 '진리가 너희를 자유게 하리라'는 라틴어로 문장에 표시되어 있다.

24. Doubting Thomas

The other disciples therefore said unto him, We have seen the Lord. But he said unto them, Except I shall see in his hands the print of the nails, and put my finger into the print of the nails, and thrust my hand into his side, I will not believe.   — KJV St. John 20:25

다른 제자들이 그에게 이르되 우리가 주를 보았노라 하니 도마가 가로되, 내가 그 손의 못자국을 보며 내 손가락을 그 못자국에 넣으며 내 손을 그 옆구리에 넣어 보지 않고는 믿지 아니하겠노라 하니라.

〔어휘와 표현〕 him은 도마Thomas를 가리킴. except ~: '~하지 않고는 (if ~ not=unless의 뜻). print of the nails: 못자국. put my finger into ~: ~에 손가락을 집어넣다. thrust A into B: A를 B에 밀어 넣다. side: 옆구리.

〔참고〕 Except 이하의 문장은 I won't believe it unless I see ~, (내가 ~하지 않고서는 믿지 않겠다)로 고쳐 쓸 수 있음.

〔원문과 성서내용〕 예수가 금요일에 죽은 후 시체는 무덤에 안치되었는데, 안식 후 첫날 예수의 일부 제자가 무덤으로 갔으나, 무덤을 막은 큰 돌이 무덤에서 옮겨지고 시체는 없어진 것을 알았다.
같은 날 저녁 예수는 제자들에게 나타나셔서 자신이 부활했음을 보여주셨다. 그러나 예수의 열두 제자 가운데 디두모Didymus라 하는

그림 30 〈의심하는 도마〉 이탈리아 화가 미켈란젤로 카라바기오의 작품

도마Thomas는 예수가 제자들에게 나타나셨을 때 함께 있지 않았다. 원문에 기록된 구절은 도마가 예수 부활 소식을 듣고 그들에게 한 말이다.

그로부터 8일이 지난 후 제자들이 다시 집안에 함께 있을 때에 도마도 함께 있었다. 문들이 닫혔는데 예수가 집안에 들어와 그들 가운데 서서 말하였다: '너희에게 평강이 있을지어다'(Peace be with you!). 그런 다음 도마에게 말하였다. '네 손가락을 이리 내밀어 내 손을 보고 네 손을 내밀어 내 옆구리에 넣어 보라'(Put your finger here, and examine my hands. Extend your hand and put it into my side.) 부활하신 주님은 도마의 의혹을 긍휼히 여기신 것이다. '믿음

없는 자가 되지 말고 믿는 자가 되라'(Be not faithless, but believing)

도마가 예수에게 한 고백: '나의 주시며 나의 하나님이시니이다'(My Lord and my God)을 통해 예수는 눈으로 보지 못하고도 믿는 자들의 더 큰 축복을 언급하였다. 예수가 도마에게 한 대답이 이를 나타내 준다(20:29).

because thou hast seen me, thou hast believed: blessed are they that
have not seen, and yet have believed.
너는 나를 본 고로 믿느냐 보지 못하고 믿는 자들은 복되도다.

[참고] thou hast seen ~: you have seen ~. thou hast ~ = you have ~.
blessed are they that ~:'~자들은 복되도다(복이 있을지어다). yet: '보지
못하였음에도'란 뜻. yet 이하 구문의 선행사는 they임.

25. Kick against the pricks

And he said, Who art thou, Lord? And the Lord said, I am Jesus
whom thou persecutest: it is hard for thee to kick against the
pricks.   – KJV The Acts 9:5
사울이 대답하여 주여 누구시오니까? 가라사대 나는 네가 핍박하는 예수라. 너는 쓸데없이 저항하기 어려우니라.

[어휘와 표현] why persecutest thou me? = why do you persecute me?

Who art thou?: who are you? thou와 Lord는 동격同格. persecute:
박해하다, 핍박하다. kick against the pricks: (황소가) 뾰족한 막대를
발로 차다. 이 표현은 흠정역성서에만 기록된 구절로 현대영어에서는
'부정할 수 없는 사실(권위)에 저항하다, 쓸데없는 저항으로 다치다'
란 의미로 쓰인다.

〔원문과 성서내용〕 예수가 부활한 지 40일이 지난 뒤 예수는 승천하고
제자들은 사방으로 퍼져 그의 메시지를 전파하였으며 많은 무리들이
그리스도인이 되었다. 교회가 새로 생겨날 즈음 교회는 유대인 당국
의 박해에 직면하였다. 이 박해에 앞장선 유대인 가운데 한 사람인
사울(Saul 바울의 히브리어 명칭)이 다메섹 여러 회당에 전할 공문
(letters to the synagogues of Damascus)을 가지고 다메섹의 그리스도
인들을 잡으러 가다가 예수가 나타났다. 예수가 위와 같이 말하자 사
울이 아래와 같이 묻는다.

> And he trembling and astonished said, Lord, what wilt thou have me
> to do? and the Lord said unto him, Arise, and go into the city,
> and it shall be told thee what thou must do(KJV).
> 그러자 그가 몸을 떨고 놀라는 표정으로 대답하되 제가 무엇을 해
> 야 됩니까 가라사대 네가 일어나 성으로 들어가라 행할 것을 네게
> 이를 자가 있느니라 하시니(Acts 9:3-6)

〔참고〕 trembling and astonished: 몸을 떨고 놀라는 표정을 지으며(진행형 분사
로 쓰임). it shall be told thee: 그 성에서 누군가 너에게 알려줄 것이다. 주어
가 분명치 않을 때 쓰는 수동구문임.

사울이 땅에서 일어나 눈은 떴으나 아무 것도 보지 못하여 사울과 동행한 자들은 그를 다메섹성으로 안내하였다. 예수는 아나니아 Ananias라고 하는 그리스도인에게 다소 사람 사울Saul of Tarsus을 만나보라고 하였다.

And Ananias went his way, and entered into the house; and putting his hands on him said, Brother Saul, the Lord, even Jesus, that appeared unto thee in the way as thou camest, hath sent me, that thou mightest receive thy sight, and be filled with the Holy Ghost(KJV).

아나니아가 떠나 그 집에 들어가서 그에게 안수하여 가로되 형제 사울아 주 곧 네가 오는 길에서 나타나시던 예수께서 나를 보내어 너를 다시 보게 하시고 성령으로 충만하게 하신다 하니

[참고] enter into the house: 현대영어로는 enter the house가 문법상 옳은 표현임. in the way: (다메섹으로 가는) 도중에. camest: came. hath: has. mightest: might. receive thy sight = 너의 눈을 뜨게 하다(시력을 찾게 하다). thy=your. be filled with: ~으로 채우다(충만하게 하다)

[참고자료 1] 흠정역성서의 원문에 등장하는 kick against the pricks라는 표현은 현대영어로 번역된 대부분의 성서에서는 생략되어 있다. 그렇다면 이 표현이 흠정역성서에만 쓰인 것은 어떤 이유에서일까? 고대의 농업에서는 가축을 몰 때 쓰는 끝이 뾰족한 막대(poles, goads, pricks)를 쟁기를 끄는 황소 뒤에 매달아서 멈추거나 뒷걸음질을 치지 못하게 하였다. 그렇게 함으로써 황소가 앞으로 전진하게 한 것이다. 다루기 힘든 황소는 그 뾰족한 막대기를 발로 차서(*kick against the pricks*) 스스로 다칠 수도 있을 터이니까.

이 표현은 하나의 메타포로 정해질 수도 있었다. 이 표현의 그리스어 형태는 그리스의 비극 시인 아이스퀼로스(Aeschylus[éskələs], 525-465 BC)가 쓴 그리스 비극인 〈아가멤논〉(*Agamemnon*) 1624행에 나타난다. 흠정역성서에만 쓰인 이 표현은 그리스 전통보다는 고대 시리아어로 쓰여진 고문서에서 유래한 것이다. 흠정역성서에 쓰인 이 표현은 오늘날 현대영어에서 확고하게 자리 잡고 책과 노래의 타이틀로 널리 쓰이고 있다.

그림 31 찰스 스펄전 목사

[참고자료 2] 영국의 침례교 목사이며 유명한 설교자 찰스 스펄전(Charles H. Spurgeon, 1834-1892)은 그의 설교 모음집에서 번역성서에 빠진 이 구절을 메타포 및 비유로 사용하면서 예수께서 무리들에게 행한 말씀의 전형적인 표현임을 언급하고 있다. 이 표현이 지닌 감도(感度 sensitivity)와 탁월함brilliance은 오늘날 예수 그리스도를 의심하는 모든 이들과 적대자들에게도 강한 호소력을 지닌다.

26. Have scales fall from one's eyes

And immediately there fell from his eyes as it had been scales: and he received sight forthwith, and arose, and was baptized.

- KJV   The Acts 9:18

즉시 사울의 눈에서 비늘 같은 것이 벗어져 다시 보게 된지라 일어나 세례를 받고,

〔어휘와 표현〕 immediately: 즉시. fell: fall(떨어지다)의 과거형. as it had been cales: 마치 비늘 모양이었던 것이. scale: 비늘. 비늘 모양의 것. receive sight: 눈을 뜨다. forthwith: 곧, 즉시. arose: arise(일어나다)의 과거형. '눈에서 비늘이 떨어지다'란 표현은 '무언가를 갑자기 분명하게 이해하다'(to suddenly understand something clearly)란 의미로 현대영어에서 쓰인다.

John is the best teacher I've ever known. When he explains algebra, you can see *the scales fall from the students' eyes*.
존은 내가 아는 한 가장 훌륭한 선생이다. 그가 대수代數를 설명하면 학생들은 눈에서 비늘이 떨어지듯 문득 그 원리를 분명히 깨닫게 된다.

흠정역성서를 현대영어에 맞게 고쳐 쓴 뉴킹제임스역(NKJV)에는 원문을 다음과 같이 번역하고 있다.

Immediately there *fell from his eyes something like scales*, and he received his sight at once; and he rose and was baptized.

그림 32 바울의 개종
미켈란젤로 카라바기오 1600년 작

[원문과 성서내용] 사도행전을 기록한 그리스인 의사인 누가Luke는, 예수의 제자들이 안디옥Antioch에서 처음으로 '그리스도인'이란 칭호를 받게 되면서 그리스도교Christian religion가 탄생한 배경과 예수 그리스도의 사역이 예루살렘에서 오늘날 터키를 거쳐 제국의 중심인 로마로 전파되는 전도여행을 생생하게 기록하고 있다.

그러나 사도행전의 중심인물은 베드로와 바울이다. 사도행전에서는 예수의 부활과 승천 후 제자들이 성령으로 가득 차게 될 것이라는 예수의 약속으로 시작하여 예루살렘에서 베드로의 설교로 세례를 받은 제자의 수가 삼천 명이 되는 놀라운 성령의 이야기가 전개된다.

베드로의 설교가 있은 뒤 사도행전은 예루살렘에 있는 젊은 그리스도 신자들을 무자비하게 박해하는 다소 사람 사울의 행적으로 옮겨간다. 이 특이한 이야기에서 사울은 다메섹으로 가는 도중에 예수를 만나 예수의 음성을 듣게 된다.

　사울은 자신의 눈에서 '비늘 같은 것이 벗어져 다시 보게 된' 경험을 한 뒤 세례를 받고 새사람a new man이 되어 바울Paul이란 새 이름을 갖게 되었고, 하나님의 종으로 새로운 사역을 하게 된다. 그리스도인을 박해하는 자에서 예수 그리스도의 가르침인 복음을 증거하는 전도자로 여생을 보내게 된 것이다. 바울의 멀고 먼 선교 여행은 환란과 고통의 삶 속에서도 예루살렘에서 유대를 넘어 소아시아와 그리스 그리고 로마로 이어졌다.

27. A law unto itself/themselves

For when the Gentiles, which have not the law, do by nature the things contained in the law, these, having not the law, are a law unto themselves.　　　　　　　　　　　－ KJV　Romans 2:14

율법 없는 이방인이 본성으로 율법의 일을 행할 때는 이 사람은 율법이 없어도 자기가 자기에게 율법이 되나니

〔어휘와 표현〕 the Gentiles: 이방인(비유대인으로 그리스도인 개종자). which have not the law: who do not have law. by nature: 본성으로, 본래, 본질적으로. the things contained in ~: ~에 들어 있는 일들. do the things: 일들을 행하다. these: these Gentiles, 즉 이방인들을 지칭함. 원문에는 '이방인'이 복수형으로 these가 된 것으로 '이 사람들'이라고 해야 옳음(새번역성경에서는 올바르게 번역함). a law unto themselves: 이방인들이 그들 자신에게 율법이 되다.

원문에 나오는 구절인 '자기가 자기에게 율법이 되다'란 표현은 '일반 규칙이나 법을 무시하고 자신이 원하는 것을 행하다'란 의미를 지닌다.

When my sister drives, she doesn't care about the speed limit or road signs. She's *a law unto herself.*
내 여동생이 운전할 때는 속도제한이나 도로표지에는 관심이 없다. 그녀 자신이 법이니까.

그림 33
파피루스에 기록된 로마서 2장의 일부

[원문과 성서내용] 로마서는 바울이 로마의 유대인 대부분이 추방당한 시기인 주후 56년 즈음 기록한 목회서신이다. 베드로나 바울이 로마에 도착하기 전 이방인(유대교 개종자)을 포함하여 새로운 믿음을 갖게 된 유대인 신자에 이르기까지 로마의 많은 공회당의 일부 유대인들 사이에 예수를 메시아로 여기는 믿음은 이미 퍼져 있었다. 바울의 서신은 주로 이방인들에게 보낸 것이다.

2장에서 바울은 이방인이나 유대인 모두 하나님의 이상ideals을 깨닫지 못하여 예수의 죽음과 부활로 말미암아 가능해진 용서와 구원이 필요하다는 점을 강조하였다. 그리하여 율법을 따르기를 고수하는 유대인들과 율법을 따를 이유가 없다고 믿는 이방인들 사이에 일어난 갈등에 대해 하나님은 구약의 율법을 받은 유대인과 율법을 받지 못한 이방인(비유대인)이든 모든 사람에 대해 차별 없이 동등하게 다루고 있다고 역설하였다.

> For there is no partiality with God. For all who have sinned apart from the law will also perish apart from the law, all who have sinned under the law will be judged by the law(2:11-12).
> 하나님께서는 사람을 차별함이 없이 대하시느니라. 율법을 모르고 범죄한 사람은 율법과 상관없이 망할 것이요, 율법을 알고 범죄한 사람은 율법을 따라 심판을 받을 것이니라.

[참고] partiality: partial(불공정한)에서 파생된 명사. sin:죄를 짓다. 과거(분사)형은 sinned. apart from ~: ~는 제쳐놓고, 상관없이. be judged by the law: 율법에 의해 심판을 받다.

바울은 이방인들과 마찬가지인 유대인들의 죄에 대해 경고하고 있다. 즉, 유대인이라고 자처하면서 율법을 의지하여 하나님을 자랑하면서도 율법을 어겨서 하나님을 욕되게 한다고 꾸짖었다. 그러면서 이방인들은 율법이 요구하는 일이 자기 마음에 적혀 있음을 드러내 보이고 그 양심이 증거가 되어 그 생각들이 서로 고발하기도 하고 변호하기도 한다고 하였다.

바울은 유대인이나 헬라인Greek이나 차별이 없다고 하신 주께서 모든 사람의 주Lord가 되사 저를 부르는 모든 사람에게 풍성한 은혜를 내려 주신다고 하였다.

> For the scripture saith, Whosoever believeth on him shall not be ashamed(10:11).

성경에 이르되 누구든지 저를 믿는 자는 부끄러움을 당하지 아니하리라.

For whosoever shall call upon the name of the Lord shall be saved(10:13).
누구든지 주의 이름을 부르는 자는 구원을 얻으리라.

〔참고〕 scripture: 성경, 성서. 흠정역성서에는 소문자로 나와 있으나 보통 Scripture와 같이 대문자로 씀. be saved: 구원을 얻다. whosoever: whoever의 강조형으로 쓰였으나 현재는 고어古語로 남아 쓰이지 않음.

〔참고자료〕 '자기가 자기에게 법이 되다'란 구절은 신문의 헤드라인에 자주 등장하고 특히 정치가와 예술가와 같은 영향력 있는 인물들의 독불장군식 행동을 기술하기 위해 쓰이고 있다.

이 구절은 다양한 표현으로 바뀌어 여러 책에 등장한다. 그 좋은 예가 《실락원》(*Paradise Lost*: 초판: 1667년. 2판: 1674)이다. 17세기 중엽 영국의 시인 존 밀턴(John Milton, 1608-1674)의 《실락원》은 밀턴이 거의 60세가 된 때 구약성서의 내용을 바탕으로 하여 무운시(無韻詩 blank verse)로 쓴 불후의 서사시이다. 내용은 인간의 타락, 타락한 천사인 사탄(루시퍼 Lucifer)에 의한 아담과 이브(하와)의 유혹, 에덴동산에서의 추방 등 창세기에 나오는 이야기가 주를 이룬다. 밀턴은 아담과 이브가 사탄의 유혹에 넘어가

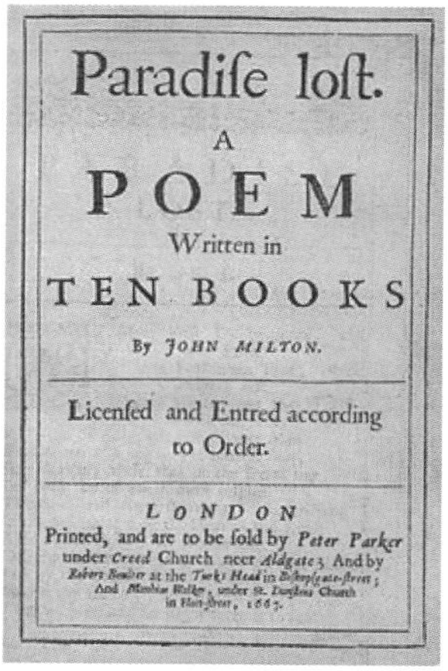
Paradise lost.
A
POEM
Written in
TEN BOOKS
By JOHN MILTON.
Licensed and Entred according to Order.
LONDON
Printed, and are to be sold by Peter Parker under Creed Church neer Aldgate; And by Robert Boulter at the Turks Head in Bishopsgate-street; And Matthias Walker, under St. Dunstons Church in Fleet-street, 1667.

그림 34
《실낙원》 표지 1667년 초판

타락한 것이 오히려 하나님의 지극한 은총의 사랑과 용서의 계기가 되었고, 인류 역사에 가장 찬란한 사건인 예수 그리스도의 탄생을 이끌어 냈다고 보았다.

《실낙원》은 구약성서의 창세기에 전개되는 선과 악의 갈등을 서술하고 있음에도 신약성서로 이어지는 비교적 계몽적인 세계를 반영해 주고 있다.

God so commanded, and left that command Sole daughter of his voice: the rest, we live *Law to ourselves*, our reason is our law.

Paradise Lost, Book 9

하나님이 그렇게 명령하셨고 그 명령을 자신의 목소리를 닮은 유일한 딸에게 남기셨다: 그 나머지 삶을 우리는 살아가고 법은 우리 자신의 것, 이성理性은 우리의 법

28. Powers that be

Let every soul be subject unto the higher power. For there is no power but of God: the powers that be are ordained of God.

― KJV Romans 13:1

각 사람은 위에 있는 권세들에게 굴복하라. 권세는 하나님께로 나지 않음이 없나니 모든 권세는 다 하나님의 정하신 바라.

[어휘와 표현] the powers that be는 '권위(권세)를 지닌 사람들'(those having authority)이란 뜻으로 '특정 분야에서 집합적으로 권위를 지닌

개인이나 집단'을 지칭한다. 성서에서는 세속 정부에서 권위를 쥐고 있는 개인들을 지칭하는 말로 쓰이나 내용상으로는 바울 시대의 로마제국과 지방의 관리들을 가리킨다. 현대영어에서 이 표현은 '인기 없는 결정을 내리는 사람들'을 가리키며 다분히 조롱하는 의미로 흔히 쓰인다. every soul = every person(각 사람). be subject unto(to) ~ : ~에 굴복하다. ordain : (신, 운명이) ~을 정하다, 규정하다.

[참고] the powers that be는 현대영역성경에서 the authorities that exist와 같이 이해하기 쉽게 풀이하고 있다.

그림 35
로마서 13장을 기록한 문헌

[원문과 성서내용] 로마시대에 초기 그리스도인들은 여전히 로마제국의 권위 아래에 놓여 있었다. 로마서(13장 1-7절)에서 바울은 이들에게 로마 정부에 대한 그리스도인의 책임에 대해 쓰면서 로마제국의 권세들에게 굴복하라고 조언하고 있다. '굴복하라'는 것은 세상에 존재하는 '질서'에서 신자 '위에' 있는 그들의 위치를 인정하라는 의미이다. 바울은 모든 통치자는 아무리 간접적이고 무의식적이라 할지라도 하나님에 의해서 '정해진 것'ordained 이므로 '하나님의 종'임을 상기시키고 있다.

For rulers are not a terror to good works, but to the evil.
관원들은 선한 일에 대하여 두려움이 되지 않고 악한 일에 대하여 되나니

For he is the minister of God to thee for good. But if thou do that which is evil, be afraid; for he beareth not the sword in vain: for he is the minister of God, a revenger to execute wrath upon him that doeth evil.

그는 하나님의 사자가 되어 네게 선을 이루는 자니라. 그러나 네가 악을 행하거든 두려워하라. 그가 공연히 칼을 가지지 아니하였으니 곧 하나님의 사자가 되어 악을 행하는 자에게 진노하심을 위하여 보응하는 자니라.

〔참고〕 rulers: 로마 관원. not a terror: 두려움이 아닌. good works: 선한 일. the minister of God: 하나님의 사자(종). thee: thou(you)의 목적격. 그대를, 그대에게. that which is evil: what is evil= 악한 것(일). in vain: 헛되이. revenger: 복수하는 자. wrath: 분노, 진노.

〔참고자료〕 (The) Powers that Be란 표현은 책과 음악 앨범, 상황극 sitcom, 텔레비전 시리즈의 타이틀로 수없이 등장한 구절이다. 미국의 언론인이며 역사가인 할버스텀 (David Halberstam, 1934-2007)이 쓴 *The Powers That Be*(1979)에는 미국의 거대 진보 미디어들인 CBS, Time 및 The Washington Post의 설립자들을 조명, 비판하는

그림 36 *The Powers that be* (1979)를 쓴 데이비드 할버스텀

내용이 담겨 있다. 그는 퓰리처상Pulitzer Prize을 수상하기도 하였다.

The Powers That Be는 미국 텔레비전에 시트콤의 타이틀로도 쓰

인 적이 있었다. 워싱턴(DC) 미국 정가의 William Powers라는 상원의원을 가상인물로 설정하고 그에 속한 별난 가족 및 보좌관을 중심으로 이들이 미국 정가에서 벌이는 온갖 희한한 이야기를 코믹하게 풍자해서 텔레비전으로 방영(1992-1993)하였다. 상원의원의 명칭을 Powers(권세자)라고 하여 풍자한 것은 매우 의미심장하다.

 ## 29. One's body is a temple

What? know ye not that your body is the temple of the Holy Ghost which is in you, which ye have of God, and ye are not your own?   – KJV 1 Corinthians 6:19

너희 몸은 너희가 하나님께로부터 받은바 너희 가운데 계신 성령의 전殿인 줄 알지 못하느냐. 너희는 너희의 것이 아니라.

〔어휘와 표현〕 know ye not that ~ : ~인 것을 알지 못하느냐(Don't you know that ~?) 원문에 나오는 ye는 2인칭 복수형으로 '너희'란 뜻. Holy Ghost는 Holy Spirit과 같음. 원문에 나온 '너희 몸은 (성령의) 전이다'란 구절은 '사람은 자신의 몸을 돌보아 건강하게 유지해야 한다'란 뜻으로 현대영어에서 쓰이고 있다.

My body is a temple. That's why I eat only natural foods.
내 몸은 하나의 성전과 같아. 내가 자연식만 하는 이유이기도 하지.

〔원문과 성서내용〕 바울은 고린도전서 6장 후반부(18-20절)에서 고린도

교회의 성도들 사이에서 일어나는 여러 문제 가운데 음행sexual immorality에 관해 경고하고 있다.

Flee fornication, Every sin that a man doeth is without the body; but he that committeth fornication sinneth against his own body(18절).
음행을 피하라. 사람이 범하는 죄마다 몸 밖에 있거니와 음행하는 자는 자기 몸에게 죄를 범하느니라.

〔참고〕 fornication : 사통私通, 간음, 음행. committeth=commits(저지르다, 범하다). sinneth=sins(죄를 짓다).

바울은 성도들에게 '육체를 위하여 음식을 먹는 것은 문제가 되지 않는다. 그러나 주께서 우리의 몸을 자신을 위해 내어 주셨으니 우리의 몸은 주를 섬기기 위한 것이다. 따라서 우리의 몸은 그리스도의 한 지체肢體가 되고 성령의 거처居處가 되었으므로 음행의 도구가 아닌 주를 섬기는 의righteousness의 도구가 되어야 한다.'고 설명하였다. 그리하여 바울은 몸은 사멸되는 것이 아니라 부활하게 될 것이기 때문에 성도들은 몸을 음행의 도구로 사용해서는 안 된다고 경고하였다.

And God hath both raised up the Lord, and will also raise up us by his own power(14절).
하나님이 주를 다시 살리셨고 또한 그의 권능으로 우리를 다시 살리시리라.

〔참고〕 both A and B의 구문. raise up : 일으키다, 살리다. by his power : 그 자신의 권능으로. his는 God's를 뜻함.

원문에 나오는 '음행'은 비단 간음만을 의미하지 않고 온갖 종류의 순결치 못한 행위를 가리킨다. 당시 고린도의 음란한 성행위는 그리스 신화의 사랑과 성性의 여신인 아프로디테(Aprodite : 흔히 비너스 Venus로 칭함)를 섬기는 데 사용되었다고 전해진다. 고린도Corinth는 펠로폰네소스Peloponnesos 반도에 위치한 아가야Achaea 주의 수도로 항구 도시였다. 주전 4-5세기 무렵 그리스 시인 아리스토파네스 Aristophanes가 성적으로 타락하고 부도덕하게 된 사람(방식)을 가리켜 '고린도인', '고린도 방식'이란 말을 처음 사용하였는데 고린도인 Corinthian은 '사치하고 방탕한 사람'을 지칭하는 관용적 표현이 되었다.

30. All things to all men ; all things to all people

To the weak became I as weak, that I might gain the weak : I am made all things to all men, that I might by all means save some.
— KJV 1 Corinthians 9 : 22

약한 자들에게는 내가 약한 자와 같이 된 것은 약한 자들을 얻고자 함이요, 여러 사람에게 내가 여러 모양이 된 것은 아무쪼록 몇몇 사람들을 구원코자 함이니.

〔어휘와 표현〕 to the weak : 믿음이 약한 자들에게. the weak : weak people(약한 자들)로 복수 집합명사를 뜻함. become I as weak = I became as weak(약한 자와 같이 되다). I might gain the weak : 약한 자들을 얻을 수 있다(희망). all things to all men은 '가능성이 전혀

없다고 할지라도 모든 이들을 기쁘게 하려는 이상理想'을 뜻하는 표현으로 쓰임. 오늘날 이 표현이 하나의 비판적인 의미로 쓰이는 경우가 종종 있으나, all things to all people과 같이 성서에 나오는 표현 그대로 긍정적인 관점에서 쓰이고 있다.

In order to be elected, he said whatever the voters wanted to hear and tried to become *all things to all people*.
그는 선거에서 당선되기 위해 유권자들이 듣기 원하는 요구 사항이 무엇이든 얘기했으며, 누구에게나 만족시킬 수 있는 모든 언행을 하려고 애썼다.

[원문과 성서내용] 바울은 고린도전서 9장에서 복음을 위해 자신이 사도임에도 자기의 권리를 포기하는 모범을 보인다. '다른 사람들에게는 내가 사도가 아닐지라도 너희에게는 사도니 너희는 주 안에서 나의 사도직을 보증하는 징표라'(If I be not an apostle unto others, yet doubtless I am to you: for the seal of mine apostles are ye in the Lord. 9:2)

[참고] If I be not an apostle ~ = If I am not an apostle ~. yet: 그럼에도. doubtless: 의심할 여지없이. I am to you = I am an apostle to you(너희에게는 내가 사도이다). for the seal of mine apostles are ye in the Lord. = you are the seal of my apostleship in the Lord(너희는 주님 안에서 나의 사도직을 보증하는 징표이다). seal: 징후, 징표. mine apostles = my apostles(나의 사도됨)

바울은 복음을 전파하기 위해 물질적인 도움을 얻을 모든 권리를 포기했으며 다양한 부류의 사람들과 어울리기 위해 종처럼 개인의 기본 권리까지 포기했다. '내가 모든 사람에게 자유하였으나 스스로 모든 사람에게 종이 된 것은 더 많은 사람을 얻고자 함이라'(For though I be free from all men, yet have I made myself servant unto all, that I might gain the more.)

[참고] though I be free from: though I am free from(~에서 자유롭기는 해도). made myself servant unto: ~에게 스스로 종이 되다. that = so that ~: ~하기 위해, ~하도록. in order (for me) to gain more people이란 뜻.

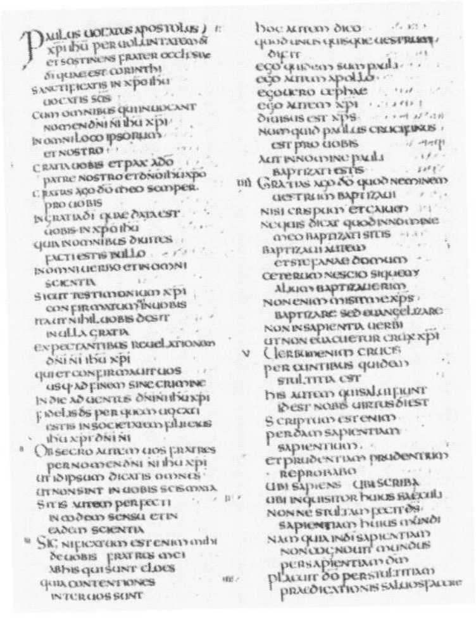

그림 37 신약 고린도전서. 라틴어로 쓰여진 가장 초기의 필사본, 8세기

바울은 엄격한 유대인 배경을 지닌 그리스도인으로 율법에 매일 필요는 없었으나, 율법 아래에 있는 유대인들을 구원하기 위해 율법을 지켰다. 그리고 구약의 율법을 모르고 자라난 이방인들Gentiles을 구원하려고 율법을 지키며 그리스도의 계명에 어긋나지 않는 한 이방인의 문화에 적응하여 행동하려고 힘썼다. 원문에 나오는 '여러 사람에게 여러 모양이 되다'all things to all men란 그리스도인이면서 양심이 약하여 그리스도인의 자유함을 누리지 못하는 자들, 곧 법외자들outcasts인 이방인들에게 여러 모습으로 나타나기 위해 사용한 구절이다.

[참고자료] All things to all men이란 성서 표현은 광범위한 노래와 전시나 발표 및 저술의 제목으로 쓰이고 있다. 성서에 기록된 본래의 어법은 그대로 유지하면서도 때로는 외설스럽거나 비도덕적인 특성을 간직한 채로 쓰이기도 한다. 작가이며 영화 감독인 조지 아이삭 George Isaac이 시나리오를 쓰고 감독하여 2013년에 런던에서 데뷔 debut 상영한 스릴러 영화a thriller movie의 제목이 All Things to All Men이다. 이 영화는 후에 The Deadly Game(치명적인 게임)이란 제목으로 바뀌었다.

31. A thorn in one's flesh; a thorn in one's side

And lest I should be exalted above measure through the abundance of the revelations, there was given to me a thorn in the flesh, the messenger of Satan to buffet me, lest I should be exalted above measure.　　　　　　　　　　　　　　　　　 － KJV　2 Corinthians 12:7

여러 계시를 받은 것이 지극히 크므로 너무 자고自高하지 않게 하시려고 내 육체에 가시 곧 사단의 사자를 주셨으니 이는 나를 쳐서 너무 자고하지 않게 하려 하심이니라.

[어휘와 표현] lest I should ～ : 내가 ～하지 않게. exalt: (지위, 명예를) 높이다. ～를 칭찬(찬양)하다. '자고自高하다'란 말은 '스스로를 높이다'란 뜻. above measure: 측량할 수 없을 만큼, 굉장히. abundance: 풍부, 충만. revelation: 계시. a thorn in the flesh: 육체

안의 가시. messenger of Satan: 사단의 사자使者. buffet ~: ~를 (손, 주먹으로) 치다. buffet에는 점심이나 가벼운 음료 등을 내놓는 카운터를 의미하는 말로도 쓰임. 흔히 뷔페로 불림.

그림 38 라틴어로 기록된
고린도후서 첫 장(1486)

[원문과 성서내용] 바울은 고린도 교회에 보낸 2차 서신에서 하나님의 환상vision 을 보는 등 놀라운 영적 체험을 많이 하였노라고 썼다. 그러면서도 이것을 자 신이 자랑하는 일은 옳지 않다고 하였 다. 바울은 그가 받은 엄청난 계시들 때문에 사람들이 자기를 과대평가할지 모르나, 자신은 교만해지지 않도록 하나 님께서 자신의 몸에 사탄의 사자라고 부른 육체 안의 가시a thorn in the flesh를 주신 것이라고 하였다. 그러면서 바울은 이 가시를 자기에게서 떠나게 해 달라고 주님께 세 번이나 (thrice: three times) 간청하였다고 하였다. 그러나 주님께서는 바울 에게 다음과 같이 말씀하셨다.

My grace is sufficient for thee; for my strength is made perfect in weakness(12:9a).
내 은혜가 네게 족하도다. 이는 내 능력이 약한 데서 온전하여짐이라.

[참고] grace: 은혜. be sufficient for: ~에 충분하다. be made perfect: 완전 하게 되다. in weakness: 약한 데서. 약점을 지닌 데서.

〔참고자료〕 '육체의 가시'란 생동감 넘치는 표현은 맨 처음 성서에 기록되고 있으나 바울이 겪은 고통의 본질에 대해서는 알려지지 않고 그동안 많은 추측과 논란의 대상이 되어 왔다. 이 메타포는 그 근원이 구약성서에서 유래하는데 민수기(33:55b) 및 여호수아(23:13)에서 그 의미의 단서를 찾을 수 있다.

that those which ye let remain of them shall be pricks in your eyes, and *thorns in your sides*, and shall vex you in the land wherein ye dwell(민 33:55b).
너희의 남겨둔 자가 너희의 눈에 가시와 너희의 옆구리에 찌르는 것이 되어 너희 거하는 땅에서 너희를 괴롭게 할 것이요.

〔참고〕 those which ye let remain of them: 그들 가운데 너희가 남아 있게 허락한 자들. 가나안 땅의 거민을 지칭. prick: 가시, 찔린 상처. thorn: (식물의) 가시. in your sides: 옆구리에. vex; 괴롭히다, 귀찮게 굴다. the land wherein ye dwell: 너희가 거하는 땅. 이들이 아직 가나안에 이르지 못하였으므로 현대영역성서에서는 the land where you will live로 해석하여 '이들이 장차 거하게 될 땅'이란 의미로 영역하고 있음.

but they shall be snares and traps unto you, and scourges in your sides, and *thorns in your eyes*, until ye perish from off this good land which the Lord your God hath given you(수 23:13).
그들이 너희에게 올무가 되며 덫이 되며 너희 옆구리에 채찍이 되며 너희 눈에 가시가 되어서, 너희가 필경은 너희 하나님 여호와께서 너희에게 주신 이 아름다운 땅에서 멸절滅絶하리라.

〔참고〕 snare: 올무, 덫. trap: 덫, 함정. scourge: 채찍, 징벌, 매whip. ye perish: 너희는 멸망할 것이다. ye는 복수 2인칭. off this good land: 이 아

름다운 땅에서. from off는 현대영어에서 from으로 쓰임.

원문에 인용한 생생한 표현은 종교 관련 서적과 일반 서적의 제목으로도 널리 쓰이고 있다. 우리에게도 널리 알려진 영국 작가이며 시인인 D. H. 로렌스가 쓴 단편모음집(1913)의 제목이 《식사용 보통 포도주》(Vin Ordinaire)였으나 다음 해(1914)에 《육체의 가시》(The Thorn in the Flesh)라는 제목으로 고쳐서 발간하였다.

32. Long-suffering

But the fruit of the Spirit is love, joy, peace, longsuffering, gentleness, goodness, faith, meekness, temperance： against such there is no law.　　　　　　　　　　 – KJV　Galatians 5： 22-23

오직 성령의 열매는 사랑과 희락과 화평과 오래 참음과 자비와 양선과 충성과 온유와 절제니, 이 같은 것을 금지할 법이 없느니라.

[어휘와 표현] fruit of the Spirit： 성령의 열매. longsuffering： long-suffering으로도 씀. ‘참을성patience, 오래 참음.’ goodness： 양선, 선량善良, 관용. meekness： 온유, 온화, 유순. temperance： 중용, 절제 self-control. against such는 앞에 열거한 9가지 성령의 열매에 반하는 것을 일컬음. there is no law against such things as ~의 구문. as 다음에 9가지의 열매를 열거해 보기 바람.

long-suffering은 오늘날 현대영어에서 ‘분쟁, 불운, 어려움을 참을

성있게 견뎌 내는'이란 뜻으로 쓰이고 있다.

The *long-suffering* workers finally got a raise after six years.
인내심으로 견뎌 낸 노동자들은 마침내 6년 뒤 임금인상을 받아냈다.

[원문과 성서내용] 갈라디아서
Galatians는 소아시아 중부에 있
었던 고대 국가인 갈라디아
Galatia의 여러 교회 앞으로 사
도 바울이 보낸 서신이다. 사도
행전에는 바울이 2차(16:6-10)
및 3차(18:23) 전도여행 때 갈
라디아 지역을 방문한 것으로
기록하고 있다. 그리하여 바울
이 3차 전도 여행으로 에베소에
머무는 동안이었던 주후 50년대

그림 39 더블린 그리스도교회성당
채색유리에 새겨진 성령의 열매

중반에 이 서신을 쓴 것으로 추정하고 있다.

바울은 원문에 인용한 5장의 구절에서 성령과의 교제에서 흘러나
오는 행위들을 구체적으로 나열하고 있다. 여기에 기록된 성령의 열
매는 일차적으로는 인간관계를 향상시키는 태도와 행동으로 이루어
져 있다는 데 주목할 필요가 있다. 그것은 바로 갈라디아인들이 가지
고 있던 커다란 약점이었다. '희락'과 '화평'은 아마도 주관적인 느낌
보다는 서로를 대하는 방식을 의미하였다. '믿음'이란 단어 또한 인
간관계에서 나타날 수 있는 '신실(충성)'로 이해할 수 있다.

바울은 갈라디아 지역의 교회 안에서 율법을 준수하여 구원을 받

을 수 있다고 주장하는 이들을 위해 그리스도의 참 복음이 어떤 것인가를 알려주고 모든 형태의 율법주의로부터 자유를 선언하는 설교 형식의 서신을 썼다. 16세기 종교개혁 시대에 이르러 마틴 루터가 로마 가톨릭의 구원론을 공박하면서 이 갈라디아서를 중요하게 사용한 것으로 알려져 있다.

33. Fall from grace

Christ is become of no effect unto you, whosoever of you are justified by the law; ye are fallen from grace. – KJV Galatians 5:2b, 4
(너희가 만일 할례를 받으면) 그리스도는 너희에게 아무 유익이 없느니라. 율법 안에서 의롭다 함을 얻으려 하는 너희는 그리스도에게서 끊어지고 은혜에서 떨어진 자로다.

〔어휘와 표현〕 is become: 매우 드물게 쓰는 고어체 표현으로 '나타나다, 일어나다'의 뜻. become = happen. of no effect: 무익한, 무효인. whosoever: whoever. whosoever of you: 너희 중에 누구든지 ~ 하는 자는. justified by the law: 율법으로 의롭다 함을 받다. ye: you 의 복수 2인칭. fall from the grace: 은혜에서 멀어지다(떨어지다).

〔참고〕 원문에 나오는 fall from the grace는 현대영어에서 '은총이나 존경을 잃다, 눈 밖에 나다, 나락으로 떨어지다'라는 여러 의미로 쓰인다. 예: After winning an Academy Award, the actress fell from grace when she was arrested for shoplifting and drug use(그 여배우는 아카데미상을 받은 후 절도와 마약사용으로 체포되면서 나락으로 떨어졌다).

〔원문과 성서내용〕 사도 바울은 소아시아의 로마 속주였던 갈라디아에 이방인(유대인 개종자)을 위한 교회를 세웠는데, 일부 유대 지도자들은 아브라함 후손에게 약속한 축복을 향유하기 위해서는 이방인들이 율법에 따라 할례를 받아야 한다고 주장하였다. 바울은 이러한 그들의 주장을 책망하면서 믿음으로가 아니라 할례circumcise나 율법 안에서 의롭다 함을 얻으려 해서는 안 된다고 쓰고 있다.

Behold, I Paul say unto you, that if ye be circumcised, Christ shall profit you nothing.
나 바울은 너희에게 말하노니 너희가 만일 할례를 받으면 그리스도께서 너희에게 아무 유익이 없으리라.

바울은 율법 안에서 의롭다 함을 얻으려하는 자는 그리스도가 아무 유익이 없으며 그리스도의 은혜에서 떨어진 자가 된다고 하였다. 그리하여 결국에는 종의 멍에를 메는 위치로 떨어지고 만다고 경고하였다. 바울은 율법으로부터 자유하지 못한 이들을 향해 그리스도 안에서의 자유를 선언하면서 '그리스도께서 우리로 자유케 하려고 자유를 주셨으니 굳세게 서서 다시는 종의 멍에를 메지 말라'고 하였다. 왜냐하면 의롭다 함을 얻는 것이 결코 율법의 행위, 곧 사람의 힘으로 되는 일이 아니기 때문이다.

For in Jesus Christ neither circumcision availeth any thing, nor uncircumcision; but faith which worketh by love.

그리스도 예수 안에서는 할례나 무할례가 효력이 없되 사랑으로써
역사하는 믿음뿐이니라.

〔참고〕 neither ～ nor～: ～도 ～도 아니다. 예: Neither John nor Mary
wants to go abroad this summer(존이나 메리나 모두 올 여름 해외에 나가
는 것을 원하지 않는다). circumcision: 할례. availeth＝avails: 도움이 되다,
효력이 있다. any thing＝anything. uncircumcision: 무할례. faith 이하는 faith
which works by love avails(사랑으로 역사하는 믿음만이 효력이 있다)란 뜻.
of no avail: 아무 효력이 없는. 예: Speeches and protests were of no avail
(대화와 항의는 전혀 소용이 없었다).

그림 40 영화의 타이틀로 쓰인 *Falling from
Grace*

〔참고자료〕 fall from grace라는
표현은 원래 성서(갈라디아서)
에서 맨 처음 유래하였으나
성서에서 말하는 '은혜'grace
and favour의 의미와 '불신,
수치'disgrace에 해당하는 '치
욕'ignominy은 성서의 개념과
는 다르다. 기독교인들에게
grace는 하나님에게서 받은 관
대하고 값없이 주신 분에 넘
치는 선물로, 이를 통해 믿음
을 얻고 구원을 경험하게 되
는 것을 의미한다. 그리하여
'은혜에서 떨어지다'란 성서

구절은 우리가 의도적으로 죄를 짓거나 하나님의 (선의의) 은혜에 도전하려고 함으로써 값없이 받은 하나님의 선물로부터 우리 자신이 멀어지는 것을 의미한다. 현대영어에서는 grace가 '지위, 명성, 존경의 상실'을 의미하는 어휘로 쓰인다. 그뿐만 아니라 이 표현은 소설, 노래, 앨범, TV 시리즈 및 영화의 제목으로 널리 쓰이고 있다. 예를 들면 시카고대 및 아리조나대 교수를 지냈고 후에 로마가톨릭 사제가 된 저널리스트로 수많은 작품을 썼던 앤드류 그릴리(Andrew M. Greeley, 1928-2013)가 쓴 소설fiction 가운데 하나가 《명성을 잃다》(*Fall from Grace*, 1993)였다.

34. One reaps what one sows

Be not deceived; God is not mocked: for whatsoever a man soweth, that shall he also reap.　　　　　　　　－ KJV　Galatians 6:7

스스로 속이지 말라 하나님은 만홀漫忽히 여김을 받지 아니 하시나니 사람이 무엇으로 심든지 그대로 거두리라.

[어휘와 표현] Be not deceived: 자신을 속이지 말라(= Do not be deceived). deceive: 속이다, 거짓말을 하다. mock: 조롱하다. not mocked: 조롱을 받지 아니하다. whatsoever = whatever의 고어체. whatsoever a man soweth(=sows): 사람이 무엇을 심든지. sow: [sou]로 발음. (씨를) 뿌리다, 심다. sow를 [sau]로 발음하면 '암퇘지'란 뜻. reap: 거두다, 수확하다. 우리 속담에 '자업자득自業自得'이란

말이 있다. '자기가 뿌린 씨는 자기가 거두게 된다'는 말로써 특히 행위나 결과가 좋지 않은 경우에 흔히 쓰인다.

Tom always gossiped about his friends, so it was no surprise when they started telling stories about him. *As he sows, so he shall reap.*
톰은 늘 친구들에 관해 험담을 떠들어 댔다. 그래서 친구들이 톰에 관한 이야기를 하기 시작한 것은 당연한 일이었다. 자업자득인 셈이었다.

〔원문과 성서내용〕 사도 바울은 갈라디아 지역 교회에 보낸 그의 서한에서 하나님의 뜻에 순종하는 삶을 사는 것과 다른 이들에게 베푸는 일에 관해 가르치기 위해 씨를 뿌리고 거두는 비유를 들어 '스스로 속이지 말라. 하나님은 조롱을 받으실 분이 아니다. 사람은 무엇을 심든지 심은 대로 거둘 것이다.'라고 쓰고 있다. 이어서 바울은 육체를 위하여 심는 자와 성령을 위하여 심는 자를 비교하고 갈라디아인들이 어떻게 행동해야 하는지를 요약하고 있다.

For he that soweth to his flesh shall of the flesh reap corruption; but he that soweth to the Spirit shall of the Spirit reap life everlasting(6:8).
자기의 육체를 심는 자는 육체로부터 썩어진 것을 거두고 성령을 위하여 심는 자는 성령으로부터 영생을 거두리라.

〔참고〕 he that ~ : he who ~와 같음. sow to his flesh: 육체에 씨를 뿌리다 (육체를 위하여 심다) 즉, '옛 사람으로 하여금 제멋대로 행하도록 허용하다'란 뜻. shall of the flesh reap corruption: shall reap corruption of the flesh: 육체의 썩어진 것, 곧 영원한 멸망을 거두다. sow to the Spirit: 성령

을 위하여 심다, 곧 '성령으로 하여금 그 뜻대로 행하도록 자신을 맡기다'란 뜻. reap life everlasting: reap everlasting life(영원한 생명을 거두다).

> And let us not be weary in well doing: for in due season we shall reap, if we faint not(6:9).
> 우리가 선을 행하되 낙심하지 말찌니 피곤하지 아니하면 때가 이르매 거두리라.

〔참²〕 be weary: 피곤한, 낙심한. in well doing: in doing well(선을 행함에 있어서). in due season: 알맞은 때가 되면. season: 적기適期, 알맞은 때. if we faint not: if we do not faint: 피곤하지 아니하면. faint: 아찔해지다, 기절하다, 기가 죽다.

35. Fullness of times

> That in the dispensation of the fullness of times he might gather together in one all things in Christ, both which are in heaven, and which are on earth; even in him.　　－ KJV Ephesians 1:9b, 10
> 때가 찬 경륜을 위하여 예정하신 것이니 하늘에 있는 것이나 땅에 있는 것이 다 그리스도 안에서 통일되게 하려 하심이라.

〔어휘와 표현〕 dispensation: 신의 섭리, 베풀어 주는 것, 섭리에 의한 것. fullness of times: 때가 참. 흠정역성서에만 쓰인 어구로, 다른 영역성서에는 At the right time 또는 when the times will have reached their fulfillment와 같이 되어 있음. he는 Jesus Christ를 일컬음. gather together: 한데 모으다. in one all things in Christ: 그리스도 안에서 모든 것을 하나로. in heaven: 하늘에서. on earth: 땅에서. even in him: 그리스도 안에서까지도.

〔참고〕 흠정역성서의 갈라디아서(4:4)에 나오는 fulness of the time은 위에 인용한 어구와는 철자가 다르게 나와 있다(fullness > fulness; times > time).

> But when the *fulness of the time* was come, God sent forth his Son, made of a woman, made under the law.
> 때가 차매 하나님이 그 아들을 보내사 여자에게서 나게 하시고 율법 아래 나게 하셨다.

〔참고〕 새번역성경에 원문 어구의 의미를 풀어 나타낸 번역이 있어서 여기에 인용한다.

> 하나님의 계획은 때가 차면 하늘과 땅에 있는 모든 것을 그리스도 안에서 그 분을 머리로 하여 통일시키는 것이다.

〔원문과 성서내용〕 에베소서Ephesians는 바울이 죄수의 몸으로 로마에 머물던 주후 61-62년 무렵에 에베소에 있는 성도들에게 쓴 옥중 서신 가운데 그리스도의 믿음Christian faith이 지닌 힘을 가장 원숙하고 대담하게 주장한 서신의 하나이다. 당시 에베소Ephesus는 소아시아 서부 해안에 위치한 대표적인 도시로 교통의 요지이며 최대 상업도시 가운데 하나로 문화 및 종교의 도시이기도 하였다.

바울은 이 서신의 서두(1장)에서 교회가 그리스도를 머리로 모신 몸임을 말하고(1:23) 그리스도를 따르는 자들은 하나님의 영원한 계획의 일부가 되었다고 주장하였다. 그리하여 때가 되면 하늘과 땅에 있는 모든 것을 그리스도 예수 안에서 그 분을 머리로 하여 통일시키는 것이라고 썼다.

유대교 신자와 이방인 개종자들이 함께 모인 당시의 에베소 교회는 초대 교회들 가운데 가장 번성하고 발전한 지역에 있었다. 그런데 서로 다른 구성원 사이에 일어난 갈등으로 사랑과 감사가 사라진 이 교회를 향해 바울은 그리스도 안에서 하나가 되어 살아 움직이며 연합 교회가 지닌 유기체적인 성격, 하나님께서 값없이 주신 은혜의 선물, 지혜와 통찰을 주시는 성령의 힘 그리고 기도의 중요성을 전하면서 성도의 삶을 주의 깊게 살펴 지혜로운 교인으로 살아갈 것을 전하고 있다. 바울은 사역ministry의 유형(사도로, 선지자로, 복음 전하는 자로, 목사와 교사로)을 열거하고 '이는 성도를 온전케 하며 봉사의 일을 하게 하며 그리스도의 몸을 세우려 하심'(For the perfecting of the saints, for the work of the ministry, for the edifying of the body of Christ: 4:12)이라고 가르치고 있다.

〔참고〕 perfect: (동사로 쓰여) 완전하게 하다. 동사는 [pərfékt]로 발음하는 데 유의. work of the ministry: 사역, 봉사의 일. edify: 세우다, 계발하다.

바울은 마지막 장(6장)에서 하나님의 '전신 갑옷'full armour of God을 입어야 하며 '이는 악한 날에 너희가 능히 대적하고 모든 일을 행한 후에 서기 위함이라'고 선언하고 있다. 또한 바울은 부모와 자녀, 주인과 종 사이의 덕목을 제시하고 권위에 대한 존경과 순종을 권면하였다.

36. Book of life

And I intreat thee also, true yokefellow, help those women which laboured with me in the gospel, with Clement also, and with other my fellowlabourers, whose names are in the book of life.

- KJV Philippians 4:3

또 참으로 나와 멍에를 같이한 자 네게 구하노니 복음에 나와 함께 힘쓰던 저 부녀들을 돕고 또한 글레멘드와 그 외에 나의 동역자들을 도우라 그 이름들이 생명책에 있느니라.

〔어휘와 표현〕 intreat(=entreat): 고어체로 쓰인 철자. 간절히 바라다, 간청하다. thee: 너, 당신you. yokefellow: 고어체 철자로 (일의) 동료. 여기서는 문자 그대로의 뜻으로 새겨 '멍에를 같이한 자'로 옮김. labour: 영국영어 철자로 labor(미국영어 철자)로도 씀. 동사로 쓰여 '일하다, 애쓰다'의 뜻. Clement: 바울이 신뢰하는 동역자 가운데 한 사람(글레멘드)을 지칭함. fellowlabourer: 함께 힘쓰는 사람, 동역자(=co-worker). 이 어휘는 현대영어에서 더 이상 쓰이지 않음. book of life: 생명책.

〔원문과 성서내용〕 그리스 마케도니아Macedonia의 고대 도시였던 빌립보(Philippi: 영어로는 필립파이[filípai]로 읽음)는 에게 해안Aegean coast 북부 인근에 위치한 로마의 식민지로, 사도 바울이 유럽에 세운 최초의 교회 터이다. '거기서 빌립보에 이르니 이는 마케도니아 지경 첫 성이요 또 로마의 식민지라'(From there we reached Philippi, a major city of the district of Macedonia and a Roman colony. Acts 16:12).

빌립보 그리스도인들은 바울 사역에 재정적으로 끊임없이 지원했으며 이 지역에 새로운 믿음을 확장하는 데 여성 개종자들이 중요한 역할을 하였다. 바울은 이 젊은 교회에 특별한 유대감을 가지고 고난과 고통에 직면해서도 담대하게 나아가라고 빌립보 교우들에게 권면하고 있다. 그는 그들에게 예수 그리스도의 본을 상기시키고 초기 기독교 찬송을 이용하여 그리스도의 참된 겸손humanity과 신성divinity에 관해 매우 중요한 주장을 하고 있다. '너희 안에 이 마음을 품으라. 곧 그리스도 예수의 마음이니'(Let this mind be in you, which was also in Christ Jesus. 빌립보서 2:5).

[참고] let this mind be in you: 이 마음이 너희 안에 있게 하라. which는 앞에 나온 문장 전체를 받음. 즉, '너희 안에 품은 이 마음은'이란 뜻.

바울은 자신이 예전에 가졌던 히브리인의 열정Hebrew zeal은 무익한worthless 것이라고 보고, 그리스도의 부활의 능력과 믿음에 부응하는 하나님의 선물인 공의righteousness에 대한 자신의 새로운 믿음을 예전의 헛된 열정과 대조하였다. 바울은 자신과 멍에를 같이한 자들과 함께 사역한 다른 동역자들의 이름이 생명책에 기록될 것임을 언급하고 있다.

[참고] '생명책'과 관련해서는 출애굽기(32:32), 시편(69:28), 다니엘서(12:1) 및 요한계시록(21:27)에 기록되어 있다. 특히 요한계시록에는 '생명책'이란 어구가 7번(3:5, 13:8, 17:8, 20:12, 20:15, 21:27, 22:19)이나 등장한다. 이 가운데에서 시편과 요한계시록에 기록된 구절을 인용하기로 한다.

May they be blotted out the *book of life* and not be listed with the righteous.

저희를 생명책에서 도말塗抹하사 의인과 함께 기록되게 마소서(시편 69장 28절).

[참고] May ~ be blotted out: ~기원문. '~를 지워주소서'란 뜻. (May) not be listed: 기원문. ~를 기록되게 하지 마소서란 뜻. the righteous=the righteous people.

Nothing impure will ever enter it, nor will anyone who does what is shameful or deceitful, but only those whose names are written in the Lamb's *book of life*.

무엇이든지 속된 것이나 가증可憎한 일 또는 거짓말 하는 자는 결코 그리로 들어오지 못하되, 오직 어린 양의 생명책에 기록된 자들뿐이라(요한계시록 21장 27절).

[참고] impure: 불결한, 더러운, 속된. nothing ~ will ever enter it: ~, nor will anyone who ~: 양쪽을 모두 부정하는 구문. enter it: it은 새 예루살렘성(the Holy City, the new Jerusalem)을 뜻함. shameful: 수치스러운. deceitful: 거짓의, 남을 속이는. those whose names are written: 그 이름이 적힌 사람들. Lamb's book of life: 어린 양의 생명책.

[참고자료] '생명책'이란 표현은 유대인들이 새해에 흔히 나누는 '당신의 이름이 생명책에 기록되기를 …'(May your name inscribed in the *Book of Life*)이라는 인사말에서도 찾아볼 수 있다. 한편으로는 책이나 미디어의 제목으로 쓰이기도 한다. 1998년에 개봉된 미국 영화의 제목이 The Book of Life이었다. 이 영화는 원래 새천년이 되는

2000년에 개봉하려고 프랑스 회
사가 제작한 것이다. 이 영화에
서 예수 그리스도가 하나님의 섭
리를 전하기 위해 새천년 저녁에
지상으로 내려오지만, 이 세상에
온 그리스도는 놀랍게도 자기 자
신이 인간이 지닌 속성, 즉 인간
성humanity에 매료된 것을 깨닫
게 된다는 줄거리이다. 2014년에
는 3D 컴퓨터 애니메이션으로
환상을 그린 뮤지컬 모험 영화
*The Book of Life*가 미국 20세

그림 41 영화 *The Book of Life*(1998)

기 폭스사(20th Century Fox. Co.)에서 만들어지기도 하였다.

37. Vain deceit

Beware lest any man spoil you through philosophy and vain deceit,
after the tradition of men, after the rudiments of the world, and not
after Christ.   - KJV Colossians 2:8

누가 철학과 헛된 속임수로 너희를 노략擄掠할까 주의하라. 이것이
사람의 유전遺傳과 세상의 초등 학문을 좇음이요, 그리스도를 좇음
이 아니니라.

〔어휘와 표현〕 beware: 여기서는 명령문으로 '조심하라, 주의하라'의 뜻.
lest any man spoil you: =so that any man should not spoil you ~.
어느 누구도 너희를 노략하지 않도록. spoil: 노략하다. 여기서는 '유
괴하다'를 의미함. philosophy: 철학. vain deceit: 헛된 속임수. after
~: ~를 따라서(좇아서). tradition: 유전, 전통. rudiment: 근본, 초
보, 기초.

〔원문과 성서내용〕 사도 바울은 골로새(Colossae: 현재 터키에 위치)에 간
적은 없었으나, 그의 동역자 가운데 하나로 골로새 출신인 에바브라
Epaphras가 그리스도의 신실한 일꾼으로 골로새 교회를 개척하였다.
  골로새서는 바울이 그리스도의 주권supremacy과 부활로 드러난 하
나님의 구원의 신비로 골로새 교인에게 보내는 인사와 격려en-
couragement로 시작한다. 당시 그리스문화에서는 철학적인 담론과 이
교도 숭배heathen worship가 무성하였다. 골로새 교회의 젊은 그리스
도교 개종자들은 유대의 율법주의와 헬라 철학을 혼합하여 영적 경
험을 높여준다고 약속한 거짓 선생들의 '골로새 철학'에 속아서 방황
하고 있던 시기였다. 바울은 이 철학이 참 진리에서 벗어난 거짓된
학문이었으며 세속적이고 초보적인 원리에 지나지 않음을 골로새 교
인들에게 경고하였다.
  비록 거짓 선생들이 자기들의 거짓 가르침false teaching을 '유
전'tradition이라고 제시했으나 바울은 그것이 결단코 하나님에게서
온 것이 아님을 지적하였다. 그것은 사람이 꾸며낸 이야기, 즉 '사람
의 유전'the tradition of men이라고 하였다.
  바울은 그리스도의 유전은 거짓 선생들에게서가 아니라 그리스도

의 가르침에서 나온 유전이며 그리스도 안에서 체현體現되는 유전(2장 6절)임을 분명히 하였다. 원문에 나오는 '세상의 초등 학문'rudiments of the world은 사람들을 압제하는 악마적이고 인격적인 세력인 '정사들과 권세들'principalities and powers을 지칭하며 거짓 선생들의 가르침 안에 포함되어 있다. 바울은 그리스도 안에 신성의 모든 충만이 육체로 거하시는 분임을 밝히고 골로새 교인들도 그 안에서 충만해졌으며, 그리스도는 모든 정사와 권세의 머리가 된다고 말하고 있다.

For in him dwelleth all the fulness of the Godhead bodily. And ye are complete in him, which is the head of all principality and power. (KJV Colossians 2:9-10)

그 안에는 신성의 모든 충만이 육체로 거하시고 너희도 그 안에서 충만하여졌으니 그는 모든 정사政事와 권세의 머리시라.

〔참고〕 dwelleth: dwells. 거하다. fulness: fullness의 다른 철자. 충만. Godhead: 신성神性, 신격. bodily: 육체적인, 신체상의. ye: 복수 2인칭으로 쓰여 '너희'의 뜻. complete: 완전한, 완벽한. principality: 통치, 주권, 지배, 권력. power: 권세, 권력.

〔참고자료〕 영국의 작가이자 시인인 윌리엄 헤일리(William Haley, 1745-1820)의 장편시 〈음악의 승리〉(The Triumph of Music) 5편 (Canto V)에 다음과 같은 압운시(押韻詩 end rhyme: abab)가 나온다.

Hope! thou sweet, and certain treasure!
Thou art not a *vain deceit*;
Thou alone art perfect pleasure;

Others only charm and cheat.
희망이라니! 그대 달콤하고 대단한 보배로다!
그대는 헛된 속임수
그대 홀로 흠잡을 데 없는 보배;
그 밖의 것들은 매력은 있으나 속임수로다.

위 시 구절은 대부분 종교적 담론이나 논문 및 설교에 등장한다. 현대적인 사고와 성서에 기초한 종교의 격차가 벌어짐에 따라 다른 유형의 영성(靈性 spirituality)이 널리 인기를 끄는 시대에 '철학하는 것'의 헛된 속임수vain deceit를 경계하는 이 구절은 그동안 상당한 관심을 불러 일으켰다. 성서적인 근본주의자들의 타협할 줄 모르는 입장과는 대조적으로 오늘날 그리스도교 신앙을 옹호하는 이들은 과학상의 발견이나 그리스도교 신앙에서 드러난 진실들 그리고 아름다움과 선함이 지닌 인간성humanity 고유의 의미를 조화시키기 위해 애쓰고 있다. 과학자들은 공허emptiness에서 무(無 nothing)를 찾으려고 하고 신학자들은 초월적인 자연과 궁극적인 하나님의 불가지한 존재를 이해하려고 하면서 과학과 종교 사이의 간극間隙이 좁혀지기 시작하고 있다.

38. Like a thief in the night

For yourselves know perfectly that the day of the Lord so cometh as a thief in the night.   − KJV 1 Thessalonians 5:2

주의 날이 밤에 도적같이 이를 줄을 너희 자신이 자세히 앎이라.

[어휘와 표현] yourselves는 you(너희들)를 강조하기 위해 주어 자리에 와서 쓰임. yourselves know ~ that: you know ~ that. perfectly: 더할 나위 없이, 완전히. cometh: comes. as a thief in the night: 밤에 도적같이. as=like. 이 표현은 메시아가 다시 찾아온다는 성서 예언의 뜻과는 달리 현대영어에서는 '느닷없이, 예기치 않게'unexpectedly란 의미로 자주 쓰인다.

We are very safe and healthy now, but we know that accidents and sickness can come *like a thief in the night*.
우리는 지금 안전하고 건강하게 지내고 있지만 사고와 질병은 예기치 않게 찾아온다는 것을 알고 있다.

[원문과 성서내용] 데살로니가Thessalonica는 현재 그리스의 북부 지역인 마케도니아Macedonia 도시 가운데 하나로 당시 로마 속주의 수도이자 상업의 중심지였다. 데살로니가전서는 사도 바울이 고린도에 머물 때 쓴 편지로, 바울은 이 서신에서 주로 이곳의 교우들에게 예수 그리스도가 모든 인류를 심판하기 위해 언젠가 다시 이 세상에 올 것이라는 재림에 관한 것을 가르칠 필요가 있다고 느꼈다.

바울은 데살로니가 교회의 그리스도인들이 예수의 재림과 죽은 사람의 부활에 대한 자신의 가르침을 제대로 이해하지 못하고 있다고 믿었다. 그리하여 바울은 우선 그리스도인의 삶의 동기는 하나님의 뜻을 행함으로써 그분을 '기쁘시게 하는 것'임을 상기시키고 있다.

even so we speak; not as pleasing men, but God, which trieth our hearts(2:4b).

우리가 이와 같이 말함은 사람을 기쁘게 하려 함이 아니요, 오직 우리 마음을 감찰하시는 하나님을 기쁘시게 하려 함이라.

that as ye have received of us how ye ought to walk and to please God, so ye would abound more and more(4:1b).

너희가 마땅히 어떻게 행하며 하나님께 기쁘시게 할 것을 우리에게 받았으니, 곧 너희 행하는 바라. 더욱 많이 힘쓰라.

〔참고〕 so we speak : 앞에 나온 내용(하나님께 맡은 그대로 복음을 전하는 일)을 가리킴. not ~ but ~ : ~가 아니고 ~. please men : 사람의 환심을 사다 trieth : tries. try our hearts : 우리의 마음을 살피다. try의 주어는 God. ye : 복수 2인칭으로 '너희'의 뜻. ought to : must. ought to walk : 세상을 살아가다. abound : 풍부하다, 충만하다. so ye would abound ~ : '하나님을 더욱 더 기쁘시게 하는 삶을 살도록 권면하다'란 의미가 내포되어 있음.

초대 교회 공동체는 예수 그리스도의 재림에 관해 강한 믿음을 가지고 있었다. 그러나 시간이 흐르면서 예수의 재림이 언제가 될지, 죽은 자와 산 자가 어떻게 될지 많은 의문이 생겨나기 시작하였다. 바울은 데살로니가 교인들에게 예수께서 죽으셨다가 살아나신 것을 믿으며 하나님께서 예수 안에서 잠든 사람들도 예수와 함께 데리고 오실 것이라고 말한다.

바울은 예수의 재림 때와 시기에 대해서는 쓸 것이 없다고 말하는 대신 원문에 인용한 대로 '주의 날이 도적같이'(like a thief in the night) 찾아오며, 이때를 위해 데살로니가 교인들이 '항상 기뻐하고, 쉬지 말고 기도하며 범사에 감사하는(Rejoice evermore. Pray without ceasing. In every thing give thanks.)'생활을 할 것(5:16-18a)을 권면하고 있다.

39. Labour of love

Remembering without ceasing your work of faith, and labour of love, and patience of hope in our Lord Jesus Christ, in the sight of God and our Father;   – KJV 1 Thessalonians 1:3

너희의 믿음의 역사役事와 사랑의 수고와 우리 주 예수 그리스도에 대한 소망의 인내를 우리 하나님 아버지 앞에서 쉬지 않고 기억함이니.

〔어휘와 표현〕 remembering without ceasing ~: ~를 쉬지 않고 기억하며. cease: ~을 중지하다. 그만두다. work of faith: 믿음의 행위(사역). labour of love: 사랑의 수고. patience of hope: 소망의 인내. in the sight of ~: ~ 앞에서. ~의 목전에서, ~이 보는 바로는.

〔원문과 성서내용〕 사도행전(Acts 17:1-13)에는 '데살로니가'라는 명칭이 세 번이나 등장한다. 이곳은 바울이 2차 전도여행 중에 그리스 본토에 있는 현재 살로니카만the Gulf of Salonika 안의 항구 도시인 살로니카에 교회를 세운 곳이다. 이 도시는 라틴어로 테살로니카Thessalonica로 불렸으며 신약성서에서는 '데살로니가'로 칭하고 있다.
  사도행전에 따르면 바울과 실라Silas가 전도 여행 중 당시 로마 속주의 수도인 데살로니가에 있는 유대교 회당a Jewish synagogue에 들어갔다. 당시 유대교 회당은 지중해 일대에 걸쳐 널리 퍼져 있었고, 그동안 많은 이방인 유대교 개종자Gentile proselytes들을 그들의 일신교 신앙으로 한데 모으는 일을 하고 있었다.

바울의 개종자들 가운데에는 유대교를 믿는 자들뿐만 아니라 하나님을 경외하는 많은 이방인들도 포함되어 있었다. 이때 바울이 유대교 회당에서 성경을 가지고 강론한 주제는 첫째, 메시아(헬라어로 그리스도)가 '해를 받고 죽은 자 가운데서 다시 살아야 할 것'이라는 점과, 둘째, 나사렛 예수가 실은 '그리스도'였다는 점이다. '내가 너희에게 전하는 이 예수가 곧 그리스도라'(This Jesus I'm telling you about is the Messiah. 17:3).

바울의 이러한 그리스도 복음 강론은 유대교파의 격렬한 반대에 부딪치게 되고, 안전을 위해 바울은 배를 타고 베뢰아(Berea: 그리스 북부 마케도니아에 위치한 Veria(Veroia)로 알려진 소도시. 바울, 실라, 디모데가 그리스도 복음을 전한 곳)와 아덴(Athens: 현재 아테네)으로 피신하게 된다.

데살로니가전서는 바울이 데살로니가를 방문한 뒤 얼마 지나지 않아서 기록한 것으로 가장 이른 시기에 쓴 바울 서신 가운데 하나이다. 그는 데살로니가 교회에 보낸 이 서신의 서두에서 원문에 인용한 대로 데살로니가 교회의 믿음의 역사와 사랑의 수고와 예수 그리스도에 대한 소망의 인내를 기억하며 기도함으로 그들을 위해 하나님께 감사함을 전하고 있다.

이 서신에는 그리스도의 재림second coming과 그리스도인으로서의 거룩하고 성적으로 도덕적인 삶을 실천해야 할 필요성 등 두 가지 특별한 주제가 담겨 있다. 바울은 4장 17절에서 살아남은 자와 이미 죽은 자 모두 '항상 주와 함께 있으리라'(will ever be with the Lord) 는 것을 단언하고 있다.

[참고자료] '사랑의 수고'labour of love라는 표현은 히브리서(6:10)에도 기록되어 있다. 흠정역성서에 기록된 원문을 인용한다(현대영어로 번역한 성서에는 이 표현이 빠져 있다).

> For God is not unrighteous to forget your work and *labour of love*, which ye have shewed toward his name, in that ye have ministered to the saints, and do minister.
> 하나님이 불의치 아니하사 너희 행위와 그의 이름을 위하여 나타 낸 사랑으로 이미 성도를 섬긴 것과 이제도 섬기는 것을 잊어버리 지 아니하시느니라.

[참고] unrighteous: 옳지 않은, 부당한, 불의不義의. not unrighteous: 불의치 아니하다. labour of love: 사랑의 수고. ye: 복수 2인칭. '너희' shewed: showed의 고어체 철자. toward his name: 하나님의 이름을 위하여. minister to the saints: 성도들을 섬기다. do minister: 섬기다. do는 강조의 조동사로 '지금도 섬기고 있음'을 강조함.

이 표현이 흠정역성서에 포함된 경위에 관해 당시 흠정역성서를 위해 일한 번역관들이 셰익스피어 이전에 나온 성서 번역에서 다른 표현을 사용하고 있었으므로, 셰익스피어의 희극인 〈사랑의 헛수고〉 (*Love's Labour's Lost*, 1588)라는 제목에서 특히 그 영향을 받았을 것이라는 이야기가 전해지고 있다.

그림 42 〈사랑의 수고〉란
정치코메디를 쓴 제임스 그레이엄

성서에 등장하는 '사랑의 수고'라는 표현은 영화, 텔레비전, 연극, 음악 앨범 등 여러 분야의 제목으로 사용되어 왔다. 영국의 노팅엄셔 주 Nottinghamshire의 애쉬필드에서 25년 동안 공직에 있었던 한 노동당 의원의 이야기를 다룬 〈사랑의 수고〉(*Labour of Love*)라는 정치 코메디가 영국의 극작자이며 한때 배우이기도 한 제임스 그레이엄James Graham에 의해 만들어졌고, 미국의 컨트리 음악 예술가인 새미 커쇼 (Sammy Kershaw, 1958-)의 다섯 번째 앨범 타이틀이 '사랑의 수고'였다. 때로는 제품의 명칭이나 산모의 출산 소지품에도 이 어구가 쓰이기도 한다.

 40. Busybody; Busybodies

For we hear that there are some which walk among you disorderly, working not at all, but are busybodies. - KJV   2 Thessalonians 3:11

우리가 들은 즉 너희 가운데 규모 없이 행하여 도무지 일하지 아니하고 일만 만드는 자들이 있다 하니

〔어휘와 표현〕 we hear that: 우리가 들으니. some: 데살로니가 교회의

일부 성도들을 가리킨다. walk disorderly: 무절제하게 지내다. disorderly: 무질서하게, 난잡하게. 현대영어 이전에는 '풍기문란하게'란 뜻으로 쓰임. work not at all: 전혀 일하지 않다. not at all: 전혀. busybody: 참견하는 자, 간섭하는 자.

[참²] busybody라는 표현은 틴들성서(Tyndale Bible, 1525)에서 맨 처음 쓰인 것으로 그로부터 10년 뒤에 나온 카버데일성서(Coverdale Bible, 1535)에서는 두 개의 어휘로 나누어져서 하나의 어구phrase로 쓰였다.

busybody는 현대영어에서도 남의 생활에 끼어들어 참견(간섭)하는 자a meddler라는 의미로 흔히 쓰인다.

John is a *busybody* who is eager to know the latest gossip about the actress and her boyfriend.
존은 그 여배우와 남자친구에 대한 가장 최근의 소문을 알려고 열심인 참견인이다.

[원문과 성서내용] 데살로니가후서는 사도 바울이 1차 서신을 데살로니가 교회에 보낸 지 얼마 지나지 않아서 쓴 것으로 보인다. 그는 2차 서신(후서)에서 데살로니가 교회 성도들이 예수 재림second coming의 시기에 대해 혼란과 두려움을 느끼고 있음을 알고 이들의 오해를 풀어주고, 여러 단계의 사건이 진행된 다음에야 주의 재림이 올 것이라는 점을 가르치고 있다.

바울은 데살로니가 교회에게 자신을 위하여 기도할 것을 당부하고, 매일의 일을 포기하고 무절제하게 사는 그리스도인들을 질책하고 있다.

Now we command you, brethren, in the name of our Lord Jesus Christ, that ye withdraw yourselves from every brother that walketh disorderly, and not after the tradition which he received of us(3:6). 형제들아 우리 주 예수 그리스도의 이름으로 너희를 명하노니, 규모 없이 행하고 우리에게 받은 유전대로 행하지 아니하는 모든 형제에게서 떠나라.

[참^고] command: 명령하다. brethren: brother의 복수형(고어체). 같은 신자를 뜻함. ye: 복수 2인칭으로 '너희'란 뜻. withdraw; 물러나다, 떠나다. walketh: walks. disorderly: 무절제하게. not after the tradition: 전통(유전)을 따르지 않다. of us: from us(우리에게서).

그림 43 busybody라는 표현을 맨 처음 쓴 틴들 성서(1526) 요한복음 첫장(보들리언 도서관 소장)

바울은 데살로니가의 젊은 그리스도인들에게 갑작스런 주의 강림降臨을 임박한 주의 강림으로 오해하지 말 것을 당부하고, 재림 전의 여러 사건을 언급하면서 '그때에 불법한 자가 나타나리니 주 예수께서 그 입의 기운으로 저를 죽이시고 강림하여 나타나심으로 폐하시리라'(2:8-10)고 확신하였다. 그리하여 바울은 데살로니가 성도들을 택하신 하나님께 감사하고 굳게 서서stand firm, 우리 주 예수 그리스도와 우리를 사랑하시고 영원한 위로와 좋은 소망good hope을 은혜로 주신 하나님 아버지께서 성도들의 마음을 위로하시고 모든 선한 일과 말에 굳게 하시기를 원한다고 당부하였다.

바울은 데살로니가후서의 마지막 장(3장)에서 성도들이 믿음에 합당한 삶을 살기를 권면하면서, 한편으로는 원문에 인용한 대로 무절제하게 살면서 '일하지 아니하고 일만 만드는' 자들을 향해 엄히 경고하는 메시지를 보냈다. 그는 주 예수 그리스도의 이름으로 이런 자들에게 '조용히 일해서 자기가 먹을 것을 자기가 벌어서 먹을 것'을 명命하고 있다.'(… that with quietness they work, and eat their own bread. KJV 3:12b)

〔참고〕 with quietness: 조용히, 소리 없이. work: (스스로) 일하다, 벌다. bread: 양식. 현대영어 이전에는 '양식'이라는 일반적인 의미로 쓰였음.

〔참고자료 1〕 흠정역성서에 등장하는 busybody라는 어휘는 디모데전서 (5:13) 및 베드로전서(4:15)에도 각각 기록되어 있다.

And withal they learn to be idle, wandering about from house to house; and not only idle, tattlers also and *busybodies*, speaking things which they ought not.   – KJV   1 Timothy 5:13
또 저희가 게으름을 익혀 집집마다 돌아다니고 게으를 뿐 아니라, 망령된 폄론을 하고 일을 만들며 마땅히 아니할 말을 하며.

〔참고〕 withal: 게다가(nevertheless, therewith). learn to be idle: 게으름을 익히다. wander about: 배회하다, 정처 없이 돌아다니다. from house to house: 이 집 저 집으로, 가가호호마다. not only ～ (but) also: 상관접속사. ～뿐만 아니라 ～도 (또한). tattler: 쓸데없는 말을 늘어놓는 사람, 수다

장이. not only (형용사), (but) also (2개의 명사)로 이루어진 구문. busybody: 남의 일에 참견하는 사람. which they ought not: 해서는 안 되는 것.

> But let none of you suffer as a murderer, or as a thief, or as an evildoer, or as a *busybody* in other men's matters.
> — KJV 1 Peter 4:15

너희 중에 누구든지 살인이나 도적질이나 악행이나 남의 일을 간섭하는 자로 고난을 받지 말려니와

[참고] let none of you suffer as: 너희 중에 어느 누구도 ~로 고난을 받지 말라. 고난을 받지 말아야 할 사항이 as로 연결되어 4개가 나와 있음. murderer: 살인자. thief: 도둑. evildoer: 악을 행하는 자. evil: 악惡. busybody in other men's matters: 다른 사람들의 문제에 끼어들어 간섭하는 자.

그림 44 테오프라스토스
이탈리아 팔레르모대 부속기관
팔레르모 식물원에 있는 조각품

[참고자료 2] 다른 사람의 일에 간섭하는 자를 일컫는 busybody는 meddler, marplot, troublemaker 등 여러 형태의 영어로도 쓰이는데, 이 유형에 속하는 사람에 관한 초기 역사는 고대 그리스 철학자였던 테오프라스토스(Theophrastus, c. 371 – c. 287 BC)에 의해 이루어졌다.

18세기 영국의 시인이며 배우로 가장 성공한 여성 극작가로 알려진 수잔나 캐롤(Susanna Carroll, c. 1667–1723)이 쓴

연극의 타이틀이 *The Busie Body*였다. 이 연극은 1709년에 초연되었고 그 후에도 계속해서 상연된 소극(笑劇 farce)으로 참견 잘하는 주인공이 친구의 애정 사건에 시도 때도 없이 끼어들어 전개되는 줄거리이다.

 ## 41. The root of all evil

For the love of money is the root of all evil: which some coveted after, they have erred from the faith, and pierced themselves through with many sorrows.　　　　　　　　　- KJV　1 Timothy 6:10

돈을 사랑함이 일만 악의 뿌리가 되나니 이것을 사모하는 자들이 미혹을 받아 믿음에서 떠나 많은 근심으로써 자기를 찔렀도다.

[어휘와 표현] the love of money: 돈을 사랑하는 것. root of all evil: 모든 악의 뿌리. covet: (부당하게) 탐내다. ~을 갈망하다. they: 돈을 사모하는 자들. err: (도덕적으로) 잘못을 저지르다. 정도正道에서 벗어나다. err from ~: ~에서 벗어나다, ~에서 떠나다. faith: 믿음, 신앙. pierce: 찌르다, 관통하다. pierce oneself: 스스로를 찌르다. with many sorrows: 많은 근심을 지니고.

[원문과 성서내용] 사도 바울이 디모데Timothy에게 보낸 두 편의 편지와 디도Titus에게 보낸 한 편의 편지는 교회 생활과 목회자의 지침 pastoral care을 다루고 있어서 이른바 목회서신*Pastoral Epistles*으로

알려져 있다.

사도행전에는 디모데가 바울과 가까운 동역자로 언급하고 있으나 디도에 관해서는 전혀 언급하지 않고 있다. 그러나 갈라디아서에는 바울이 바나바Barnabas와 디도와 함께 예루살렘 공의회에 참석했다는 기록이 나오며 디도가 헬라인a Greek인 것을 알게 된다.

이 서신의 목적은 3장 15절에 분명하게 나와 있다.

But if I tarry long, that thou mayest know how thou oughtest to behave thyself in the home of God, which is the church of the living God, the pillar and ground of the truth.
만일 내가 지체하면 너로 하나님의 집에서 어떻게 행하여야 할 것을 알게 하려 함이니 이 집은 살아 계신 하나님의 교회요, 진리의 기둥과 터이니라.

〔참고〕 tarry: 늦어지다, 지체하다, 꾸물대다. mayest: may. oughtest: ought. how thou oughtest to: how you ought to(네가 어떻게 ~해야 하는지). in the home of God: 하나님의 집. which 이하의 선행사는 home임. 즉, 이 집은 '교회, 기둥 및 터' 세 가지를 가리킴. the living God: 살아계신 하나님. pillar: 기둥. ground: 터, 땅. the pillar and ground of the truth: (교회가 곧) 진리의 기둥과 터란 뜻.

원문에 인용된 구절은 이 서신의 마지막 장(6장)에 나오는 것으로 바울이 돈money에 관하여 쓴 내용이다. 기독교의 복음은 지족知足을 위한 근거를 제공하고 있는데, 바울은 '지족하는 마음이 있으면 경건이 큰 이익이 되느니라'(But godliness with contentment is great gain.)고 기록하고 있다. 먹을 것과 입을 것에 대한 언급(6:8)은 지족의 반대인 염려를 말하고 있는 마태복음(6:25-34)의 예수 그리스도 말씀이 반영된 것이다. 물질적 소유에 대한 진정한 이해에 도달하는 때는 이 세상에 오는 것과 떠나는 것과 관련하여 물질이 아무 힘이 없다는 것을 깨닫게 될 때다(디전 6:7).

For we brought nothing into this world, and it is certain we can carry nothing out.
우리가 세상에 아무 것도 가지고 온 것이 없으매 또한 아무 것도 가지고 가지 못하리라.

원문에서 암시하고 있는 바울의 관심은 돈을 소유하려는 것에 따르는 영적인 위험을 지적하고 있다. 이것은 곧 믿음에서 떠나는 것을 의미한다. 물질을 추구하는 자는 '믿음에서 떠나게' 되며 궁극적으로 물질의 종이 되어 그에게 많은 근심이 되어 버리게 된다. 바울은 이것을 '근심으로 자기를 찔렀다'고 표현하고 있다.

바울은 이런 것들을 피하기 위해 디모데가 모범을 보여야 할 그리스도인의 특징(6장 11절)을 의righteousness, 경건godliness, 믿음faith, 사랑love, 인내patience 및 온유meekness 등 여섯 단어로 요약하였다.

〔참고자료〕 '일만 악의 뿌리'라는 표현을 쓴 인물로는 아일랜드의 극작가인 버나드 쇼(George B. Shaw, 1856-1950)와 덴마크의 철학자인 소렌 키에르케고르(Søren Aabye Kierkegaard, 1813-1855. /sɒrən kɪərkəgɑːrd/로 읽음)가 있다. 버나드 쇼는 '돈의 부족함the lack of money이 모든 악의 뿌리'라고 생각했고 소렌은 '지루함boredom이 모든 악의 뿌리'라고 썼다.

20세기 위대한 작가 가운데 한 사람으로 평가되는 영국의 소설가로 노벨 문학상 후보에 오르기도 한 그레이엄 그린(Graham Greene 1904-1991. 본명은 Henry Graham Greene임)의 단편집 《댁의 남편을 빌려도 될까요?》(*May We Borrow Your Husband?*, 1967)에 〈악의 뿌리〉(*The Root of all Evil*)라는 단편이 실려 있다. 디모데전서의 희랍어 본문 텍스트에는 원문에

그림 45 그레이엄 그린

인용한 대로 '돈을 사랑함'(philargyria, the love of money)이 일만 악의 뿌리the root of all evil라고 기록되어 있다. 이것은 돈 자체(가 악의 뿌리라기)보다는 돈에 대한 잘못된 욕망을 책망하려는 데 있다. 라틴어 성서에는 philargyria가 cupiditas로 번역되어 있는데, 이 말은 '탐욕'lust 또는 '강한 욕망'strong desire을 의미한다.

〔Note〕 philargyria: 금전에 대한 욕심. cupiditas: (특히, 금전에 대한) 애착.

42. Fight the good fight

I have fought a good fight, I have finished my course, I have kept the faith.　　　　　　　　　　　　　- KJV　2 Timothy 4:7

〔어휘와 표현〕 fought: fight의 과거(분사). fight a good fight: 선한 싸움을 싸우다. 똑같은 단어를 써서 이처럼 각각 동사 및 명사로 표현하는 예로, dream a good dream(좋은 꿈을 꾸다)이 있다. 앞의 단어는 동사, 뒤에 오는 단어는 명사임. finish my course: 나의 선교 여정을 끝내다. keep the faith: 믿음(신앙)을 지키다.

〔원문과 성서내용〕 주후 67년 무렵 로마 감옥에서 죄수로 순교martyrdom에 직면하고 있었던 바울은 디모데후서(2 Timothy)에서 자신의 생을 끝마칠 때가 온 것을 알고 마지막 장인 4장에서 디모데에게 작별을 고했다.

디모데는 소아시아의 루스드라Lystra에서 온 존경받는 헬라(그리스인) 신앙인이었다. 바울은 이방인이 할례를 받아야 할 필요가 있는지에 대한 변론(사도행전 15:1-16:3)이 있는 가운데 디모데에게 할례를 행하고 그를 가까운 동역자로 부르면서 '내 사랑하고 신실한 아들'(my beloved and faithful son)로 불렀다(고린도전서 4:17).

바울은 말세the last days에 나타나는 사악한 풍조godless behavior 목록을 제시하고(3:1-5), 디모데에게 모든 일에 근신하며 고난을 참고 전도자의 일을 하며 사역을 완수하라고 권면하고 있다. 이어서 바울은 자신이 선한 싸움을 싸우고 달려갈 길을 마치고 믿음을 지켰으니, 그리스도가 오실 마지막 날인 '그날'에 자신을 위하여 의의 면류관이 예비되었다고 확신에 찬 음성을 들려주고 있다.

Henceforth there is laid up for me a crown of righteousness, which the Lord, the righteous judge, shall give me at that day(KJV 2 Timothy 4:8).

이제 이후로는 나를 위하여 의의 면류관이 예비되었으므로 주 곧 의로우신 재판장이 그 날에 내게 주실 것이니

[참고] henceforth: 지금부터는 향후. laid up for: ~를 위해 놓여 있다. crown: 면류관. 왕관. righteousness: 의義, 정의. righteous: 옳은, 정당한, 의의. judge: 재판관, 심판. at that day: 그날에. 여기서는 그리스도의 재림을 뜻한다.

[참고자료] '선한 싸움을 싸우다'란 표현은 디모데전서(6장 12절)에 먼저 기록되어 있다. 사도 바울이 디모데에게 그리스도인의 삶에는 싸움이 따른다는 것을 호소하면서 이 싸움은 외적으로는 패배할 듯 보이나 승리하는 내적인 싸움으로, 하나님과의 교제를 통해 영원하고 거룩한 사랑과 평화의 삶, 곧 영생을 누린다는 것을 일깨워주고 있다.

Fight the good fight of faith, lay hold on eternal life, whereunto thou art also called, and hast professed a good profession before many witnesses.

믿음의 선한 싸움을 싸우라 영생을 취하라. 이를 위하여 네가 부르심을 입었고 많은 증인 앞에서 선한 증거를 증거하였도다.

[참고] good fight of faith: 믿음의 선한 싸움. fight a good fight: 선한 싸움을 싸우다. lay hold on: 반드시 ~를 하다, ~를 마련(준비)하다. eternal life: 영생永生. whereunto(=whereto): (관계부사로 쓰여) ~하니 거기에. 이것으로 인하여. thou art called(=you are called): (하나님의) 부르심을 입

다. profess : (신앙을) 고백하다, 증거하다. a good profession : 훌륭한 신앙고백. witness : 증인.

아일랜드의 더블린 출신으로 영국 성공회 사제이며 시인이었던 존 몬셀(John S. B. Monsell, 1811-1875)이 가사를 써서 1863년에 발간한 《교회력을 위한 사랑과 찬양의 찬송가》(*Hymns of Love and Praise for the Church's Year*)란 책에 〈선한 싸움을 싸워라〉(*Fight the Good Fight*)라는 제목의 찬송가가 들어 있다. 이 곡은 1864년 윌리엄 보이드William Boyd가 성령강림절Pentecost 찬양에 가락을 맞춰 가사를 썼다.

그림 46 윌리엄 보이드

Fight the good fight with all thy might;
Christ is thy Strength, and Christ thy Right;
Lay hold on life, and it shall be
Thy joy and crown eternally.
네 모든 힘을 다하여 선한 싸움을 싸우세
예수는 너의 힘, 너의 의義가 되나니
예수의 삶을 취하라 그것이 너의 기쁨이 되며
영원히 면류관을 취하는 것이 되리라.

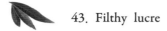

43. Filthy lucre

Whose mouths must be stopped, who subvert whole houses, teaching things which they ought not, for filthy lucre's sake.- KJV Titus 1:11
저희의 입을 막을 것이라. 이런 자들이 더러운 이체를 취하려고 마땅치 아니한 것을 가르쳐 집들을 온통 뒤집어엎는도다.

〔어휘와 표현〕 whose mouths: 앞 절(1:10)에서 할례를 주장하는 자들을 일컬음. must be stopped: (할례당의 입을) 막아야만 한다는 뜻. subvert: 파멸(멸망, 몰락)시키다. things which they ought not: 해서는 안 되는 일들. lucre: [lúːkə]로 발음. (경멸조로) 돈, 이득. filthy lucre: 부당이득. for filthy lucre's sake: 부당이득을 위하여. cf. for one's sake: ~를 위하여.

〔원문과 성서내용〕 사도 바울이 기록한 디도서Titus는 목회자 디도에게 주는 목회서신이다. 바울은 그레데 섬(island of Crete: 그리스 동남쪽에 위치한 지중해에서 다섯 번째로 큰 섬. 크레테 섬으로 불림. 그리스의 상위 13개의 행정구역 가운데 하나)으로 디도와 함께 전도여행을 간 적이 있었는데, 후에 디도를 그레데 섬에 남겨두고 홀로 돌아왔다. 디도가 목회하고 있던 그레데 섬은 해상무역이 발달한 곳으로 그리스인, 로마인, 유대인 등 많은 민족이 섞여 있어서 당시 그레데인들에 대한 평판이 좋지 않았다.

이런 환경을 바울은 다음과 같이 기록하고 있다: '그레데인 중에 어떤 선지자가 말하되 그레데인들은 항상 거짓말쟁이liars이며 악한 짐승evil beasts이며 배만 위하는 게으름장이lazy gluttons라 하니'(1:12). 바울은 이런 열악한 환경에서 목회하는 디도에게 장로들을 바로 세우고 바울이 끝내지 못한 일을 그가 해 주기를 바랐다. 원문에 인용한 구절은 악덕을 일삼고 쓸데없는 논쟁을 일삼는 그레데의 거짓 교사들을 장로들이 올바른 교훈과 모범이 되는 행실로 침묵시켜야 한다(입을 막아야 한다)는 뜻에서 나온 표현이다.

> They profess that they know God; but in works they deny him, being abominable, and disobedient, and unto every good work reprobrate(1:16).
> 저희가 하나님을 시인하나 행위로는 부인하니 가증한 자요 복종치 아니하는 자요 모든 선한 일을 버리는 자니라.

[참고] profess: 고백하다, 시인하다. in works: 행위에서는, (하나님을 위한) 일에는. deny him: 하나님을 부인하다. him은 '하나님'을 뜻함. abominable: 가증스러운, 진저리나는. 지독한. 비열한despicable. disobedient: 복종치 아니하는. cf. obedient: 복종하는. reprobate: 타락한, 못된. 자격을 잃은 disqualified. unto every good work: 모든 선한 (하나님의) 일에 대해.

[참고자료] 부당이득filthy lucre이라는 말은 그리스어인 *aischros*(수치스러운 shameful)과 *kerdos*(이득 profit)의 두 단어를 합쳐 만든 것인데 영어의 lucre는 라틴어 *lucrum*에서 유래한다. *lucrum*은 단순히 '물질적인 소득이나 이익'을 의미하였고 로마 시대에는 '탐욕, 강한 욕망'avarice이란 말과 이미 긴밀하게 연결되어 쓰였다. 그러나 여기서 발생하는 여러 문제로 말미암아 '돈'money은 부정의 의미로 자주 비춰짐에 따라서 영어의 lucre는 나쁜 방법이나 이기적인 이유로 얻은

재물money을 뜻하는 단어가 되었다. 디도서에 기록된 '부당한 이득' filthy lucre이란 표현은 이처럼 '부정직하게 얻은 이득'을 나타낸 말이다.

경멸적인 표현인 filthy lucre란 말은 틴들성서(Tyndale Bible, 1525)에 '부에 대한 탐욕'(greedy desire for wealth)을 뜻하는 말로 맨 처음 기록되었는데 그 후 '돈 자체'money itself를 언급하는 말로 바뀌어 사용되었다. 흠정역성서에는 filthy lucre라는 표현을 여러 곳에서 사용하고 있는데(디모데전서 3:3, 3:8; 베드로전서 5:2), 이 중에서 디모데전서(3장 3절) 및 베드로전서(5장 2절)를 각각 인용한다. NIV를 포함하여 일반 영역성서에는 이 표현이 모두 빠져 있다.

Not given to wine, no striker, not greedy of *filthy lucre*; but patient, not a brawler, not covetous(1 Timothy 3:3)
술을 즐기지 아니하며 구타毆打하지 아니하며 부당한 이득을 탐내지 아니하며 오직 관용하며 다투지 아니하며 돈을 사랑치 아니하며

[참고] not give to wine: 술에 빠지지 않다. striker: (타인을) 구타하는 사람. strike: 구타하다. greedy of filthy lucre: 부당이득을 탐내는. patient: 참는, 인내하는, 관용하는. brawl: 싸우다, 다투다. brawler: 다투는 사람. covetous: (부당하게) 탐내는, 욕심부리는.

Feed the flock of God which is among you, taking the oversight thereof, not by constraint, but willingly; not for *filthy lucre*, but of a ready mind(1 Peter 5:2)
너희 중에 있는 하나님의 양 무리를 치되 억지로 하지 말고, 오직 하나님의 뜻을 좇아 자원함으로 하며, 더러운 이득을 위하여 하지 말고 오직 기꺼이 하며.

[참고] feed: 먹이다. the flock of God: 하나님의 양 무리. take the oversight thereof: ~을 보지 못하고 넘어가다. thereof: 그것에 관하여, 그것이 원인이 되어. 문어체에 나오는 표현. not by ~, but by: ~에 의해서가 아니라 ~ 에 의해서. by constraint: 억지로, 강제로. willingly: 자원하여, 기꺼이. for filthy lucre: 더러운 이(득)을 위하여, 부당이득을 위하여. of a ready mind: 기꺼이 각오가 되어 있는 마음으로.

영국 빅토리아시기에 활동한 소설가인 안토니 트롤로프(Anthony Trollope, 1815-1882)가 쓴 논픽션 소설인 《새커리》(*Thackeray*, 1879)의 첫 장에는 다음과 같은 작가의 말이 등장한다:

When we talk of sordid gain and *filthy lucre*, we are generally hypocrites.

우리가 더러운 소득과 부당한 이득에 관해 이야기하게 되면 우리는 대체로 위선자가 되는 것이다.

그림 47 안토니 트롤로프

 44. For a season

For perhaps he therefore departed for a season, that thou shouldest receive him for ever.　　　　　　　　　　　　　　　　　　　　- KJV　Philemon 1:15

[어휘와 표현] perhaps: 아마도. 혹시나. therefore: 그러므로, 따라서. depart: (문어체에서) ~을 떠나다. 출발하다. for a season: 잠시 동안for a little while. thou shouldest: you should(must). receive him: 그를 받아들이다(might have him back). him은 빌레몬서에 나오는 오네시모Onesimus를 가리킴. for ever: 영원히for good, 오랫동안.

그림 48 파피루스에 기록된 빌레몬서

[원문과 성서내용] 빌레몬서Philemon는 바울 서신 중에서 1장으로 된 가장 짧은 옥중 서신이다. 바울은 죄를 짓고 도망쳐 주인인 빌레몬에게 해를 끼친 오네시모라는 종에 대한 자신의 애정을 나타내면서 빌레몬에게 한때 그의 종이었던 오네시모를 '사랑하는 형제'a brother beloved로 받아들이고 용서해 줄 것을 간곡히 요청하고 있다. 당시 로마 사회의 법률에서 도망친 노예는 사형을 당하게 되어 있었다. 이런 상황에서 빌레몬에게 보낸 바울의 서신은 그리스도인의 놀라운 사랑의 본보기라고 할 수 있다.

아마도 오네시모는 골로새(Colossae: 현재 터키) 교회에 있던 빌레몬에게서 돈을 훔쳐 달아난 것으로 보이나(1:18), 우연히 바울을 만나 회심(1:10)하게 되었는데 바울은 그를 '갇힌 중에서 나은 아들'(my son Onesimus, whom I have begotten in my bonds)로 그가

'전에는 네게 무익하였으나 이제는 나와 네게 유익하므로'(Which in time past was to thee unprofitable, but now profitable to thee and to me) 그를 빌레몬에게 다른 모든 형제들과 동등한 존재로 여겨 돌려보낸다고 기록하고 있다.

　바울은 인용한 원문에서 오네시모가 '잠시 떠나게 된 것'(he departed for a season)이라고 부드럽게 말해 그가 도둑질을 하고 도망간 것이라고 말하지 않았다. 이 표현은 하나님이 오네시모가 바울을 만나 신앙을 갖게 되고 변화되어 새사람으로 빌레몬에게 돌아오게 하신 것을 은유적으로 나타낸 것이다. 한편 '저를 영원히 두게 한 것'은 오네시모가 하나님의 신실한 종으로 다른 믿음의 형제들과 영원히 함께 지낼 수 있게 된 것을 암시한다.

〔참고자료〕 '잠시 동안'for a season이란 문어체 표현은 흠정역성서에만 쓰이고 있는데, 맨 처음 쓰인 곳은 카버데일성서(Coverdale Bible, 1535)로 두 번씩 나타나며 제네바성서(Geneva Bible, 1587)에는 세 번씩이나 기록되어 있다. 셰익스피어도 이 표현을 즐겨 사용하였는데, 〈리차드 3세〉(*Richard III* c.1592 1막 4장) 및 〈심벌린〉(*Cymbeline* c.1610 4막 3장)에 나오는 구절을 각각 인용한다.

그림 49 셰익스피어 작 〈리차드 3세〉의 첫 사절판

　　　　　with the very noise
I trembling waked, and *for a season* after

Could not believe but that I was in hell,
Such terrible impression made the dream.
　　　　　　그 소리에
그만 난 달달 떨면서 잠을 깼지요 그러나 잠을
깬 후에 한동안은 그냥 지옥에 있는 것만 같았소.
내 꿈은 그렇게도 가공할 인상을 주었소.

〔참고〕 the very noise: 바로 그 시끄러운 소리. tremble: 덜덜 떨다. wake:
(잠에서) 깨다. season: while, time. be in hell: 지옥에 있다. terrible
impression: 무시무시한 느낌, 생각.

The time is troublesome.
We'll slip you *for a season*, but our jealousy
Does yet depend.
자나 깨나 걱정이 태산 같구나
일단 용서하지만 너에 대한 혐의는
아직 남아 있는 거다

〔참고〕 troublesome: (고어체에서) 골치 아픈, 고뇌에 찬. slip ~ for a
season: let you be for a while(일단은 그냥 넘어가다). jealousy: suspicion
(의심, 혐의). does yet depend: still hangs in the balance (remains) 아직
해결되지 않고 남아 있다.

45. Strangers and pilgrims

These all died in faith, not having received the promises, but having seen them afar off, and were persuaded of them, and embraced them, and confessed that they were strangers and pilgrims on the earth.   - KJV   Hebrews 11:13

이 사람들은 다 믿음을 따라 죽었으며 약속을 받지 못하였으되 그것들을 멀리서 보고 믿고 환영하며 또 땅에서는 외국인과 나그네로라 증거하였으니

[어휘와 표현] these: 믿음의 위대한 본을 보인 선조들(가인, 에녹, 노아, 아브라함, 사라 등)을 일컬음. in faith: 믿음으로, 믿음을 따라. not having ~ promises: (아브라함과 이삭과 야곱이) 가나안 땅을 받지 못하고 죽었다는 뜻. having seen ~ off: 약속을 멀리서 보기만 했다는 뜻. afar off: 멀리서. be persuaded of: ~을 ~라고 믿고 있다, ~을 확신시키다. embrace: 기꺼이 받아들이다. strangers and pilgrims: 길손과 나그네. pilgrim: nomad(방랑자, 나그네).

[원문과 성서내용] 히브리서Hebrews는 주후 70년에 예루살렘 성전이 파괴되었으나 이러한 기록이 히브리서에 없으므로 주후 70년 이전 10년 안의 어떤 시기에 쓰여졌을 것으로 추정하고 있다. 히브리서의 저자는 히브리 성서의 70인 역본(Septuagint: 가장 오래된 그리스어역 구약성서/séptjuədʒint/로 발음함)에서 서신a letter보다는 설교a sermon에 한층 더 가까운 문체를 구사하여 구약의 본문을 광범위하게 인용하고 있다.

히브리서의 저자는 11장에서 구약성서에 등장하는 아벨, 에녹, 노아, 아브라함, 사라 등과 같은 유대인 역사의 위대한 믿음의 조상들을 열거하고 믿음의 본질적인 특성을 이야기한다.

Now faith is the substance of things hoped for, the evidence of things not seen(11장 1절).

민음은 바라는 것들의 실상이요, 보지 못하는 것들의 증거니

〔참²〕 substance: (철학에서) 본체, 본질, 실체. things hoped for: (우리가) 바라는 것들. 우리가 미래에 경험할 것들. evidence: 증거. things not seen: 보이지 않는 것들. 우리가 볼 수 없는 것들 즉, 영적靈的 경험의 영역을 가리킴.

히브리서의 저자는 인용한 원문을 통해 아브라함과 이삭과 야곱 등 믿음의 조상들이 모두 믿음을 따라 살다가 죽었으며 그들이 약속하신 것을 받지는 못하였으나 그것을 '멀리서' 바라보고 환영하였을 뿐, 이 땅에서는 '길손과 나그네'strangers and pilgrims 신세임을 고백하였다고 하였다. 오늘을 사는 우리에게도 믿음은 그리스도 이전과 이후의 시대, 어느 시대를 막론하고 변함이 없으며, 믿음의 확신과 인내로 그리스도 신앙을 지킬 것을 히브리서의 원문에서 강조하고 있다.

그림 50 《길손과 나그네》

〔참교자료〕 '길손과 나그네'Strangers and Pilgrims라는 히브리 성서의 표현은 소설에서 신학 연구서에 이르는 다양한 분야에서 20여 명 저자들의 역저力著 타이틀로 널리 쓰이고 있다. 하버드 신학교의 석좌교수인 캐서린 브레커스Catherine A. Brekus가 1998년에 미국에서 100년이 넘게 이어온 여성 설교의 역사를 쓴 《길손과 나그네: 미

국의 여성 설교, 1740-1845》(*Strangers and Pilgrims: Female Preaching in America, 1740-1845*)가 그 대표적이다.

46. The patience of Job

Behold, we count them happy which endure. Ye have heard of the patience of Job, and have seen the end of the Lord; that the Lord is very pitiful, and of tender mercy.   — KJV James 5:11

보라, 인내하는 자를 우리가 복되다 하나니, 너희가 욥의 인내를 들었고 주께서 주신 결말을 보았거니와 주는 가장 자비하시고 긍휼히 여기는 자시니라.

〔어휘와 표현〕 we count them happy which endure: 현대 영역성서에서 이 구절을 We give great honour to those who endure under suffering과 같이 쉽게 풀어서 설명하고 있음. count: ~를 ~라고 생각(간주)하다. which endure의 선행사는 those임. ye는 복수 2인칭으로 '너희'의 뜻. patience of Job: 욥의 인내. the end of the Lord: 주의 결말(목적). pitiful: (드물게) 자비로운, 인정이 많은. of tender mercy: 긍휼히 여기는(compassionate and merciful).

〔원문과 성서내용〕 야고보서Epistle of James의 저자는 1장 1절에서 '하나님과 주 예수 그리스도의 종'이라고 밝힌 야고보 자신이다. 그는 주님의 형제로 처음에는 예수의 사역Jesus' ministry에 부정적이었으나,

그림 51 일리아 레핀 1869년 작 〈욥과 그의 친구들〉

예수 그리스도의 부활 이후 예수를 만나면서(고전 15:7) 회심하게 되었고 후에 예루살렘 교회의 중심적인 지도자가 되었다. 그는 주후 62년 순교를 당하였다.

이 서신은 열방 가운데 흩어져 있는 열두 지파twelve tribes에게 보낸 것으로 첫장부터 마지막 장(5장)에 이르기까지 구약의 많은 교훈과 경구警句가 기록되어 있으며, 경제적인 박해와 압력을 받고 있던 초대 교회에 이를 극복하고 실천할 수 있는 내용과 구체적인 덕목을 권면하고 있다.

야고보가 '욥의 인내patience of Job'에서 전하는 메시지의 요점은 인내의 미덕으로 현실을 극복하라는 것이다. 야고보는 농부가 땅에서 나는 귀한 열매를 바라고 길이 참아 이른 비와 늦은 비가 땅에 내리기까지 오래 참으며 땅의 귀한 소출을 기다리듯이 주님께서 오실 때까지 인내할 것을 강조하고 있다. '너희도 길이 참고 마음을 굳게 하

라. 주의 강림이 가까우니라.'(Be ye also patient; stablish your hearts: for the coming of the Lord draweth nigh.)

[참고] ye: 복수 2인칭으로 '너희, 여러분'이란 뜻. stablish: 고어체에 쓰인 철자. 현대영어에서는 establish(굳게 하다, 확립하다)로 씀. the coming of the Lord: 주의 강림降臨. draw nigh: draw near(가까워지다). nigh는 고어체나 시에서 흔히 쓰이며 near(가까이)란 뜻.

[참고자료] '욥의 인내'란 표현이 맨 처음 문헌에서 기록된 것은 야고보서이다. 구약성서에 나오는 욥의 이야기와 고난에 처한 욥의 인내는 매우 잘 알려져 있어서 이 표현은 하나의 금언처럼 되었고, 일반 대화에서는 물론 문학과 노래에도 널리 쓰이고 있다. 영국의 철학자이며 법률가, 정치가, 과학자로 웅변가이기도 한 프란시스 베이컨경(Sir Francis Bacon, 1561-1626)은 〈역경에 관하여〉(*Of Adversity*)라는 수필에서 다소 냉소적으로 다음과 같이 쓴 적이 있다.

그림 52 프랜시스 베이컨경
(캠브리지 트리니티 칼리지대학)

The pencil of the Holy Ghost hath laboured more in describing the afflictions of Job, than the felicities of Solomon.
성령의 손끝은 솔로몬의 지복至福보다는 욥의 고통을 한층 더 공들여 그려냈더군.

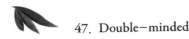

47. Double-minded

A double minded man is unstable in all his ways. – KJV   James 1:8

두 마음을 품어 모든 일에 정함이 없는 자로다.

[어휘와 표현] double minded: 두 마음을 품은, 결심이 서지 않는, 딴 마음을 품은deceitful. double-minded로 쓰기도 함. 여기에서 '두 마음을 품은 자'는 믿음 대신 의심하는 자(a doubtful mind 1:6)를 일컬음. unstable: 가만히 있지 않는, 변하기 쉬운, 쓰러지기 쉬운. in all his ways: 모든 노정路程에서, 모든 일에서.

'두 마음을 품은'이란 원문의 표현은 현대영어에서 '아직 결정을 하지 않은'(undecided, undetermined)이라는 뜻으로 쓰인다.

Rick is *double minded* about whether or not to buy a new house, and I don't think he'll be able to come to a decision without help.

릭은 새 집을 살지 말지 결정을 하지 않고 있어. 난 그가 다른 사람의 도움 없이 결정할 수 있을 거라곤 생각하지 않아.

[원문과 성서내용] 예수 생전에 그의 네 형제들은 예수가 하나님의 아들이라는 것을 믿기 어려워했다. 이들 형제는 같은 가족의 일원이었기 때문이다. 그러나 복음서에서는 예수의 형제들이 마리아Mary라는 같은 어머니에게서 낳았으나 예수의 아버지는 요셉Joseph이 아닌 하나님God이었다고 기록하고 있다. 예수의 형제 가운데 야고보James와 유다Jude는 후에 그리스도인이 되어 야고보서와 유다서를 남겼다.

야고보서에서 저자인 야고보는 하나님은 요청하는 자에게는 지혜 wisdom를 주신다고 하되, 지혜를 가진 자는 두 마음을 가진 자와 같이 믿음belief과 의심doubt 사이에서 헤매는 자가 되어서는 안 된다고 기록하고 있다.

But let him ask in faith, nothing wavering. For he that wavereth is like a wave of the sea driven with the wind and tossed(KJV 1:6). 오직 믿음으로 구하고 조금도 의심하지 말라 의심하는 자는 마치 바람에 밀려 요동하는 바다 물결 같으니.

〔참고〕 ask in faith: 믿음으로 구하다. waver: (판단이나 결단에서) 머뭇거리다, 망설이다, 동요하다. nothing wavering: without doubt(전혀 의심하지 않다). he that wavereth: he who wavers(doubts). 의심(동요)하는 자는. driven with the wind and tossed: 바람에 밀려 요동치는. driven ~ and tossed: ~에 밀려 흔들리는.

〔참고자료〕 웹스터 사전Webster Dictionary에서는 '나쁜 믿음'bad faith을 '두 마음을 지닌 것'being of two hearts과 동일하게 보고 있다. 영어에서 double hearted(두 마음을 지닌)이란 표현은 double minded, of two hearts, of two minds/souls, two beliefs, two attitudes, two thinkings 등 다양한 어구로 쓰이는데, 히브리 성서와 신약성서에서는 믿음을 가진 자는 두 마음을 지녀서는 안 된다고 권면하고 있다.
　구약성서의 시편(Psalms 119:113)에는 '내가 두 마음 품은 자를 미워하고 주의 법을 사랑하나이다'(I hate double-minded men, but I love your law.)라고 기록하고 있다. 그런데 흠정역성서 원문 복사본 facsimile에는 시편(119장 113절)의 구절을 '내가 헛된 생각을 미워하

그림 53 〈오셀로〉의 주인공 이야고Iago와 오셀로Othello

나 주의 법을 사랑하나이다'(I hate vaine thoughts: but thy Law doe I loue.)라고 하여 '헛된 생각'을 '두 마음을 품은 자'에 비유하고 있다.

〔Note〕 vaine = vain. thy: your. loue=love. 17세기 초의 철자와 현대영어의 철자가 다르게 쓰임.

〔참고자료〕 셰익스피어의 4대 비극 가운데 하나인 오셀로Othello는 사랑의 비극을 다룬 작품이다. 이 작품에는 '이중적인' 인물 이야고Iago가 등장한다. 베니스의 무어인Moor 장군인 오셀로 앞에서 이야고는 충실한 부하의 모습으로 위장한 채 오셀로의 부관인 카시오Casio와 원로원 브라반시오의 딸 데스디모나Desdemona의 관계를 꾸며내어 오셀로에게 거짓을 말하고 데스디모나를 몹시 사랑한 오셀로를 부추기는 간신 같은 모습을 보여준다. 이야고가 본문에서 설명한 '두 마음을 지닌' 전형적인 인물임이 이 작품에서 잘 묘사되고 있다. 이야고는 오셀로의 부관副官을 기대하였으나 이루지 못하고 하층 계급인 기수旗手에 그쳤다. 이야고의 간사한 계략과 행동으로 말미암아 오셀

로는 데스디모나를 죽이고 모든 사실이 이야고가 꾸민 계략이었음을 알고 죄책감에 목숨을 끊는 비극으로 끝나게 된다.

48. Multitude of sins

And above all things have fervent charity among yourselves: for charity shall cover the multitude of sins. – KJV 1 Peter 4:8

무엇보다도 열심히 서로 사랑할지니 사랑은 허다한 죄를 덮느니라.

〔어휘와 표현〕 above all: 무엇보다도, 가장 중요한 것은(most important of all). fervent: 열렬한, 열심인. charity: (하나님에 대한) 사랑. among yourselves: 너희 중에. cover: 덮다, 포함하다, ~에 이르다. multitude of sins: 많은 수의 (종교, 도덕상의) 죄. multitude: 다수. sin: 도덕상의 범죄moral offences. cf. 법률상의 죄는 crime이라고 함.

〔원문과 성서내용〕 베드로전서(1 Peter)는 고난에 직면하여 믿음의 시험을 받고 있던 흑해 남부지역에 흩어져 있는 유대인과 이방인 그리스도인에게 로마 황제 네로Nero의 치세 시기(주후 54-68)에 로마에서 보낸 사도 베드로의 서신이다. 베드로는 이들에게 여러 가지 고난과 시험으로 말미암아 잠깐 근심하게 되지 않을 수 없으나 고난suffering에서 배울 것이 많다는 점을 지적하고, 그리스도의 믿음 안에서 굳게 서서 인내함으로 기뻐하라고 권면하고 있다.

베드로는 이들 지역의 성도들에게 사랑하고 서로 존중하면서 살아

그림 54 스페인 화가 엘 그레코의 베드로의 눈물(1605)

갈 것을 권하면서 '사랑은 허다한 죄(multitude of sins)를 덮을 것'이라는 점을 지적하였다. 이것은 야고보서에서 '죄인을 미혹한 길에서 돌아서게 하는 자가 그 영혼을 사망에서 구원하여 허다한 죄를 덮을 것'(that he which converteth the sinner from the error of his way shall save a soul from death, and shall hide a mutitude of sins. KJV James 5:20)이란 구절에서도 엿볼 수 있다.

[참고] converteth(=converts): 개심(개종)시키다. sinner: (종교, 도덕상의) 죄인. from the error of his way: 미혹迷惑한 길에서. save a soul: 영혼을 구원하다. from death: 사망(죽음)에서. multitude of sins: many sins.

베드로는 유대인과 이방인 그리스도인들이 하나님께는 택하심을 입었으나 사람에게는 버린 바가 된 하나님의 보배로운 '산 돌'the living stone이신 예수께 나아오기를 권면하고 있다. '베드로'Peter란 말은 예수께서 시몬(Simon, Luke 6:14)에게 붙여 준 별칭인데, '돌, 바위, 반석'stone을 뜻하는 그리스어 페트로스*petros* 및 라틴어 페트라*petra*에서 유래한다.

[참고자료] '허다한 죄'란 성서 표현이 나온 이후 '사랑은 허다한 죄를 덮느니라'(Love covers a multitude of sins)라는 일반 대중적인 표현을 낳았다. 특히 도덕상의 문제에 대해 개인적인 기준으로 판단하거나 논평을 피함으로써 양심과 그 덕행을 곧바로 변명할 수 있다고 하는데 이 구절이 지닌 호소력이 있다.

한편, 이 성서 표현은, 서정시lyrics와 도덕을 옹호하는 자, 즉 도덕주의자들이 자주 사용해 왔으며 때로는 소설의 제목에까지도 쓰이게 되었다. 미국의 소설가이자 단편소설 작가로 퓰리처상을 위시한 많은 상을 수상한 리차드 포드(Richard Ford, 1944 -)가 쓴 단편모음집 가운데 〈허다한 죄〉(*A Multitude of Sins* 2002)가 있다.

영국의 해군장교로 미국과의 1812년 전쟁, 나폴레옹 전쟁과 시리아 전쟁, 크리미아 전쟁 등에서 활약한 뒤 영국 해군 제독을 지낸 찰스 네피어경(Sir Charles Napier, 1786-1860)이 남긴 유명한 어록에 다음과 같은 말이 나온다.

그림 55 찰스 네피어경(1854)

Success is like war and like charity in religion, it covers a *multitude of sins.*
성공은 마치 전쟁과 같고 종교의 자비와 같아서 허다한 죄를 덮느니라.

 49. Wells without water

These are wells with water, clouds that are carried with a tempest; to whom the mist of darkness is reserved for ever. ─ KJV   2 Peter 2:17

이 사람들은 물 없는 샘이요 광풍에 밀려가는 안개로, 저희를 위하여 캄캄한 어두움이 예비되어 있나니

〔어휘와 표현〕 these: 앞 절에서 언급한 사람들 즉, 거짓 교사들을 가리킴. well: 우물. wells without water: 물 없는 샘. cloud: 구름(모양의 것), 연기, 안개. tempest: 폭풍storm, 광풍狂風. the mist of darkness: 어둠의 안개. cf. 일부 영역성서에는 이 부분을 the blackness of darkness(캄캄한 어둠)으로 번역함. mist: 엷은 안개. be reserved: 예비된. 준비된. for ever: 영원히.

〔원문과 성서내용〕 베드로후서(2 Peter)는 유다서Epistle of Jude의 많은 부분(4─18절)과 공통된 내용이 들어 있다. 베드로후서에는 구약성서의 거짓 선지자false prophets들이 그러했던 것처럼 교회 내의 이단異端 사상과 거짓 선지자들과 거짓 교사들 스스로 파멸을 초래할 운명에 대한 준엄한 경고가 포함되어 있다. 이 서신에서 베드로는 부도덕한 행위로 이끄는 거짓 교훈을 퍼뜨리고 있던 거짓 선생들과 부도덕에 대한 변명으로 그리스도가 돌아오지 않는다는 사실을 이용하여 기롱欺弄하는 자들(scoffers: 조롱하는 자들, 3:3)로부터의 위험에 둘러싸인 그리스도인들을 격려하고 있다.

베드로는 '우리 주 예수를 앎으로'(1:2), '우리 주 되신 예수 그리스도를 앎으로'(2:20)에서 알 수 있듯이 예수 그리스도의 은혜와 저를 아는 지식에서 자라 나가라(grow in the grace, and in the knowledge of our Lord and Saviour Jesus Christ 3:18)고 여러 차례에 걸쳐 강조하고 있다.

그림 56 가장 오래된 파피루스에 기록된 베드로후서

　거짓 교사들의 멸망할 운명과 그들의 타락을 언급하는 2장의 내용
(12-17절)에는 거짓되고 사악한 그들의 특성을 '이성 없는 짐승brute
beasts', '음심淫心이 가득한 눈'(eyes full of adultery), '탐욕에 연단練
鍛된 마음'(a heart trained in coveteous practices)이라고 나열되고 있
다. 이들 사기꾼인 거짓 교사들은 소중한 생명수의 자원이 되는 샘과
는 달리 '물 없는 샘'(wells without water)에 지나지 않는다는 것이다.
'캄캄한 어두움'(the mist of darkness)은 고대로부터 지옥의 어둠을
나타내기 위해 쓰인 어휘이다.

　베드로는 '사랑하는 자들아 주께는 하루가 천년 같고 천년이 하루
같은 이 한 가지를 잊지 말라'(But, beloved, be not ignorant of this
one thing, that one day is with the Lord as a thousand years, and a
thousand years as one day. 3:8)고 당부하고, 주의 약속은 더딘 것이
아니라 '주의 날이 도적같이 올 것'(the day of the Lord will come as
a thief in the night)을 잊지 말고 하나님의 날이 임하기를 바라며 간
절히 사모하라는 말을 부탁하고 있다. 베드로의 이 표현은 38번에서
도 살펴본 것처럼 데살로니가전서(5장 2절)에서도 그대로 나타난다.

〔참고〕 beloved: 사랑하는 자들아. be not ignorant of: ~를 잊지 않다. ignorant: 무식한, 무지한, 의식하지 못한. this one thing: 이 한 가지 일. not ignorant that: ~를 무시하지 않다. ~를 잊지 않다. one day is ~ as a thousand days: 하루가 천 년과 같다. as=like. with the Lord: 주님에게는. a thousand years as one day: 생략법으로 a thousand years 다음에 is를 넣어 생각할 것. '천 년이 하루와 같다'.

그림 57 시켐(현재 나블루스)에 있는
야곱의 우물

〔참고자료〕 샘springs은 문명 발전에 큰 의미를 지닌 공간이다. 이 '샘'은 가장 초기에 인간이 경배를 위해 사용된 처소 가운데 하나로 잠언(16:22)에 기록된 대로 '생명의 샘'(the wellspring of life)이 되었다. 예루살렘 북부 나블루스Nablus에 있는 야곱의 우물Jacob's Well은 3천 년을 훌쩍 넘어 과거로 거슬러 올라간 종교상의 전통을 지니고 있다. Holywell이란 지명은 영국의 여러 도시와 주에서 쓰이고 있고 북미北美 지역에서는 Wells란 지명이 많이 쓰이고 있다.

이처럼 '물 없는 샘'이란 성서 표현은 단순히 비생산적으로 쓰이는 것이 결코 아니라 비유적으로는 생명이 지닌 가장 중요한 본질을 부정하는 것이 된다. 이 비유는 유다서(1:12)의 '물 없는 구름'clouds without water, '열매 없는 나무'trees without fruit와 유사하다.

50. Love one another

Beloved, let us love one another: for love is of God; and every one
that loveth is born of God, and knoweth God. – KJV   1 John 4:7
사랑하는 자들아, 우리가 서로 사랑하자. 사랑은 하나님께 속한 것
이니, 사랑하는 자마다 하나님께로 나서 하나님을 알지니

〔어휘와 표현〕 beloved: 여기서는 호칭으로 쓰여 '사랑하는 자들이여'를
의미함. love one another: 서로 사랑하다. 여기서는 let us를 앞에 붙
여서 '서로 사랑하라'의 뜻. for: 왜냐하면. love is of God: 사랑은
하나님에게 속한 것. of는 '유래, 출처'를 뜻하는 전치사임. every one
that loveth(loves): 사랑하는 이는 누구나. that은 현대영어의 who에
해당함. every one은 everyone과 같이 붙여서 쓰기도 함. born of
God: 하나님에게서 태어나다. 위에 나온 of와 용법이 같음. knoweth
= knows. every one은 동사를 단수로 받음.

〔원문과 성서내용〕 원문에 인용한 내용은 요한 1서First Epistle of John
에 나오는 표현이다. 요한 1–3서는 세베대의 아들로 예수의 제자였
던 사도 요한이 기록한 서신으로, 그는 신약성서의 네 번째 책인 요
한복음을 쓴 저자이기도 하다.
　사도 요한의 서신 가운데 요한 1서는 일반적인 서신인 반면, 나머
지 두 서신(요한 2서 및 요한 3서)은 특별한 수신자들에게 보내는 서
신으로 되어 있다. 요한 1서는 모두 5장으로 이루어져 있는데, '서로
사랑하라'love one another는 표현이 네 번이나 나타난다. '우리가 서

그림 58 이탈리아 화가 두치오의 1310년 작
예수가 열한 명 제자에게 최후의 만찬 후 서로 사랑하라고 이야기하는 장면

로 사랑할지니'(we should love one another 3:11) ; '서로 사랑할 것이
니라'(love one another 3:23) ; '우리가 서로 사랑하자'(let us love one
another 4:7) ; '우리가 서로 사랑하면'(If we love one another 4:12).

이처럼 요한 1서를 지배하는 두 가지 사상은 다름 아닌 '빛'과 '사
랑'이다. 사도 요한은 우리의 삶이 빛 가운데 행하여 예수 그리스도
로 말미암아 깨끗하게 되기를 강조한다. 하나님은 우리에게 빛을 주
시는 원천이 되시며 자녀들 또한 이에 합당한 삶을 살아가야 한다는
것을 강조하고 있다. '자녀들아 우리가 말과 혀로만 사랑하지 말고
오직 행함과 진실함으로 하자'(My little children, let us not love in
word, neither in tongue ; but in deed and in truth. 3:18).

사도 요한은 하나님의 사랑을 재차 강조하고 있다. '어느 때나 하
나님을 본 사람이 없으되 만일 우리가 서로 사랑하면 하나님이 우리
안에 거하시고 그의 사랑이 우리 안에 온전히 이루느니라'(No man

hath seen God at a time. If we love one another, God dwelleth in us, and his love is perfected in us. 4:12); '사랑하지 아니하는 자는 하나님을 알지 못하나니 이는 하나님은 사랑이심이라'(He that loveth not knoweth not God; for God is love. 4:8); '하나님이 우리를 사랑하시는 사랑을 우리가 알고 믿었노니 하나님은 사랑이시라'(And we have known and believed the love that God hath to us. God is love. 4:16a)

[참고] hath: has. No man has seen God: 하나님을 본 사람은 아무도 없다. at any time: 어느 때나, 언제든지. dwelleth: dwells(거주하다). (마음 속에) 남아 있다. dwell in us: 우리 안에 거하다. perfect: (동사로 쓰여) 완전하게 하다, 완성하다. / loveth: loves. loveth not: does not love. knoweth not: does not know. He that loveth=He who loves가 문장의 주어 부분. 동사는 knoweth not임. for: 왜냐하면because. know and believe: 알고 믿다. 목적어는 the love임. the love that God hath to us: 다른 영역성서에는 God has for us(하나님이 우리에게 베푸시는)로 되어 있음. 즉, '하나님이 우리에게 베푸시는 사랑'이란 뜻.

요한 2서는 '택하심을 입은 부녀와 그의 자녀'에게 쓴 편지이다. 당시 교회 안에 침투한 영지주의Gnosticism라는 이단 사상으로 말미암아 적그리스도에 미혹迷惑당하지 말 것을 강조하고, 요한 1서와 마찬가지로 사랑 안에서 행할 것과 '서로 사랑하자'(we should love one another)고 권면하고 있다.

For many deceivers are entered into the world, who confess not Jesus Christ is come in the flesh. This is a deceiver and an antichrist(2 John 1:7).

미혹하는 자가 세상에 많이 나왔나니 이는 예수 그리스도께서 육
체로 임하심을 부인하는 자라. 이것이 미혹하는 자요 적그리스도라.

[삼고] deceiver: 속이는 자, 미혹하는 자. deceive: 속이다, 미혹하다. enter
into the world: 세상으로 들어오다. 현대영어에서는 into가 필요치 않음.
confess: 인정하다, 고백하다. confess not that: do not confess that(~이 아
니라고 고백하다). come in flesh: (성)육신으로 오다. 육체로 임하다.
antichrist: 적그리스도.

　　요한 3서에서는 사도 요한이 짧은 이 서신에서 가이오(the well-
beloved Gaius; 번역된 우리말과 달리 원문KJV 영어로는 '사랑받는 자
가이오'가 됨)에게 '사랑하는 자'라고 네 번씩이나 부르면서, 가이오의
노선과 반대되는 노선에서 장로들과 전도자들을 방해하면서 믿음의
형제들을 섬기지 않은 디오드레베Diotrephes의 비우호적이고 적의에
찬 행동[惡行]을 비판하며, 사랑에 대한 가르침과 악행을 분별하는
교훈을 기록하고 있다.

Beloved, follow not that which is evil, but that which is good. He
that doeth good is of God: but he that doeth evil hath not seen
God(3 John 1:11).
사랑하는 자여, 악한 것을 본받지 말고 선한 것을 본받으라. 선을
행하는 자는 하나님께 속하고 악을 행하는 자는 하나님을 뵈옵지
못하였느니라.

[삼고] beloved: 사랑하는 자여. 가이오를 지칭하는 말. follow not that ~
but that: ~를 따르지 말고 ~를 따르라. not that ~ but that의 용법. he
that doeth(does) good: 선을 행하는 자. is of God: 하나님에게서 나다. of:

유래, 출처를 나타내는 전치사로 쓰임. he that does evil: 악을 행하는 자. hath(has) not seen God: 하나님을 만나지 못하였다(상태가 지속되고 있음을 의미함).

[참고자료] 요한의 복음서에 나오는 '서로 사랑하라'love one another는 표현은 예수 그리스도에서 그의 사도들에게 이르기까지 하나의 '새 계명'new commandment으로 기록되어 있다.

A new commandment I give unto you, That ye *love one another*; as I have loved you, that ye also love one another. By this shall all men know that ye are my disciples, if ye have love one to another.

(KJV John 13: 34-35)

새 계명을 너희에게 주노니 서로 사랑하라. 내가 너희를 사랑한 것 같이 너희도 서로 사랑하라. 너희가 서로 사랑하면 이로써 모든 사람이 너희가 내 제자인 줄 알리라.

[참고] ye: 복수 2인칭으로 '너희'란 뜻. give의 목적어로 쓰임. By this: 이것으로 말미암아. 즉 '새 계명을 받은 너희들이 서로 사랑하게 되면'이란 뜻. shall all men know that ~: all men shall know that(~를 모든 이들이 알게 될 것이다). 도치구문. ye are my disciples: 너희가 내 제자들이다. one to another: one another(서로). if ye have love one to another: 흠정역성서에 나온 원문으로 현대영어에서는 허용되지 않는 표현임. 현대 영역성서에서는 이 부분을 Your love for one another will prove to the world you are my disciples(너희 서로에 대한 사랑은 너희가 나의 제자임을 세상에 알리는 증거가 될 것이다)라고 쉽게 개역改譯하고 있음.

51. The way of Cain

Woe unto them! for they have gone in the way of Cain, and ran greedily after the error of Balaam for reward, and perished in the gainsaying of Core.   – KJV Jude 1:11

화 있을진저! 이 사람들이여, 가인의 길에 행하였으며 삯을 위하여 발람의 어그러진 길로 몰려갔으며 고라의 패역을 좇아 멸망을 받았도다.

〔어휘와 표현〕 Woe unto ～: ～에게 화禍 있으라. 성서에 자주 나오는 표현. go in the way of Cain: 가인Cain의 길로 가다. 가인은 창세기(4:1-15)에 나오는 아벨Abel의 형으로 여호와가 그의 제물을 받지 아니하므로 후에 아벨이 들에 있을 때 아벨을 쳐죽임. greedily: 탐욕스럽게, 걸신들린 듯이. run after the error of: ～의 잘못을 좇아 달려가다. error: 잘못, 오류, 과실. Balaam: 구약성서(민수기 22-24장)에 나오는 브올의 아들the son of Beor로, 당시 유명한 점쟁이였음. for reward: 보상(삯)을 위하여(바라고). reward: 삯, 보상, 이득 profit. perish: 멸망하다, 패하다. gainsay: ～을 부정하다. 예:. This was such an evident truth that there is no gainsaying it(이것은 명백한 진리였으므로 아무도 그것을 부정하지 못한다). Core: 구약성서(민수기 16:1-35)에 나오는 고핫Kohath 자손의 레위인Levi. 모세와 아론에 대항하여 반역을 저지른 인물. 흠정역성서 이후에 나온 개역성서에는 Korah로 기록되어 있음.

[원문과 성서내용] 유다서General Epistle of Jude를 기록한 저자인 유다Jude는 스스로를 '야고보의 형제'a brother of James로 부르고 있으나, 그는 예루살렘의 초대 교회의 지도자로 예수의 아우들 가운데 한 명이기도 하였다(마태복음 13:55).

저자인 유다는 구약성서에 기록된 힘찬 언어와 예화를 인용하여 예수의 가르침을 훼방하는 거짓 선생들을 고발하면서 그들이 '가인의 길'을 따라 위험한 길을 가고 있다고

그림 59 야고보의 형제로 예수의 아우 가운데 하나인 사도 유다 벨기에 화가 안토니 밴 다이크의 작품

지적하며 그리스도인들을 죄와 멸망으로 이끌고 있다고 경고하였다. 그리하여 유다는 이들이 멸망할 운명임을 선언하고 있다.

유다는 인용한 구절에서 '삯을 위하여 거짓 선생들이 발람의 어그러진 길로 몰려갔고 고라처럼 반란을 일으켰으며 이들은 모두 운명을 함께 하였다'(민수기 22-24장; 16:1-34)고 설명하고 있다. 이것은 거짓 선생들이 하나님의 형상대로 지음을 받은 자기형제에 대한 존중심을 전혀 보여 주지 않았던 가인과, 개인적 이득을 위해 이스라엘을 곁길로 빠지게 인도하였던 발람과, 모세와 아론에 대적하여 하나님의 권위를 배척한 고라의 나쁜 선례先例를 따랐기 때문이다.

가인과 발람 및 고라의 예는 질투와 탐욕과 교만이 가져오는 재앙

이 어떠한 것인가를 보여주는 고전적인 예라고 할 수 있다. 유다는 이 책의 마지막에서 거짓 선생들의 최후 운명뿐만 아니라 하나님의 백성들에게 하나님의 굳건한 목표를 제시해 주고 있다. 즉 하나님은 우리를 '넘어지지 않게 지켜 주시고'(to keep *you* from falling), 우리를 '흠이 없는 사람으로 자기의 영광 앞에 기쁘게 나서게 하실'(to present you faultless before the presence of his glory with exceeding joy) 능력을 지닌 분인 것이다.

〔삼ㄹ〕 keep A from ~ : ~에서 A를 지켜주다. faultless: 흠(결함)이 없는. before the presence of: ~의 앞에서. with exceeding joy: 넘치는 기쁨(즐거움)으로. exceed: 능가하다, 월등하다. exceeding: 대단한, 넘치는.

52. The patience of a saint

Here is the patience of the saints: here are they that keep the commandments of God, and the faith of Jesus.

- KJV The Revelation of St. John 14:12

성도들의 인내가 여기 있나니 저희는 하나님의 계명과 예수 믿음을 지키는 자니라.

〔어휘와 표현〕 the patience of the saints: 성도들의 인내. they that: 뉴킹제임스역성서(NKJV)에서는 those who로 번역함. commandments of God: 하나님의 계명. faith of Jesus: 예수의 믿음.

그림 60 밧모 섬에 있는 성 요한
네덜란드 화가 보쉬의 1489년 작

［원문과 성서내용］ 예언하는 말과 묵시적인 환상 및 상징적이고 수사적인 표현으로 가득 찬 놀라운 책 요한계시록the Book of Revelation of St. John은 신약성서의 마지막에 등장한다. 인간이 이해할 수 있는 영역을 뛰어넘어 하나님이 보여주시는 천국에 대한 환상과 예언을 다루고 있다. 묵시문학의 전형은 구약성서의 다니엘서Daniel로 앞에서 언급하였으나, 이 책 또한 장르상 묵시문학에 속하며 상징주의symbolic imagery와 환상vision을 내용 전개의 도구로 사용하고 있다.

요한은 유배지인 에게해에 위치한 그리스의 작은 섬이자 배로 가면 에베소Ephesus에서 불과 60마일 떨어진 곳에 있는 밧모Patmos에서 요한계시록을 환상 속에서 기록하였다. 밧모 섬은 그리스도인의 순례를 위한 행선지로 오랜 역사를 지니고 있다. 순례자들은 이곳에

그림 61 묵시의 동굴 입구

서 요한이 계시록을 받은 것으로 알려진 동굴 즉, '묵시의 동굴'(the Cave of the Apocalypse)을 볼 수 있다고 전한다.

이 책에는 소아시아 지역에 있는 일곱 교회에 대한 경고warnings 가 기록되어 있는데(1:4-3:22), 이들 교회 가운데 오늘날 현존하는 곳은 한 군데도 없다. '일곱'seven이란 수數는 온전함completeness을 의미하며(하나님은 일곱째 날에 안식安息하셨다. 창세기 2:2-3) 요한 계시록에는 이 숫자가 54회나 등장한다. 흥미로운 것은 기도를 매우 귀하게 여긴 '성도'saints에 대한 내용으로, 죽음에 이르기까지 예수를 따르는 그들의 신실함faithfulness과 경배worship 그리고 그들의 순종 obedience이 곧 성도가 지녀야 할 특성으로 기록되어 있다. 이러한 성도의 특성은 오직 예수 그리스도를 통해 오시는 하나님의 은혜로 말미암아 가능해진다.

이 책의 주제에는 구세주Redeemer로 오실 예수 그리스도, 선과 악의 싸움, 그리고 '새 하늘과 새 땅'(a new heaven and a new earth)에서의 궁극적인 승리가 포함되어 있다. 마지막 장에는 '이것들을 증거하신 이가 가라사대 내가 진실로 속히 오리라. 아멘 주 예수여, 오시옵소서.'(He which testifieth these things saith, Surely I come quickly.

Amen. Even so, come, Lord Jesus. 22:20)라고 하여 인류 역사의 어느 시점이 되든 그리스도의 재림再臨을 선언하고 있다.

초대 교회에는 일부 그리스도인 가운데 예수 그리스도가 자신들의 세대에 오실 것이라는 잘못된 기대감이 퍼져 있었다. 이것은 요한복음서의 마지막에 기록된 예수의 말씀(John 21:23)을 잘못 이해한 것으로 요한이 이를 바로 잡아 기록하고 있다. 이를 새번역성경으로 고쳐 쓰면 다음과 같다.

> yet Jesus said not unto him, He shall not die; but, if I will that he tarry till I come, what is that to thee?
> 예수께서는 그가 죽지 않을 것이라고 말씀하신 것이 아니라 "내가 올 때까지 그가 살아있기를 내가 바란다고 한들 [그것이 너와 무슨 상관이 있느냐?]"하고 말씀하신 것뿐이다.

[참고] said not unto him: did not say to him. 그에게 말하지 않았다. 그는 요한을 가리킴. He shall not die: 그는 죽지 않을 것이다. He는 요한을 가리킴. 위의 두 문장에서 요한이 죽지 않을 것이라는 소문을 바로 잡은 내용. tarry: remain alive(살아 있다). tarry는 고어체로 쓰여 '(어떤 상태로) 머무르다'란 뜻. I will that ~: ~하기를 원하다. what is that to thee?: 그것이 네게 무슨 상관인가? thee: you(단수형으로 쓰임).

그리스도의 메시지가 사도들의 행적으로 잘못 이해된 채 전 세계로 퍼져 나간 지 2천 년이 지났으나, '성도의 인내'는 초기 교회 시대에서와 마찬가지로 오늘날에도 한층 더 필요한 덕목으로 인식되고 있다.

[참고자료] '성도의 인내'the patience of saint라는 어구는 일반적으로 쓰이는 표현뿐만 아니라 책이나 노래의 타이틀로도 자주 쓰이고 있다. 영국의 가수 그룹인 일렉트로닉*Electronic*이 1991년에 발매한 앨범 안에 〈성도의 인내〉란 노래가 삽입되어 있는데, 이 앨범은 전 세계적으로 100만 부 넘게 팔린 스튜디오 앨범이다.

53. Bottomless pit

And I saw an angel come down from heaven, having the key of the bottomless pit and a great chain in his hand. And cast him into the bottomless pit, and shut him up, and set a seal upon him, that he should deceive the nations no more, till the thousand years should be fulfilled: and after that he must be loosed a little season.

— KJV The Revelation of St. John 20:1, 3

또 내가 보매 천사가 무저갱 열쇠와 큰 쇠사슬을 그 손에 가지고 하늘로부터 내려와 무저갱에 던져 잠그고 그 위에 인봉하여 천 년이 차도록 다시는 만국萬國을 미혹하지 못하게 하였다가 그 후에는 반드시 잠깐 놓이리라.

[어휘와 표현] see an angel come down from~: 천사가 ~에서 내려오는 것을 보다. having the key of: ~의 열쇠를 가지고. 주어는 천사 an angel임. bottomless: 끝없이 깊은, 무한한. pit: (땅의) 구멍, 갱坑. the bottomless pit: 지옥, 무저갱無底坑. the pit of darkness라고도 함. a great chain: 큰 쇠사슬. cast: 던지다. 과거(분사)의 어형이 동

일함. shut him up: 사단(마귀)을 가두어 두다, 잠그다. him은 마귀 Devil, 사단Satan을 일컬음. set a seal: 인봉印封하다, 봉하다, 단단히 닫다. deceive the nations: 만국을 속이다(미혹하다). no more: 더 이상 ~가 아니다. fulfill: 성취하다, 이루다. after that: 천 년이 지난 후. loose: 자유롭게 하다, 풀어놓다, (풀어) 놓아 주다. a little season: 잠시 동안, 얼마 동안(for a season).

[원문과 성서내용] 요한계시록 20장(1-15)에는 사단(용)이 천 년 동안 결박되고 그리스도와 함께 성도들이 천 년을 통치하며 사단의 반역으로 말미암아 하늘에서 불이 내려와 소멸되는 장면 그리고 최후의 심판과 같은 여러 주제가 묘사되어 있다.

그리스도 예수께서 통치자들과 권력자들의 무장을 해제시켜(골로새서 2:15) 십자가로 승리하신 후 구약시대에 마음대로 활동하던 사단(용)은 그리스도의 복음이 전파되는 곳마다 악령의 세력으로 쫓겨났다. 이것은 '강한 자 사단'을 결박하여 일어난 사건이었다(마태 12:29). 인용한 원문에서는 열쇠와 쇠사슬을 쥔 천사가 옛 뱀이요 마귀요 사단인 용으로 묘사된 그 마귀를 잡아서 쇠사슬로 결박하여 무저갱(지옥)에 던져 잠그고 그 위에 인봉印封하였다고 기록하고 있다.

원문에서는 사단이 하나님이 정해 놓으신 '일천 년 동안' 다시는 만국萬國을 미혹하지(속이지) 못하게 하였다고 기록하고 있다. 시편(90:4)에서는 그리스도에게 하루가 천 년이라고 말하고 있다. '주의 목전에는 천 년이 지나간 어제 같으며 밤의 한 경점更點 같은 뿐임이니이다'(For a thousand years in Your sight are like a watch in the night).

그림 62 계시록을 받는 성 요한
프랑스 상세베르 사원에서
11세기에 제작된 로마네스크
양식의 채색 필사본에 수록

요한에게 '천 년'은 아마도 그 길이를 말하기보다는 그리스도의 왕국의 성격을 의미하였던 것으로 여겨진다. 천 년이 지나고 사단이 갇힌 옥prison에서 풀려 나와 땅의 사방 백성을 모아서 그리스도의 교회와 전쟁을 붙였으나, 하늘에서 불이 내려와 악인들이 소멸되고 마귀는 불과 유황 못(the fire and brimstone)에 던져져서 짐승과 거짓 선지자와 운명을 같이하게 된다 (2:7-10)고 기록하고 있다.

최후의 심판이 기록된 절(11-15)에는 인류가 바라볼 수 있는 한 가지 실재實在로 '커다란 흰 보좌'(a great white throne)가 등장한다. 흰 보좌에 앉은 이는 하나님이시며 하나님은 예수 그리스도를 통해 심판하신다(요한복음 5:22). '죽은 자들이 무론대소(small and great: 작은 자나 큰 자 – 새번역성경)하고 그 보좌God 앞에' 서 있는 광경이 펼쳐진다. 보좌 앞에는 책들books이 펴져 있고 생명책(the Book of Life)도 펴져 있다. 심판 때에는 모든 인류가 심판에 소환되는데 죽는 사실과 죽음 이후의 상황을 지칭하는 '사망과 음부'(Death and Hades) 모두 '불못'(the lake of fire)에 던져지는 생생한 장면이 나타난다. 누구든지 생명책에 기록되지 못한 자는 다 던져지게 된다. 그 못은 하나님의 대적인 괴물의 거처인 무저갱으로, 타락한 천사들이 처벌을 받았던 장소이며 악한 영靈들의 거처이기도 하다.

54. Armageddon and apocalypse

And he gathered them together into a place called in the Hebrew
tongue Armageddon.   - KJV The Revelation of St. John 16:16

세 영이 히브리 음으로 아마겟돈이라 하는 곳으로 왕들을 모으더라.

〔어휘와 표현〕 in the Hebrew tongue: in Hebrew(히브리어로). 흠정역
성서의 원문을 쉬운 영어로 번역한 영역성서 2권을 예로 들면 아래
와 같다.

1. And they gathered them together to the place called in Hebrew,
Amageddon(NKJV 1961, 1982).

2. And they gathered all the rulers and their armies to a place called
Armageddon in Hebrew(NLT 2001).

위에 예로 든 두 가지 유형의 영어 문장에서 they는 the spirits(세
영)을, them은 왕들과 그들의 군대를 일컫는다. 흠정역성서의 원문에
는 they 대신 he로 쓰고 있음.

〔원문과 성서내용〕 '아마겟돈'Amageddon은 요한계시록 16장에 등장하는
어구이다. 계시록에는 악의 군대와 하나님의 백성 사이에 마지막 전
쟁이 일어나는데 악령들이 세상의 왕들을 모으면서 전투는 시작된다
고 적혀 있다.

이 예언에 따르면 '세 영이 히브리어로 아마겟돈이라 하는 곳으로

그림 63 폐허가 된 므깃도의 산

왕들을 모으더라 … 큰 성이 세 갈래로 갈라지고 만국의 성들도 무너지니'(계 16:16-19)라는 구절에서 악의 세력들이 하나님을 대적하여 최후의 필사적인 일전一戰을 벌일 장소로 '아마겟돈'이란 명칭이 등장하고 있다.

'아마겟돈'이란 말은 치열한 전투가 많이 벌어졌던 '므깃도의 산'mountain of Megiddo을 뜻하는 히브리어의 하르-므깃도*Har Megiddo*에서 유래한 것으로 추정한다. 구약성서에서 므깃도는 큰 전쟁이 여러 차례에 걸쳐 벌어졌던 곳이다(사사기 5:19). 하나님의 기적 같은 간섭으로 바락Barak과 드보라Deborah가 무기도 없이 이스라엘의 원수인 시스라Sisera의 군대를 멸하여 대승을 거둔 곳으로 알려져 있다.

최후의 전쟁final battle은 계시록의 여러 곳에서 언급되고 있는데, 천 년이 지난 후 사단이 풀려나서 땅의 사방 백성을 모아 그리스도의 교회를 대적하면서 곧 아마겟돈 전쟁이 일어나게 된다. 그러나 마귀는 불과 유황 못에 던져져서 짐승과 거짓 선지자와 운명을 같이 하게 된다(53번 참조).

　아마겟돈이란 말은 오늘날 ‘전쟁’a war, ‘세계를 파괴시킬 큰 전쟁’(a great battle that will destroy the world)을 뜻하며 때로는 ‘최후의’final, ‘파멸의 시기’a time of destruction란 의미도 담고 있다.

　‘계시, 묵시’apocalypse란 말은 요한계시록의 다른 명칭으로 그리스어에서 유래하며 ‘계시’啓示를 뜻하는 revelation과 같은 뜻이다. 이 말은 요한계시록의 맨 첫장에 묘사되어 있다. ‘예수 그리스도의 계시라. 이는 하나님이 그에게 주사 … 천사를 하나님의 종 요한에게 보내어 요한이 하나님의 다른 종들과 함께 계시를 받게 하시다’(This is the revelation from Jesus Christ. An angel was sent to God's servant John so that John could share the revelation with God's other servants. 1:1) 형용사형인 apocalyptic은 ‘종말론을 초래하는’이란 뜻 이외에 ‘완전한 파괴,’ ‘넓은 지역에 두루 미치는 재난’이란 뜻을 지닌다.

55. Alpha and omega

I am Alpha and Omega, the beginning and the ending, saith the Lord, which is, and which was, and which is to come, the Almighty. I am Alpha and Omega, the beginning and the end, the first and the last.　　　　— KJV　The Revelation of St. John 1:8; 22:13

그림 64 로마 카타콤비에 있는 예수의 후광에 그려진
알파와 오메가

주 하나님이 가라사대 나는 알파와 오메가요, 처음과 나중이요. 이
제도 있고 전에도 있었고 장차 올 자요 전능한 자라 하시더라. 나
는 알파와 오메가요 처음과 나중이요 시작과 끝이라.

[어휘와 표현] Alpha and Omega: 그리스어(헬라어) 자모子母의 첫 글
자(Α)와 마지막 글자(Ω)를 지칭함. 예수 그리스도가 우주 만물의
'시작'과 '끝'임을 나타내기 위해 비유적으로 쓴 표현. saith: said.
which is: 지금도 존재하고(현재). which was: 이전에도 있었고(과
거). which is to come: 장차 오실(미래). 선행사는 모두 전능하신
하나님Lord임. the Almighty: 전능하신 하나님을 가리킴.

이 표현은 현대영어에서 '가장 중요한 부분'(the most important
part), '기본적인 구성요소'(basic substance)라는 의미로 쓰인다.

(ex) Good customer service is the *alpha and omega* of our
restaurant's plan for success.

만족할만한 고객 서비스야말로 우리 식당이 성공할 수 있는 계획의 핵심 요소이다.

[원문과 성서내용] '알파와 오메가'라는 표현은 '처음과 나중', '시작과 끝'이라는 말과 같은 의미다. 요한계시록에는 두 군데 인용한 원문 이외에 다른 곳에도 이러한 표현이 등장하고 있다. '또 내게 말씀하시되 이루었도다. 나는 알파와 오메가요 처음과 나중이라. 내가 생명수 샘물로 목마른 자에게 값없이 주리니.'(And he said unto me, It is done. I am Alpha and Omega, the beginning and the end. I will give unto him that is athirst of the fountain of the water of life freely. 21:6)

[참고] it is done: 다 이루었다(=it is finished). him that is athirst: 목마른 자. athirst: 원래 의미는 '~을 간절히 바라고', '갈망하여'란 뜻이나 고어체나 시에서는 '목이 마른'thirsty의 의미로 쓰임. fountain of the water of life: 생명수 샘물. freely: 값없이(without charge).

하나님이 '알파와 오메가'라 함은 '처음과 나중'이 되시며 '시작과 끝'이 되신 하나님께서 전체 인류의 역사를 주관하시는 전능하신 주권자로 이전과 현재 그리고 장차 오실 분임을 나타내는 것이다. '나는 처음이요 나중이니 곧 산 자라'(I am the first and the last: I am he that liveth. 1:17b-18a)는 성서 말씀은 8절의 알파와 오메가에 대한 사실상의 설명으로, 처음과 나중이신 분이 성육聖育하셔서 죽으시고 부활하신 예수 그리스도에게 적용되는 말이다.

'이루었도다'(it is done)라는 말은 그리스도 예수가 십자가상에서 외친 말 즉, '예수께서 가라사대 다 이루었다 하시고 머리를 숙이시고 영혼이 돌아가시니라'(he said, It is finished: and he bowed his head, and gave up the ghost. 요한 19:30)이다. 이것은 요한계시록에서 '보좌로부터 나오는 음성'(계시 16:17)을 나타내는 말로, 그리스도가 지상의 모든 생애를 하나님의 계획과 구약의 예언을 따라 다 마쳤다는 의미로, 이제 다시금 십자가상에서 인류를 구원하기 위한 사역을 다 이루었다는 것을 상징적으로 보여주는 말이기도 하다.

[참고자료] 미국 역사상 가장 위대한 명연설 가운데 하나로 링컨의 〈게티스버그 연설〉(Gettysburg Address, 1863)이 있다. 게티스버그는 남북전쟁 당시 최대의 격전지였으며 남북전쟁은 국가 통합(남군과 북군)을 위한 선한 싸움이자 자유의 재탄생 과정이었다. 이 연설은 간결하고 감동적인 언어로 민주주의에 대한 자신의 신념을 토로한 것으로 유명하다. 링컨은 독실한 기독교 신앙인이었다. 연설의 마지막에 나온 일부 구절을 인용한다.

(that) we here highly resolve that these dead shall not have died in vain – that this nation, under God, shall have a new birth of freedom – and that government of the people, by the people, for the people, shall not perish from the earth.

우리는 죽은 이들의 죽음이 헛되지 않도록 굳게 다짐합시다. 이 나라는 하나님의 가호 아래 이 땅에 새로운 자유를 탄생시킬 것이며 국민에 의한, 국민에 의한, 국민을 위한 정부는 지상에서 사라지지 않게 될 것입니다.

■ 참고문헌

Allen, Ward, *Translating for King James: Notes Made by a Translator of King James' Bible,* Nashville, Tenn.: Vanderbilt University Press, 1969.

Barker, Henry, *English Bible Versions: A Tercentenary Memorial of the King James Version,* New York: New York Bible and Common Prayer Book Society, 1911.

Bate, Jonathan & Eric Rasmussen eds., *William Shakespeare: Complete Works,* London: Macmillan, 2007.

Baugh, Albert C. & Thomas Cable, *A History of the English Language,* Fifth Edition. London: Routledge, 2002.

Blake, N. F., *A History of the English Language,* Basingstoke, England: Macmillan, 1996.

Brake, Donald L., *A visual history of the English Bible, the tumultuous tale of the world's bestselling book,* Grand Rapids, MI: Baker Books, 2008.

Bruce, F. F., *The English Bible. A History of Translations,* London: Lutterworth, 1961.

_____, *History of the Bible in English: From the Earliest Versions,* Third Edition. New York: Oxford University Press, 1978.

Coogan, Michael D., *The Old Testament: A Very Short Introduction,* Oxford: Oxford University Press, 2008.

Cook, Albert S., *The Bible and English Prose Style: Selections and Comments,* Philadelphia: R. West, 1977.

Crystal, D., *Begat: The King James Bible & the English Language,* Oxford:

Oxford University Press, 2010.

_____, *The Cambridge Encyclopedia of the English Language,* Cambridge: Cambridge University Press, 1995.

Daiches, David, *The King James Version of the English Bible. an Account of the Development and Sources of the English Bible of 1611 with Special Reference to the Hebrew Tradition,* Hamden, Conn.: Archon Books, 1968.

Daniell, David, *William Tyndale: A Biography,* New haven, Conn.: Yale University Press, 1994.

De Hamel, Christopher, *The Book: A History of the Bible,* London: The Open Books, 2006(이종인 옮김, 《성서의 역사》, 서울: 미메시스, 2006).

Drane, John W., *The World of the Bible,* Oxford: Lion, 2009(서희연 옮김, 《성경의 탄생》, 서울: 옥당, 2011).

_____, *Introducing the New Testament,* 3rd edition. Lion & Minneapolis: Fortress Press, 2010.

_____, John W., *Introducing the Old Testament,* 3rd edition. Lion & Minneapolis: Fortress Press, 2011.

Fox, John, *The Influence of the English Bible on English Literature,* New York: s.n., 1911.

Freeman, James M., *A Short History of the English Bible,* Normal Outline Series. New York: Phillips & Hunt, 1879.

Gardiner, John H., *The Bible as English Literature,* Folcroft, Pa.: Folcroft Library Edition, 1978.

Greenslade, S. L., "English Versions of the Bible, 1525−1611," in S. L. Greenlade (ed.), *The Cambridge History of the Bible: The West from the Reformation to the Present Day,* Cambridge, England: Cambridge University Press, 1963.

Hammond, Gerald, *The Making of the English Bible,* Manchester: Carcarnet, 1982.

Hill, Andrew E. & Gary M. Burge eds., *The Baker illustrated Bible Commentary*, MI: Baker Books, 2012(정옥배 옮김, 《베이커 성경주석》, 서울: 부흥과 개혁사, 2016).

Hudson, Anne, "Wyclif and the English Language," in Anthony Kenny ed., *Wyclif in His Times*, Oxford: Clarendon Press, 1986.

Jessop, T. E., *On Reading the English Bible*, Peake Memorial Lectures, no.3. London: Epiworth, 1958.

McGrath, A., *In the Beginning. The Story of the King James Bible and How It Changed a Nation, a Language, and a Culture*, New York: Anchor Books, 2001.

Moulton, W. F., *The History of the English Bible*, Second Edition. New York: Cassell Petter & Galpin, 1878.

Payne, J. D., *The English Bible: An Historical Survey*, London: Wells Gardner Darton, 1911.

Pollard, Arthur W., *Records of the English Bible: Documents relating to the Translation and Publication of the Bible in English, 1525−1611*, London: Oxford University Press, 1911.

Price, Ira Maurice, *The Ancestry of Our English Bible: An Account of Manuscripts, Texts, and Versions of the Bible*, Third Revised Edition. New York: Harper & Row, 1934.

Robert Carroll & Stephen Prickett ed., *The Bible: Authorized King James Version with Apocrypha*, With an introduction and Notes, Oxford University Press, 1997.

Scrivener, F. H. A., *The Authorized Edition of the English Bible(1611)*, Cambridge: Cambridge University Press, 1884.

The Holy Bible, English Standard Version(ESV), Containing the Old and New Testaments, Wheaton, Ill.: Crossway, 2001, 2016(Text Edition).

The Holy Bible, New Revised Standard Version(NRSV), Containing the Old and New Testaments, Michigan: Zondervan, 1989.

The Holy Bible: Facsimile of the King James Version, 1611 Edition. Mass.: Hendrickson Publishers, 2010.

Weigle, Luther A., *The English New Testament from Tyndale to the Revised Standard Version*, New York: Greenwood Press, 1969.

Wild, Laura H., *The Romance of the English Bible: A History of the Translation of the Bible into English from Wyclif to the Present Day*, Garden City, New York: Doubleday Doran, 1929.

《뉴리빙성경》(NLT), *New Living Bible*, 서울: ㈜아가페 출판사.

《뉴킹제임스역 성경》(NKJV), *New King James Version*, 서울: 성서원, 2017[f.2003].

《새번역성경》 대한성서공회편. 서울: 보진재, 2015.

《신국제역성경》 (NIV). *New International Version*. NIV 한영해설 성경 편찬위원회편. 서울: 아가페 출판사, 2002(2판)[f.1999].

《오픈 성경》 오픈성경 편찬위원회편. 서울: 아가페 출판사, 1989.

김순영 외 옮김, 《IVP 성경주석: 신구약》, 서울: 한국기독학생회 출판부, 2005(원저: D. A. Carson et at. (eds.) *New Bible Commentary: 21ˢᵗ Century Edition*. England, 1994).

김재남 옮김, 《셰익스피어 전집(全集)》, 三 訂. 서울: 을지서적, 1995.

김호동, 《한 역사학자가 쓴 성경이야기》, 서울: 까치들방, 2016.

박영배, 《영어사》 *A History of the English Language*. 2판, 서울: 한국문화사, 2010[f. 1998].

박영배, 《앵글로색슨족의 역사와 언어》 *A History and the Language of the Anglo-Saxons*, 서울: 지식산업사, 2001.

■ 부록

흠정역성서(원본 복사본): 표지, 서문, 신구약/외경 목록 및 창세기 첫 장

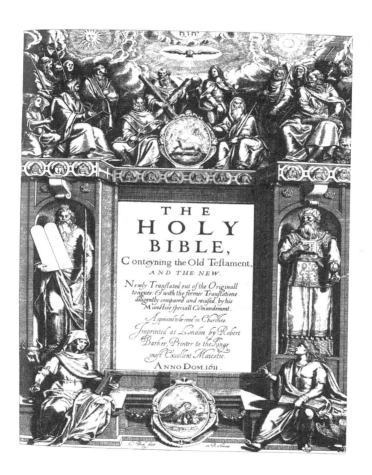

TO THE MOST
HIGH AND MIGHTIE
Prince, IAMES by the grace of God
King of Great Britaine, France and Ireland,
Defender of the Faith, &c.

THE TRANSLATORS OF *THE BIBLE*,
wish Grace, Mercie, and Peace, through IESVS
CHRIST *our* LORD.

Reat and manifold were the blessings (most dread Soueraigne) which Almighty GOD, the Father of all Mercies, bestowed vpon vs the people of ENGLAND, when first he sent your Maiesties Royall person to rule and raigne ouer vs. For whereas it was the expectation of many, who wished not well vnto our SION, that vpon the setting of that bright *Occidentall Starre* Queene ELIZABETH of most happy memory, some thicke and palpable cloudes of darkenesse would so haue ouershadowed this land, that men should haue bene in doubt which way they were to walke, and that it should hardly be knowen, who was to direct the vnsetled State: the appearance of your MAIESTIE, as of the *Sunne* in his strength, instantly dispelled those supposed and surmised mists, and gaue vnto all that were well affected, exceeding cause of comfort; especially when we beheld the gouernment established in your HIGHNESSE, and your hopefull Seed, by an vndoubted Title, and this also accompanied with Peace and tranquillitie, at home and abroad.

But amongst all our Ioyes, there was no one that more filled our hearts, then the blessed continuance of the Preaching of GODS sacred word amongst vs, which is that inestimable treasure, which excelleth all the riches of the earth, because the fruit thereof extendeth it selfe, not onely to the time spent in this transitory world, but directeth and disposeth men vnto that Eternall happinesse which is aboue in Heauen.

Then, not to suffer this to fall to the ground, but rather to take it vp, and to continue it in that state, wherein the famous predecessour of your HIGHNESSE did leaue it; Nay, to goe forward with the confidence and reso-
lution

The names and order of all the Bookes of the Olde and New Testament, with the Number of their Chapters.

Genesis hath Chapters	50	
Exodus	40	
Leuiticus	27	
Numbers	36	
Deuteronomie	34	
Ioshua	24	
Iudges	21	
Ruth	4	
1.Samuel	31	
2.Samuel	24	
1.Kings	22	
2.Kings	25	
1.Chronicles	29	
2.Chronicles	36	
Ezrah	10	
Nehemiah	13	
Ester	10	
Iob	42	
Psalmes	150	
Prouerbs	31	
Ecclesiastes hath Chapters	12	
The song of Solomon	8	
Isaiah	66	
Ieremiah	52	
Lamentations	5	
Ezekiel	48	
Daniel	12	
Hosea	14	
Ioel	3	
Amos	9	
Obadiah	1	
Ionah	4	
Micah	7	
Nahum	5	
Habakkuk	3	
Zephaniah	3	
Haggai	2	
Zechariah	14	
Malachi	4	

✠ The Bookes called Apocrypha.

1.Esdras hath Chapters	9	
2.Esdras	16	
Tobit	14	
Iudeth	16	
The rest of Esther	6	
Wisedome	19	
Ecclesiasticus	51	
Baruch with the Epistle of Ieremiah	6	
The song of the three children.		
The story of Susanna.		
The idole Bel and the Dragon.		
The prayer of Manasseh.		
1.Maccabees	16	
2.Maccabees	15	

✠ The Bookes of the New Testament.

Matthew hath Chap.	28	
Marke	16	
Luke	24	
Iohn	21	
The Actes	26	
The Epistle to the Romanes	16	
1.Corinthians	16	
2.Corinthians	13	
Galatians	6	
Ephesians	6	
Philippians	4	
Colossians	4	
1.Thessalonians	5	
2.Thessalonians hath Chapters	3	
1.Timotheus	6	
2.Timotheus	4	
Titus	3	
Philemon	1	
To the Hebrewes	13	
The Epistle of Iames	5	
1.Peter	5	
2.Peter	3	
1.Iohn	5	
2.Iohn	1	
3.Iohn	1	
Iude	1	
Reuelation	22	

THE

THE

FIRST BOOKE

OF MOSES,

called GENESIS.

CHAP. I.

1 The creation of Heauen and Earth, 3 of the light, 6 of the firmament, 9 of the earth separated from the waters, 11 and made fruitfull, 14 of the Sunne , Moone, and Starres, 20 of fish and fowle, 24 of beasts and cattell, 26 of Man in the Image of God. 29 Also the appointment of food.

N *the beginning God created the Heauen, and the Earth.

2 And the earth was without forme, and voyd, and darkenesse *was* vpon the face of the deepe: and the Spirit of God mooued vpon the face of the waters.

3 And God said, *Let there be light: and there was light.

4 And God saw the light, that *it was* good: and God diuided †the light from the darkenesse.

5 And God called the light, Day, and the darkenesse he called Night: †and the euening and the morning were the first day.

6 ¶ And God said, * Let there be a †firmament in the midst of the waters: and let it diuide the waters from the waters.

7 And God made the firmament; and diuided the waters, which *were* vnder the firmament, from the waters, which *were* aboue the firmament: and it was so.

8 And God called the * firmament, Heauen: and the euening and the morning were the second day.

9 ¶ And God said, * Let the waters vnder the heauen be gathered together vnto one place, and let the dry land appeare : and it was so.

10 And God called the drie land, Earth, and the gathering together of the waters called hee, Seas : and God saw that *it was* good.

11 And God said, Let the Earth bring foorth †grasse, the herbe yeelding seed, *and* the fruit tree, yeelding fruit after his kinde, whose seed *is* in it selfe, vpon the earth : and it was so.

12 And the earth brought foorth grasse, *and* herbe yeelding seed after his kinde, and the tree yeelding fruit, whose seed *was* in it selfe, after his kinde: and God saw that *it was* good.

13 And the euening and the morning were the third day.

14 ¶ And God said, Let there bee *lights in the firmament of the heauen, to diuide †the day from the night: and let them be for signes and for seasons, and for dayes and yeeres.

15 And let them be for lights in the firmament of the heauen, to giue light vpon the earth : and it was so.

16 And God made two great lights : the greater light † to rule the day, and the lesser light to rule the night: *he made* the starres also.

17 And God set them in the firmament of the heauen, to giue light vpon the earth :

18 And to * rule ouer the day, and
ouer

*Psal. 33. 6. and 136. 5. acts. 14. 15. hebr. 11. 3.

*2. Cor. 4. 6.

†Hebr. betweene the light and betweene the darkenesse. †Hebr. and the euening was, and the morningwas &c. ¶Psal. 136. 5. Ier. 10. 12 and 51. 15. †Hebr. Expansion.

*Ier. 51. 18.

*Psal. 33. 7. and 136. 5. Iob. 38. 8.

†Heb. tender grasse.

*Deu. 4. 19 psal. 136. 7. †Hebr. betweene the day and betweene the night.

†Hebr. for the rule of the day, &c.

*Ier. 31. 35